Rewa Kasor

Runen
Wissen

Herstellung und Verlag:
BoD – Books on Demand, Norderstedt
1. Auflage 2024

Bibliografische Information der Deutschen Nationalbibliothek:
Die Deutsche Nationalbibliothek verzeichnet diese Publikation in der
Deutschen Nationalbibliografie; detaillierte bibliografische Daten sind im
Internet über http://dnb.dnb.de abrufbar

ISBN 978-3-75977-063-9

„Alles ist Energie, gleiche dich der Frequenz der Realität
an die du möchtest und du kreierst diese Realität.
Das ist keine Philosophie. Das ist Physik!"

(Albert Einstein)

Deine RunenReise

Teil III (Drittes Aett)

Teil IV (Praxishilfen)

Runenheilung

Die schamanische Reise

Vorwort zur 1. Auflage von „Deine RunenReise"

Als Teenager, bei meiner ersten Begegnung mit Runen, hatte ich das große Glück, einen erfahrenen Lehrer an meiner Seite zu haben. Heute bin ich dreifache Mutter und meine Kinder gehen mit Runen so selbstverständlich um, wie mit Legosteinen oder dem Smartphone. Aber nie wäre ich auf die Idee gekommen, ihnen ein Buch über Runen in die Hand zu geben. Das Wissen über Runen kann man nicht aus einem Buch erlernen, das war schon immer meine feste Überzeugung. Zumindest, bis ich die Druckfassung dieses kleinen Büchleins in den Händen hielt.

Was Mariz und Rewa hier geschaffen haben, ist eine kleine Sensation. Ausführlich und doch kompakt erklären sie, was Runen sind und wie wir Zugang zu ihnen finden können. Dabei schreiben sie uns nichts vor, sondern lassen genug Spielraum für eigene Erfahrungen und Erkenntnisse.

Runen sind keineswegs so geheimnisvoll und mysteriös, wie oft angenommen wird. Hat man erst einmal Zugang zu ihnen gefunden, reagieren sie vorhersehbar. Wir nutzen sie als Werkzeuge im Alltag ebenso wie als Wegweiser durch das Leben. Eine gewisse Entmystifizierung tut uns dabei ganz gut, auch wenn wir sie noch lange nicht vollständig verstehen. Wie wir ihre Kräfte nutzen und völlig selbstverständlich mit ihnen umgehen können, wird uns durch „Deine RunenReise" von Mariz und Rewa nahegebracht.

Ahira Gadar, Runische Heilerin und Völva

Waren (Müritz) im September 2020

Einleitung – Was ist eine Runenreise?

Was Runen nun wirklich sind, wird niemand so genau begreifen können. Aber wir können versuchen, die Runen annähernd zu verstehen. Wir können eine Verbindung zu ihnen aufbauen und diese vertiefen, indem wir immer wieder zu den Runen reisen. Genau das möchte ich dir in diesem Buch näher bringen.

Es geht um die Reise zu und mit den Runen. Um Kennenlernen, eine neue Erfahrung, eine intensive Begegnung. Jede einzelne Rune schaust du dir genauer an und befasst dich ganz intensiv mit ihr. Nicht aufmalen, nicht aus einem Säckchen „ziehen", sondern am Anfang beginnen und meditieren. Jede Reise beginnt an ihrem Anfang und Geduld und Ruhe sind dabei unabdingbar. Du lernst die Runen nicht kennen, indem du dieses Buch nur durchliest! Aktive Mitarbeit deinerseits ist gefordert. Du wirst nach dieser Reise aber mehr spüren, wissen und deuten können und eine intensive Verbindung aufbauen. Ich gehe sogar so weit zu sagen, dass du auf dieser Reise vierundzwanzig neue Freunde kennenlernen wirst. Freunde gewinnt man aber nicht durch ein kurzes „Hallo". Freunde gewinnt man durch regelmäßigen Kontakt, durch ein intensives Kennenlernen. Nimm dir dafür mindestens 2–3 Wochen je Rune Zeit. Ich tendiere sogar zu der Aussage, dass 4 Wochen und länger benötigt werden, um annähernd eine Rune kennenzulernen und eine erste Verbindung zu ihr aufzubauen.

Du wirst Emotionen und Bilder empfangen können, wie es dir vorher gar nicht möglich gewesen ist. Vielleicht kannst du dich mit den Runen sogar unterhalten? Du kannst sie Dinge fragen, die dir auf dem Herzen liegen; du kannst sie bitten, dich ein Stück deines Weges zu begleiten. Vergiss aber niemals, dass Runen dies auf ihre ganz eigene Weise machen und vielleicht gar nicht so, wie du es erwartet hast!

Monat für Monat wirst du in deinen Meditationen reisen, eine Rune nach der anderen besuchen. Manche Runen können richtige Zicken sein und fordern dich heraus, ihnen noch mehr Zeit zu schenken. Manche verstecken sich auch, wenn sie der Meinung sind, dass du noch nicht bereit bist. Sei ehrlich zu dir selbst, erzwinge nichts und lasse dich treiben – es wird ein sehr intensives Erlebnis werden! Beginne wieder zu träumen, so wie du es als Kind schon getan hast.

Ich habe schon viele Menschen auf ihrer Reise begleitet und kann dir versprechen, dass es auch dein Leben verändern wird. Mit den Runen wird es niemals langweilig, es wird ein stetes „Auf und Ab". Wie das aussehen kann, werde ich dir hier aufzeigen. Zumindest werde ich versuchen, es dir anhand von Beispielen zu erklären. Jeder Mensch ist ein Individuum, jeder Mensch hat eine andere Vorgeschichte und Runen reagieren auf die Individualität der Menschen. Darum wird es nicht möglich sein, dir deinen ganz exakten Weg zu beschreiben. Eines kann ich aber versprechen: Es wird spannend, sehr spannend! Mir ist es wichtig, dir all das nötige Wissen zu vermitteln, welches in meiner Familie seit Generationen überliefert wurde.

Der großen Masse einfach blind zu folgen kann jeder, aber hier darfst und sollst du kreativ und aktiv werden. Schalte deinen Kopf ein, überlege, teste, prüfe und dann überlege wieder. So wirst du schnell erkennen, dass eine Runenreise mehr ist, als ein Buch zu lesen und die Dinge darin anzuwenden, ohne irgendetwas zu hinterfragen. Es gibt reichlich Bücher zum Thema Runen und ich kann und will sie nicht neu erfinden oder die Grundbedeutung verändern. Aber ich kann mit meinem Wissen die Runen aus einer anderen Sichtweise beleuchten, einen anderen Blickwinkel aufzeigen. Du wirst ganz neue Ideen für dich selbst entwickeln und deine individuelle Verbindung zu den Runen aufbauen.

Es geht hier nicht um Nachahmen, sondern um Begreifen und Verstehen. Die Runen schenken dir mit diesem Buch ganz viele „Ach so!". Das ist es, was eine Runenreise ausmacht, was eine Runenreise ist.

Die folgenden vierundzwanzig Kapitel sind jeweils aufgeteilt in Informationen, die du bei der Runenarbeit nützlich finden wirst, und die Beschreibung einer Rune. Bei allen vierundzwanzig Runen werden auch kurze Hinweise dazu angeführt, wie eine Runenmeditation ablaufen kann bzw. auf welchem Weg man zu der entsprechenden Rune finden kann.

Bei den Runen des zweiten und dritten Aett gab es in der ersten Auflage der „RunenReise" derartige Hinweise nicht. Es ging Mariz und mir darum, einen Weg aufzuzeigen, die Leser beim Beschreiten dieses Weges aber so wenig wie möglich zu beeinflussen. Da es jedoch recht häufig gewünscht wurde, haben wir diese Hinweise in der zweiten Auflage doch noch eingefügt. Das führte erneut zu Diskussionen, ob eine solche Beeinflussung richtig ist oder nicht. Das Argument, dass der geneigte Leser ja selbst entscheiden kann, ob er diese Hinweise nutzt oder nicht, wurde nicht überall akzeptiert. Die Versuchung war wohl oft zu groß.

In diesem Sammelband habe ich einen anderen Weg gewählt. Die Beiträge von Mariz sind nicht mehr enthalten, aber nach dem positiven Feedback zum „Heiden-Liederbuch" habe ich mich entschlossen, hier eine kleine Anleitung zu Fjölkynningar, den „Geheimen Zauberliedern" einzufügen. Statt der doch sehr individuellen Runenmeditationen wurde ein Kapitel über die Runengedichte hinzugefügt.

Die Art und Weise, wie Runen kommunizieren, kann von Runer zu Runer recht stark abweichen. Bilder, Klänge, Gerüche, Farben, Emotionen usw. All das ist möglich und ebenso jede nur mögliche Kombination davon. Die Verbindung des Runers zur Rune ist individuell sehr unterschiedlich und sollte von Anfang an so betrachtet werden. Nimm daher bitte die Hinweise zur Runenmeditation als Anregungen, nicht jedoch als eine vorgeschriebene Vorgehensweise an.

Runen sind weder gut noch böse – sie *sind* einfach.

Jetzt wünsche ich dir viel Freude und natürlich Erfolg bei deiner Runenreise!

Teil I (Erstes Aett)

Allgemeines zur Arbeit mit Runen | Fehu

Ich möchte nicht, dass das, was ich hier schreibe, als Dogma angesehen wird! Wenn es eine absolute Gültigkeit in Bezug auf die Runen gibt, wurde sie mir nicht überliefert und ich selbst habe sie auch nicht gefunden. Ich kann hier nur von meinen Erfahrungen berichten. Dass zumindest die Richtung so stimmt, darüber besteht kein Zweifel. Gerade nach den neuesten Erfahrungen mit Resin, Bernsteinwatte und -pulver bin ich mir in einem Punkt jedoch absolut sicher: Es gibt in Bezug auf Runen keine absolute Sicherheit.

Um zu verstehen, wie Runen „ticken", schauen wir uns mal Fehu etwas genauer an: Fehu (Vieh); Bedeutung: Besitz, Wohlstand, Ansehen.

Wer nun aber auf Reichtum hofft, indem er Fehu anbetet, muss sich auf eine Enttäuschung gefasst machen. Von der Sinnlosigkeit des Anbetens mal abgesehen: Fehu steht nicht für Besitz, sie bringt (beschert) keinen Besitz, sondern sie hat eine Beziehung zu dem *Konzept* von Besitz. Das gibt dem Runer die Möglichkeit, Fehu entsprechend einzusetzen. Von allein „rührt sie keinen Finger". Oder was bei einer Rune auch immer das Äquivalent eines Fingers ist. Allerdings hat die Sache auch einen klitzekleinen Haken ...

Aus Odins Runenlied[1]: „Besser nicht gebeten, als zu viel geboten: Die Gabe will stets Vergeltung."

Diese Vergeltung ist nach meiner Erfahrung an den Wunsch gekoppelt, muss also keineswegs materieller Art sein. Tatsächlich ist sie das wohl in den seltensten Fällen. So kann die Arbeit mit dem Taekhan[2] einen runischen Heiler an den Rand der völligen physischen, psychischen und emotionalen Erschöpfung bringen. Auch dann, wenn es bei dem Patienten nur einen geringfügigen Fortschritt bei der Heilung gibt. Man könnte den Eindruck bekommen, dass in solch einem Falle der Aufwand bzw. die Anstrengung in keinem wirklich sinnvollen Verhältnis zu dem Erfolg steht.

Dabei sind jedoch zwei Dinge zu beachten:
1. Jede noch so kleine Verbesserung „lohnt". Wer anders denkt, sollte nach meiner Meinung nicht Heiler werden.
2. Behält der Heiler den Taekhan nach der Anwendung in der Hand, so erhält er durch ihn Energie zurück und es stellt sich immer sehr schnell eine Verbesserung seines eigenen Befindens ein. Und das ist dann meines Wissens nach besser als vor der Anwendung!

Übertragen wir dieses Prinzip mal auf Fehu: Man fertigt sich einen Talisman mit Fehu an, der einem gaaaaaanz viel materiellen Besitz (Vieh) bescheren soll. Was aber, wenn die Vergeltung fordert, dass man erst einmal alles verlieren muss? Möchte jemand das Risiko eingehen? Ohne zu wissen, was und wie viel man eventuell später bekommt?

Noch besser: Man wünscht sich ganz viele hochwertige Aktien. Zuerst die Vergeltung: Man wird arbeitslos und muss mit Hartz IV auskommen. Aber dann bekommt man – nichts!? Warum das denn jetzt??? Geld, Aktien, Wertpapiere, Zinsen, Kredite, Steuern, Versicherungen usw. sind für Runen alles Fiktive, nicht materielle Dinge. Ein 100-Euro-Schein hat einen materiellen Wert von ein paar Cent. Damit können Runen nichts anfangen. Da kann man sich schon eher den Topf mit Zwergengold am Ende des Regenbogens wünschen.

Um wirklich alle Klarheiten zu beseitigen, noch ein zweites Beispiel: Nauthiz (Not); Bedeutung: Einengung, Zwang, Notwendigkeit. Ein Talisman mit Nauthiz? Aber das geht doch nicht, Nauthiz ist doch die Not-Rune, die bringt doch nichts Gutes!!! (Kleiner Scherz) Nauthiz steht nicht für Not, sie verursacht keine Not, sondern sie hat eine *Beziehung zu dem Konzept von Not*. Damit ist Nauthiz dafür prädestiniert, *gegen* Not und Notfälle eingesetzt zu werden!

Natürlich kann man mit Nauthiz auch Not verursachen, wenn man es darauf anlegt. Aber – „Die Gabe will stets Vergeltung." Was ja auch so viel bedeutet wie „Was du nicht willst, dass man dir tu …" Analog gilt für alle Runen: Sie verursachen nicht das, was als ihre Bedeutung angegeben wird. Das ist nur sozusagen ihr „Spezialgebiet", in dem sie besonders gut eingesetzt werden können.

Da ein Runenset[3] immer in der Reihenfolge der Runen von Fehu bis Othala angefertigt wird, machen wir uns also ein Bild von der ersten Rune.

Fehu (Vieh)
Phonetisch: F
Bedeutung: Besitz, Wohlstand, Ansehen
Klasse: ausgleichend
Fehu ist die ausgleichende Kraft im Kampf zwischen Feuer und Eis. Ihre Energie ist ungebärdig und chaotisch. In ihr erkennen wir die unbändige Urkraft der Runen.
Anwendung: Talisman für materielles Wohlergehen und gesellschaftliches Ansehen.
Fehu muss jedoch sehr behutsam eingesetzt werden. Sie wirkt nicht nur ausgleichend zwischen Feuer und Eis, sondern auch zwischen Gier und Genügsamkeit, Bescheidenheit und Hochmut usw. Da der Runer nicht immer zuverlässig die Motivation desjenigen erkennen kann, für den er einen Talisman anfertigt, kann sich die gewünschte Wirkung ins Gegenteil wenden. Fehu sollte nicht ohne Bezug zu Uruz angewendet werden.

Schamanisch: Der wahre Reichtum eines Menschen liegt in seinem Charakter, seinen Fähigkeiten und seiner Kreativität. Fehu bildet die Grundlage zur Erlangung spirituellen Reichtums. Sie mahnt uns aber auch, unseren Reichtum zu teilen. Die Hautbemalung mit Fehu ist ein heiliger Eid, die Kraft der Runen zum Wohle der Menschen und der Mutter Erde einzusetzen.

Meditation: Kennst du dich ein wenig in der nordischen Mythologie aus? Die Schöpfungsgeschichte wird recht unterschiedlich, teils sogar widersprüchlich dargestellt. Das soll uns hier aber nicht stören. Es geht um Ginnungagap[4], den Ort zwischen der Eiswelt Niflhcim[5] und der Feuerwelt Muspellsheim[6]. Was auch immer dort tatsächlich geschehen ist, ohne die ausgleichende Kraft von Fehu würde Feuer und Eis mit zerstörerischer Kraft unmittelbar aufeinandertreffen und Ymir[7] hätte nie entstehen können. Das zeigt uns, wie alt Fehu ist und wie mächtig. Dies ist der Platz, an dem Fehu existiert. Sie nährt sich von den Kräften von Feuer und Eis und sorgt dafür, dass keiner der Beiden gegenüber dem Anderen die Oberhand gewinnt. Und dies ist auch der Platz, an dem Fehu sich dir offenbaren wird und dir langsam, Stück für Stück, zeigen wird, welche Geschenke sie für dich bereithält.

Runenmagie | Uruz

Was ist nun eigentlich Runenmagie und wie funktioniert sie? Als Magie bezeichnet man heute im Allgemeinen die Manipulation oder doch zumindest den Versuch der Manipulation von physikalischen Gesetzen und Kräften der Natur. Magie, in den verschiedensten Erscheinungsformen, gab und gibt es in allen historischen Epochen weltweit. Sie ist ein Bestandteil der menschlichen Kultur. Dabei wird vielfach zwischen guter (weißer) und schlechter (schwarzer) Magie unterschieden. Von dem Wort „Magie" abgesehen, hat das jedoch nichts mit Runenmagie zu tun!

Runenmagie ist die Manipulation von magischer Energie innerhalb der Gesetzmäßigkeiten von Natur und Physik. Diesen Punkt zu beachten ist sehr wichtig, denn Runen wirken nicht außerhalb der Naturgesetze! Sie stehen nicht über ihnen, sondern wirken mit ihnen. Sie sind nur eben in der Lage, Verknüpfungen und Verbindungen herzustellen, die wir noch nicht vollständig nachvollziehen können.

Runen stellen uns ein unerschöpfliches Reservoir an Energie zur Verfügung. Diese Energie ist jedoch nicht bei allen Runen identisch. Wir unterscheiden drei Gruppen zu je acht Runen, die nicht mit den bekannten Aettir[8] übereinstimmen. (Siehe Aettir und Klassen ab Seite 61.)

Eine wirklich erschöpfende und zufriedenstellende Beschreibung der einzelnen Gruppen zu liefern, ist kaum möglich. Je weiter man mit der Beschreibung ins Detail geht, um so mehr Unterschiede wird jeder einzelne Runer feststellen. Das ist jedoch ganz normal, jede Rune und ihre Wirkung wird sehr individuell erlebt.

Ein Runer „zapft" nun die Energie einer oder auch mehrerer Runen an und leitet sie auf ein Objekt. Im Prinzip ist das schon alles. In der Praxis stellt es sich dann jedoch etwas komplizierter dar.

Nehmen wir als Beispiel die Rune Uruz mit ihrer dominanten Energie. Um zu heilen, kann man Uruz fast bedenkenlos nutzen. Dem zu heilenden Objekt wird Energie zugeführt. Die Kunst besteht dann nur noch darin, diese Energie an der richtigen Stelle und auf die richtige Art wirken zu lassen. Dadurch versehentlich Schaden anzurichten, ist praktisch unmöglich. Uruz kann aber auch zur Abwehr von Angriffen eingesetzt werden. Dabei muss jedoch berücksichtigt werden, dass Uruz keine Verhältnismäßigkeit kennt. Wenn du angegriffen wirst, indem jemand Papierkügelchen nach dir wirft, darfst du nicht mit dem Schuss aus einer Schrotflinte darauf reagieren. Solch eine Reaktion wäre dem Angriff gegenüber unver-hältnismäßig. Uruz hat da keine Hemmungen und reagiert mit brachialer Gewalt. Setzt man Uruz aber in Verbindung mit Fehu (ausgleichende Energie) ein, wird die abwehrende Energie von Uruz der Stärke des Angriffs angepasst.

Verwendet man Ansuz (neutrale Energie), um die Energie der Kraftlinien (die nicht mit der Runenenergie identisch ist) zu nutzen, ist Uruz für die Verbindung erforderlich, um den Energieverlust der Kraftlinien auszugleichen. Auch hier sollte eine Rune mit ausgleichender Energie eingesetzt werden. Erfahrungsgemäß eignet sich in diesem Fall jedoch Wunjo aufgrund ihrer Affinität zu Ansuz besser als Fehu.

Uruz kann also für verschiedene Zwecke eingesetzt werden. Dazu nutzt der Runer Kombinationen mit anderen Runen, teilt ihnen verschiedene Aufgaben zu und har-monisiert ihr Zusammenwirken. Das bezeichnen wir dann als Runenmagie.

Bei der praktischen Anwendung gibt es jedoch noch mehr zu beachten. Kommen wir dazu noch einmal auf die sogenannte weiße und schwarze Magie zurück. Runen haben keine Vorstellung von gut und böse. „Gut und böse", „richtig und falsch" sind ethisch-moralische Prinzipien der Menschen. Man kann mit einem Feuer Menschen vor dem Erfrieren retten oder das Haus des Nachbarn zerstören, weil der eine andere Hautfarbe hat. Das macht das Feuer weder gut noch böse, die Absicht und Handlung des Brandstifters aber schon.

Um das nun auf die Runenmagie zu übertragen, stellen wir uns einmal die Arbeit eines Runenheilers vor. Zuerst wird eine Diagnose erstellt und meist schon etwas Energie – im Allgemeinen von Uruz – direkt über die Hände des Heilers zugeführt. Dann wird mittels der Heilerstäbe[9] und manchmal auch mit dem Laidon[10] festgestellt, welche Runen für eine Heilung genutzt werden sollen. Im letzten Schritt wird dann mittels eines Taekhan die Energie auf den Patienten übertragen. Dieser letzte Schritt ist sehr komplex und erfordert höchste Konzentration. Der Runenheiler spricht alle beteiligten Runen und die Binderune (Skarja[11]) seines Taekhan an, verbindet ihre Energien, legt die Art der Wirkung fest, visualisiert das Ziel und lässt die Energie fließen.

Dieser Vorgang kann wenige Sekunden bis mehrere Minuten dauern und ist in gewisser Weise mit dem Kyudo, der Kunst des japanischen Bogenschießens, zu vergleichen. Im Kyudo soll im Moment der Schussabgabe „Mushin" erreicht werden: ein Zustand so hoch verdichteter Konzentration, dass für andere Gedanken kein Platz bleibt. Dies kann im Idealfall 1:1 auf den Moment der Energieabgabe bei der Runenheilung übertragen werden.

Die Energie fließt also durch das Taekhan auf den Patienten. Ein Teil davon geht jedoch auch immer auf den Runenheiler über. Der gesamte Vorgang ist für den Runenheiler sehr anstrengend. Müdigkeit, Erschöpfung, sogar ein Moment der Orientierungslosigkeit kann die Folge sein. Das geht jedoch recht schnell vorüber. Der Teil der Energie, der auf den Runenheiler übergeht, gleicht jeglichen Energieverlust schnell aus und es stellt sich dann ein Gefühl von Zufriedenheit und Entspannung ein.

Vollziehen wir jetzt einmal diesen Vorgang nach, wenn mittels Runenmagie ein Fluch ausgesprochen werden soll. Analog zur Diagnose des Heilers wird ein Ziel ausgewählt. Wen soll es treffen? Welche Art von Schaden soll es anrichten? Darauf folgt die Auswahl der Runen, deren Energie man verwenden will. Die Runen werden angesprochen und durch ein Hilfsmittel, entsprechend dem Taekhan des Runenheilers, wird ihre Energie verbunden und kanalisiert. Das Ziel wird visualisiert – und dann wird es ein wenig unheimlich: Was auch immer die Ursache ist, das Visualisieren des Ziels gestaltet sich wie „Fische fangen mit bloßen Händen". Kaum hat man einen berührt – schwups, ist er weg. Das macht es schwierig, aber nicht unmöglich, die Energie gezielt abzusenden. Anstrengender als bei der Heilung mit Runen ist es jedoch auf jeden Fall. Wie immer bei der Ausübung von Runenmagie, geht ein Teil der Energie auf den Absender über – und wirkt dort so, wie von ihm beabsichtigt. Welcher Schaden also auch immer bei dem Ziel des Angriffes beabsichtigt ist, er wird auch beim Absender angerichtet.

Jetzt stelle dir einmal vor, das Ziel würde auch noch durch ein Runenamulett geschützt. Die abgesendete Energie kommt postwendend zurück und entfaltet ihre volle Wirkung beim Absender. Lasst uns das Thema schwarze Magie mit ein wenig schwarzem Humor abschließen: Schwarze Runenmagier haben aus den oben genannten Gründen ein geringes Verfallsdatum und sind schnell weg vom Fenster. Es lohnt sich nicht wirklich, weiter über sie nachzudenken.

Interessanterweise wird dieser Effekt des Zurückwerfens oder Reflektierens in einem ganz anderen Bereich auch noch genutzt. Machen wir uns noch einmal bewusst, wie Runen mit uns kommunizieren: Sie sprechen unsere Gefühle an und lösen Emotionen aus. Was sie nicht können, ist Gefühle zu *erzeugen*. Die Vorstellung, dass durch einen sogenannten Liebeszauber mit Runen jemand dazu gebracht werden kann, sich in eine gewünschte Person zu verlieben, ist also nicht zutreffend. Ist jedoch bereits Sympathie, Zuneigung oder gar Liebe vorhanden, kann dieses

Gefühl durch Runenmagie bewusster gemacht werden. Man kennt das ja: In einer Gruppe findet sich ein Pärchen. Von den beiden Betroffenen abgesehen, haben es alle schon lange kommen sehen. Hinter ihrem Rücken wurde getuschelt, man hat die Augen verdreht und sich über ihr seltsames Verhalten amüsiert. Vielleicht wurden auch Sprüche geklopft, wie: „Jetzt nehmt euch ein Zimmer und bringt es endlich hinter euch". Es ist oft sehr viel einfacher, Gefühle bei anderen zu erkennen als die eigenen wahrzunehmen. Würde nun aber jeder Partnersuchende einen entsprechenden Talisman bei sich tragen, wären Singlebörsen bald überflüssig.

Eine Kombination des Bewusstmachens eigener Emotionen, mit dem weiter oben erklärten Prinzip von Angriff und Abwehr, wird in der Sexualmagie angewendet. Durch das Übertragen und Reflektieren der Emotionen kann es zu einer Art wechselseitigem Echoeffekt kommen, der das Erleben sehr viel intensiver macht. Dabei ist jedoch viel Fingerspitzengefühl und Erfahrung im Umgang mit Runen erforderlich. Findet man nicht das richtige Maß, so kann es leicht zu einer Überreizung kommen und der gewünschte Effekt verkehrt sich ins Gegenteil. Der Vollständigkeit halber möchte ich darauf hinweisen, dass es sich dabei eher um eine Ausnahme bei sexualmagischen Praktiken handelt. Sexualmagie hat eigentlich nicht das Ziel, die Qualität des sexuellen Erlebens zu verbessern, sondern Sexualität als magische Quelle zu nutzen.

Uruz (Auerochse)
Phonetisch: U
Bedeutung: Urkraft der Erde, Verbindung zu den Ahnen
Klasse: dominant
Uruz ist die formgebende Kraft für die Energie aller Runen.
Anwendung: Amulett zur Abwehr. Uruz stellt eine Verbindung zu den Kraftlinien der Erde her. Negative Energie wird abgeleitet, positive Energie wird zugeführt. Uruz ist jedoch durchaus in der Lage, gezielte Angriffe mit Gegenangriffen zu beantworten. Dies kann in einem unkontrollierten Ausbruch – ähnlich einem Wutanfall – erfolgen und dabei gewaltige Energien freisetzen. Durch den Bezug zur ausgleichenden Kraft von Fehu wird dies verhindert.
Schamanisch: Uruz steht für Stärke, aber nicht für Starrheit; für Selbstbewusstsein, aber nicht für Überheblichkeit. Sie macht uns den Unterschied bewusst und hilft uns, unsere Schwächen zu erkennen und sie zu unseren Stärken zu machen. Die Hautbemalung mit Uruz öffnet der Rune ein Tor in unser innerstes Selbst und macht uns wehrlos gegen ihren Einfluss. Dies kann sehr schmerzhaft sein, da Uruz keine

Vorstellung von Feingefühl und „schonend beibringen" hat und uns unsere Schwächen rücksichtslos aufgezeigt. Für schamanische Reisen, Verbindung zu den Ahnen und schamanisches Arbeiten mit Ansuz, ist eine intensive Vorbereitung mit und durch Uruz jedoch Voraussetzung.

Anmerkung: Die schamanische Arbeit mit Uruz ist vergleichbar mit dem sog. Gelassenheitsgebet: Gott, gib mir die Gelassenheit, Dinge hinzunehmen, die ich nicht ändern kann, den Mut, Dinge zu ändern, die ich ändern kann, und die Weisheit, das eine vom anderen zu unterscheiden.

Meditation: Du bist allein in einem fremden Wald. Die Bäume um dich herum scheinen bis in den Himmel aufzuragen und ihr Blätterdach ist so dicht, dass alles darunter in ein diffuses Dämmerlicht gehüllt ist. Ein dumpfes Geräusch, ähnlich dem Schlagen eines Herzens, klingt an deine Ohren. Dann tritt es aus dem Dickicht hervor: Das gewaltige Tier, welches selbst Wölfe und Bären in die Flucht schlägt. Uruz, der Auerochse, steht dir gegenüber und du weißt, dass er den Weg nicht freigeben wird. Er hat dich gestellt, so wie du dich ihm stellen sollst. Das dumpfe Geräusch wird zu einem dröhnenden Hämmern. Es ist dein Herz, welches deine Brust zu sprengen droht.

Dann hebt der Ochse den Kopf und blickt dir direkt in die Augen. Seine Energie fließt wie eine Welle auf dich zu und schließt dich ein. Du spürst nicht nur die unbändige Kraft und Wildheit, sondern auch die Sanftmut und die unerschütterliche Entschlossenheit, dir stets zur Seite zu stehen. Geh zu ihm, im Vertrauen auf seine Freundschaft ohne Bedingungen.

Erste Schritte und Visualisieren | Thurisaz

Bevor wir damit anfangen, Runenstäbe[12] und Ähnliches zu produzieren, sollten wir sicherstellen, dass wir damit auch Erfolg haben. Und um Erfolg zu haben, sollten wir besser wissen, was wir da tun. Tatsächlich ist das gar nicht so schwer! Um eine Rune zu ritzen, muss man nur ihre Form kennen. Das Symbol, welches wir für die Rune verwenden. Um dann mit ihr magisch zu arbeiten, müssen wir aber auch noch ihr Wesen ergründen und eine stabile Beziehung zu ihr aufbauen. Das erreichen wir durch die Runenmeditation.

Okay, jetzt nicht gleich weglaufen! Ich kenne eine Menge Abhandlungen darüber, welche Alpha-, Beta-, Gamma- und Hutzelputzwellen dabei im Gehirn aktiviert werden müssen. Dass es nur so, und auf gar keinen Fall anders, ablaufen muss. Wie unglaublich kompliziert und schwer das alles ist und … ach Unsinn!

Runenmeditation ist eher wie Tagträumen. Wenn du als Kind von deinen Eltern gehört hast, dass du nicht träumen sollst, dann vergiss das jetzt bitte ganz fix wieder und höre auf mich: Träume wieder!

Ich gehe später noch etwas detaillierter darauf ein, wie du dir die Runenmeditation leichter machen kannst. Jetzt sollten wir aber erst einmal über die Grundlagen und Voraussetzungen sprechen. Der Versuch, durch Meditation in der Art eines Yogi, das Wesen der Runen ergründen zu wollen, ist nach meiner Auffassung und Erfahrung von vornherein zum Scheitern verurteilt. Und warum sich quälen, wenn es doch viel einfacher geht? Man muss ja nicht einmal darum bitten. Dieses Wissen wird uns bereitwillig geschenkt. Alles, was wir dazu tun müssen, ist unsere Bereitschaft, dieses Wissen anzunehmen, zu zeigen.

Visualisieren

Räume den Tisch leer und stelle einen einfachen Gegenstand darauf. Eine Kaffeetasse zum Beispiel, einen Kugelschreiber oder auch eine Kerze. Es sollte eine simple Form sein, nicht zu bunt und möglichst ohne Aufschrift. Dann setze dich in 80 bis 100 cm Entfernung davor und schaue dir den Gegenstand eine Minute lang genau an. Nehme einen Gesamteindruck davon auf und versuche gleichzeitig möglichst viele Einzelheiten zu erfassen. Dann schließe die Augen und versuche dir den Gegenstand so genau wie möglich vorzustellen. Öffne die Augen und vergleiche deine Vorstellung mit der Realität. Diesen Vorgang wiederholst du ein paar Mal, aber nicht länger als 10 bis 20 Minuten am Tag. Wenn du ermüdest, höre auf und mache am nächsten Tag weiter.

Spätestens nach einigen Tagen wirst du feststellen, dass deine Vorstellung deutlicher und lebendiger wird und du immer mehr Einzelheiten erfasst. Nehme dir dann einen etwas komplexeren Gegenstand wie z. B. einen Blumentopf und übe damit weiter. Immer, wenn du mit dem Ergebnis zufrieden bist, suche dir einen noch komplexeren Gegenstand aus. Durch diese Übung lernst du nicht nur das Visualisieren, sondern steigerst ganz nebenbei auch noch deine Konzentrations- und Wahrnehmungsfähigkeit.

Kennst du diese Filme mit den Superagenten, die einen Raum betreten und sofort alles wahrnehmen? Das gibt es wirklich und angefangen hat jeder Superagent mit einer Kaffeetasse oder einer Kerze. Warum aber überhaupt diese ganze Mühe mit dem Visualisieren?

Runen kommunizieren mit uns, indem sie unsere Gefühle ansprechen und Emotionen auslösen. Beschränken wir uns auf diese Art der Kommunikation, wird das Verständnis sehr schwierig. Visualisieren wir aber bei der Kontaktaufnahme schon ein Bild unserer Vorstellung von einer Rune, erhalten wir auch Bilder zurück.

Stelle dir bitte einmal vor, dass du im Radio einen neuen Song hörst, der dich anspricht. Wenig später siehst du dann den Videoclip dazu. Was für ein Unterschied! Wenn du den Videoclip dann zwei oder drei Mal gesehen hast und den Song wieder nur hörst, siehst du den Videoclip vor deinem „geistigen Auge". Du visualisierst. Das tust du ganz unbewusst, denn der Genuss von visueller und auditiver Stimulierung ist deutlich größer und wir Menschen sind nun mal genusssüchtig. Nicht von ungefähr gibt die Musikindustrie mehrere hunderttausend Euro für einen Videoclip von wenigen Minuten Länge aus.

Betrachten wir das Visualisieren also nicht als Problem, das bewältigt werden muss, sondern als ein Hilfsmittel, welches uns die eigentliche Aufgabe erleichtert. Visualisieren ist auch keineswegs schwer. Wir tun uns nur manchmal schwer damit, es bewusst zu tun.

Thurisaz (Riese)
Phonetisch: Th
Bedeutung: Zerstörung, Veränderung, Neuanfang, Selbstdisziplin
Klasse: dominant
Thurisaz ist die notwendige zerstörerische Kraft, um den Weg für etwas Neues zu bereiten. Nutzung zerstörerischer Kraft zum Aufbau.
Anwendung: Talisman für neue Vorhaben. In der Mythologie stehen die Riesen für große, zerstörerische Kräfte und Naturgewalten, wie Stürme und Unwetter.
Dies ist jedoch keineswegs negativ zu bewerten. Für einen Neuanfang oder ein neues Vorhaben muss Altes weichen, sonst wird es nicht gelingen. Thurisaz steht für dieses Zerstören, auch im Sinne von „hinter sich lassen".

Wird die Kraft von Thurisaz neutral gehalten, ist sie ein sehr guter Talisman und kann erfolgversprechend bei neuen Vorhaben – z. B. auch bei Liebesbeziehungen – eingesetzt werden. Dazu bedarf es jedoch sehr viel Fingerspitzengefühl. Als Amulett zur Abwehr entfaltet sie die stärkste Kraft von allen Runen. Jedoch ist sie durch keine andere Rune zu bändigen! Ihre Kraft richtig zu kanalisieren und zu leiten, liegt einzig in der Verantwortung des Runers. Thurisaz beantwortet jeden Angriff mit mehr Kraft, als ihr entgegentritt. Da sie jedoch auch für Angriffe genutzt werden kann, würde eine solche Abwehr zu einer unkontrollierbaren Freisetzung von Energie führen. Thurisaz ist für Anfänger nicht geeignet. Sie gehört zu einem vollständigen Runenset, sollte jedoch erst verwendet werden, wenn ausreichend Erfahrung vorhanden ist.
Schamanisch: Thurisaz stärkt unseren Willen und unsere Kraft, Neues in Angriff zu nehmen, Altes hinter uns zu lassen und diesen Weg bewusst und aufmerksam zu gehen. Sie fordert von uns jedoch auch die Bereitschaft und Disziplin, ihre Kraft nicht zu vergeuden.

Die Hautbemalung mit Thurisaz ist die Bitte um Kraft und die Offenlegung der eigenen Motivation sowie selbst geheimster Wünsche. Thurisaz prüft uns. Ihre Kraft bereitet uns den Weg für die schamanische Arbeit mit weiteren Runen.

Meditation: Lange bevor es die Zeit gab, forderten einige der ersten Götter den Ur-Riesen Ymir zum Kampf heraus. Die Brüder Odin, Vili und Vé töteten Ymir und bauten aus seinen Körperteilen die Welt. Sein Fleisch wurde zur fruchtbaren Erde, sein Blut zum weiten Meer. Aus seinen Knochen schufen die Götter die Gebirge und sein Schädel wurde zum Himmelszelt. Sonne, Mond und unendlich viele Sterne wurden erschaffen und Midgard, die Erde, entstand.

Stelle dir den erbitterten Kampf der Titanen vor. Die Erbarmungslosigkeit und Gewalt, mit der ein Leben beendet wird, wandelt sich zur Schöpfungsfreude. Der Weg der Zerstörung wird beschritten, um etwas Neues erschaffen zu können.

Die gewaltigen Energien dieses Ereignisses sind es, die in der Rune Thurisaz weiter existieren. Zerstörerisch, mächtig, voller Tatendrang und bereit, aus den Trümmern des Alten etwas Neues entstehen zu lassen.

Schattenarbeit | Ansuz

Der Schatten eines Menschen enthält alles, was seinem positiven Selbstbild und der nach Außen hin gezeigten Einstellung widerspricht. Dabei wird nach persönlichem und archetypischem[13] Schatten unterschieden.

Ein Mensch kann sich zeit seines Lebens selbstlos für andere Menschen einsetzen und seinen gutbezahlten Job aufgeben, um nach Afrika zu gehen und hungernden Kindern zu helfen. Trotzdem kann er in seinem persönlichen Schatten verborgen ein Sadist sein, der Freude daran hat, andere Menschen zu quälen. Diese Neigung ist durch Erziehung, Erfahrung, Verleugnung usw. so tief in seinem Unterbewusstsein versteckt, dass sie ihm selbst nicht bewusst ist. Sicher ist das ein extremes Beispiel, es soll ja aber auch nur das Prinzip verdeutlichen. Verborgene Ängste, verdrängte Erinnerungen an traumatische Erlebnisse oder auch ungeliebte Charaktereigenschaften gehören ebenso zu unseren Schatten. Schatten sind also Teile von uns, von unserer Persönlichkeit, die wir aus verschiedensten Gründen nicht zeigen wollen, unterdrücken, ablehnen. Sie sind so tief in unserem Unterbewusstsein vergraben, dass sie uns oftmals gar nicht (mehr) bewusst sind.

Erstmals geprägt wurde der Begriff „Schatten" von dem Schweizer Psychoanalytiker Carl Gustav Jung[14] (1875 – 1961). Nach Jung bezeichnet der Schatten unbewusste Persönlichkeitsaspekte, mit welchen sich ein Mensch nicht identifiziert, sie aber trotzdem latent in sich trägt.

Unter Schattenarbeit verstehen wir das Bewusstmachen dieser Teile unserer Persönlichkeit. Dabei werden nicht nur Eigenschaften, sondern auch Fähigkeiten „aus dem Schatten geholt". Wir lernen uns selbst besser kennen und mit unserem wahren „Ich" umzugehen. Schattenarbeit wird als erleichternd und befreiend angesehen. Sie ist als positiver Umgang mit der eigenen Persönlichkeit anzusehen.

Was hat das nun aber wieder mit „Deine RunenReise" zu tun? Runenarbeit ist immer auch Schattenarbeit. Wer sich seinen Schatten (noch) nicht stellen mag oder kann, sollte sich daher besser nicht mit Runen befassen.

Im Grundlagenbereich kommt das weniger zum Tragen. Je tiefer man jedoch in die Magie der Runen eintaucht, desto mehr wird man mit seinem eigenen Unterbewusstsein verbunden und zwangsweise auch konfrontiert. Es liegt in der Natur der Sache, in der Art der Kommunikation mit den Runen.

Über Schattenarbeit ist bereits sehr viel geschrieben worden. Es liegt mir fern, hier eine weitere Abhandlung darüber zu verfassen. Damit jedoch niemand durch die Runenreise unvorbereitet in eine potenziell unangenehme Situation gerät, gehört an dieser Stelle eine Art Kurzanleitung dazu.

Wie Schatten entstehen

Die ersten Schatten entstehen bereits in der frühen Kindheit durch Erziehung und Prägung. Kinder lernen sehr schnell, wofür sie geliebt und gelobt oder wofür sie gemieden oder sogar bestraft werden. Eigenschaften und Verhaltensweisen, die in ihrem Umfeld auf Ablehnung stoßen, verdrängen sie im Allgemeinen schnell in das Unterbewusstsein, in den Schatten. Nun können das durchaus auch positive Eigenschaften, wie Neugier und Wissensdurst oder überschäumende Lebensfreude und Kreativität sein. Wenn es unser Umfeld stört, so lässt es uns das spüren und wir passen uns an. Wir verbannen Teile unserer Persönlichkeit und werden zu dem angepassten Menschen, der innerhalb der Gesellschaft funktioniert. In unseren Schatten können große Talente und schöpferische Energien schlummern.

Warum wir die Schatten integrieren sollten

C.G. Jung hat es einmal sehr treffend formuliert: „Ich will lieber vollständig sein, als vollkommen." Was in unserer Kindheit und auch später noch in den Schatten gedrängt wurde, ist Teil unseres Wesens. Diese Schatten beeinflussen unser Denken, Handeln und Fühlen auch weiterhin, nur eben auf der unbewussten Ebene. Dadurch kann es zu irrationalem Handeln und körperlichen Beschwerden bis hin zu schweren Krankheitssymptomen kommen. Diese Teile unseres Wesens im Verborgenen zu halten, erfordert eine Menge Energie. Erst durch die Integration unserer Schatten werden wir wieder „ganz". Wir erfahren uns selbst als eine neue, deutlich komplexere Einheit.

Was ist nun aber Schattenarbeit?

Schattenarbeit bedeutet, die verdrängten Persönlichkeitsanteile – die Schatten – wieder zurück ins Bewusstsein zu holen, sie in den bewussten Bereich unseres ureigensten Wesens zu integrieren. Schatten anzunehmen und zu integrieren, führt zu emotionaler Balance durch die Annahme eigener Schwächen und Fehler. Nur, wenn wir uns selbst vollständig akzeptieren, können wir auch andere Menschen bedingungslos lieben. Nachfolgend wird in drei Schritten der Weg zur Integration der Schatten beschrieben. Dazu ist zu sagen, dass es sich hier um eine sehr vereinfachte Kurzanleitung handelt. Wer mehr über Schattenarbeit wissen möchte, sollte sich aus dem umfangreichen Angebot entsprechende Literatur aussuchen.

Schritt 1: Schatten identifizieren

Um unsere Schatten integrieren zu können, müssen wir sie erst einmal erkennen. Meist wissen wir ja gar nicht, was wir seit Jahren oder gar Jahrzehnten in unser Unterbewusstsein verdrängt haben. Bei der Runenarbeit besteht immer die Möglichkeit, dass solche Schatten zum Vorschein kommen. Oftmals ist es sogar unumgänglich. Da ist es also besser, wenn wir uns schon einmal darauf vorbereiten.

Ein möglicher Hinweis auf eigene Schatten ist unsere emotionale Reaktion auf Verhaltensweisen und Eigenschaften anderer Menschen. Lösen sie starke emotionale Reaktionen bei uns aus, ist das ein möglicher Hinweis auf einen ähnlich gelagerten eigenen Schatten. Das können nach eigener Bewertung sowohl negative als auch positive Verhaltensweisen und Eigenschaften sein. Diese Bewertung ist jedoch in diesem Fall nicht von wesentlicher Bedeutung. Wir schauen uns in unserem näheren Umfeld ebenso um, wie bei Personen des öffentlichen Lebens. Welche Eigenschaften bewundern wir an ihnen und welche mögen wir nicht, finden sie vielleicht sogar abstoßend? Diese Eigenschaften notieren wir uns getrennt nach positiver und negativer Bewertung. Es liegt nahe, dass wir genau diese Eigenschaften in unseren Schatten wiederfinden.

Schritt 2: Bewertungen hinterfragen

Charaktereigenschaften, Wesenszüge und Eigenarten sind nicht willkürlich entstanden. Sie sind ebenso ein Ergebnis der Evolution, wie der aufrechte Gang des Menschen. Was sich geändert hat, ist die Bewertung einzelner Eigenschaften durch die Gesellschaft. Aggressivität (der Schläger) und Angst (der Feigling) werden heute zumeist als negative Eigenschaften angesehen. Entscheidend ist jedoch, wie diese Eigenschaften von anderen Menschen wahrgenommen werden. Aggressivität kann sich auch als Selbstbewusstsein und Durchsetzungsvermögen zeigen und wenn wir uns durch unsere Angst nicht lähmen lassen, hilft sie uns, bei Gefahr schnell und entschlossen zu handeln. Vermeintlich negative Eigenschaften haben also immer auch einen positiven Aspekt. Es kommt nur darauf an, wie sie sich äußern und wahrgenommen werden.

Hier noch ein paar Beispiele.
Egoismus: Die eigenen Bedürfnisse erkennen, für sich selbst sorgen.
Gier: Die Gier nach Leben, nach Wissen (wissbegierig sein), nach Freiheit.

Faulheit: Die Fähigkeit zu entspannen, das Leben zu genießen und die Schönheit der Welt zu erkennen.

Leichtsinn: Lebenslustig, spontan sein.

Unsere Schatten sind ein Teil von uns, sie gehören zu uns. Alles, was wir in unser Unterbewusstsein verbannt haben, fehlt uns. Wir brauchen es, um unsere emotionale Freiheit (wieder) zu finden.

Schritt 3: Gezielte Imagination

Das bildliche Vorstellen, die Imagination, ist ein wesentlicher Bestandteil der Runenarbeit. Vom Symbol zur Wirkung und von der Wirkung zum Symbol imaginieren wir beispielsweise bei der Runenweihe. Wenn wir ein Amulett anfertigen, so stellen wir uns seine Wirkung bildlich vor. Bei der Runenweihe sehen wir das Ergebnis vor unserem geistigen Auge. Bildhaftes Denken ist für die Runenarbeit unerlässlich.

Diese Fähigkeit lässt sich hervorragend für die Integration unserer Schatten einsetzen. Dazu stellen wir uns einen solchen Schatten als Person vor und betrachten ihn ganz genau. Ist die Person größer oder kleiner als ich? Hält sie sich fern oder ist sie ganz nah? Wie ist ihre Körperhaltung und Ausstrahlung? Erscheint sie selbstbewusst, zurückhaltend oder ängstlich?

Wenn wir ein klares Bild, einen Eindruck von dieser Person bekommen haben, beginnen wir mit ihr ein Gespräch. Wir stellen Fragen und hinterfragen auch die Antworten. Dabei geht es darum, herauszufinden, wie und auf welche Art diese Person uns selbst bereichern kann. Die wichtigste – und im positiven Sinne durchaus egoistische – Frage lautet: Was ist dein Geschenk an mich? Wir werden feststellen, dass jeder – wirklich jeder! – Schatten ein Geschenk für uns hat, respektive ein Geschenk ist. Die gezielte Imagination schafft uns einen Zugang zu unserem Unterbewusstsein. Die Erkenntnisse, die wir dabei über uns selbst gewinnen, können recht überraschend sein.

Fazit

Wer bereit ist, die eigenen Schatten anzunehmen, wird das als sehr befreiend empfinden. Lebt man im Einklang mit sich selbst, kann man auch im Einklang mit anderen Menschen und der ganzen Welt leben. Wer aber davor zurückschreckt, sich noch nicht bereit fühlt oder es ganz einfach nicht will, sollte bei den Grundlagen der Runenarbeit bleiben. In der runischen Schamanenarbeit kann (muss nicht!) es geschehen, dass man seinem eigenen „dunklen Ich" begegnet. Das kann ein Teilaspekt oder auch die geballte, unbewusste dunkle Seite der eigenen Persönlichkeit sein. Vieles ist möglich und von so vielen Faktoren abhängig, dass es unmöglich vorherzusagen ist.

Kleine Anmerkung für die Star-Wars-Fans unter uns: Auf Dagobah betritt Luke

Skywalker eine Höhle, in der früher ein dunkler Jedi gehaust hat. Dort stellt sich ihm Darth Vader entgegen und zwingt ihn zu einem Lichtschwertkampf. Luke enthauptet seinen Gegner, nur um dann feststellen zu müssen, dass er gegen sich selbst, gegen seine eigene dunkle Seite gekämpft hat. Na, wer will mal raten, woher George Lucas die Idee dazu hatte?

Ansuz (Göttlicher Atem)
Phonetisch: A
Bedeutung: Spirituelle Kraft, Inspiration
Klasse: neutral
Aufnahme und Bewahrung von spiritueller Kraft.
Anwendung: Meditation ist für die Arbeit mit Runen unverzichtbar und Ansuz ist schlichtweg DIE Rune der Meditation. Ihre Kraft ist passiv und kann daher auch von Anfängern leicht genutzt werden. Sie führt den Meditierenden zum Wissen um die Kraft der Runen und hilft bei der Kontaktaufnahme mit Krafttieren.

Schamanisch: Alle Antworten sind vorhanden. Es kommt nur darauf an, die richtigen Fragen zur richtigen Zeit zu stellen. Geduld und Gelassenheit sind jetzt wichtiger denn je. Ansuz gibt uns keine Antworten, sondern führt uns dahin, wo wir Antworten erhalten können. Es ist dann an uns, die richtigen Fragen zu stellen. Führt Ansuz uns wiederholt an den gleichen Platz, so ist dort eine Antwort, für die wir die richtige Frage noch nicht gestellt haben.

Die Hautbemalung mit Ansuz macht nur im Zusammenhang mit einer schamanischen Reise wirklich Sinn. Sie erleichtert es uns, die oft doch sehr subtilen Kontaktversuche von Krafttieren zu bemerken und richtig zu verstehen.

Meditation: Ansuz ist nicht nur ein Bindeglied zwischen uns und anderen Welten und fremden Wesen, sondern auch zu den anderen Runen. In der Meditation erleben wir weniger eine Reise *zu* Ansuz, als vielmehr eine Reise *mit* ihr. Sie führt uns auf Wege, die wir alleine nicht beschreiten können, denn sie stärkt die spirituelle Kraft in uns. Sie lehrt uns, die Sprache der Natur zu verstehen und die göttliche Kraft in uns selbst zu finden.

Zweifel gehören ebenso zur menschlichen Natur, wie Neugierde und Forscherdrang. Wenn wir zweifeln, dann führt Ansuz uns zu Orten, an denen wir Antworten finden können. Dabei ist es notwendig, auch auf scheinbar unbedeutende oder unwichtige Dinge zu achten. Antworten sind selten in großen Lettern am Himmel geschrieben. Eher ist es das Flüstern der Blätter im Wind oder das Rauschen von Wasser. Ansuz lehrt uns, die Zusammenhänge des Lebens zu begreifen und nicht selten finden wir so die Antworten in uns selbst.

Was uns an der Runenarbeit hindert | Raido

Mit diesem Beitrag möchten wir etwas die Hintergründe beleuchten, die sich als problematisch für die Runenarbeit darstellen. Die Informationen zur Individualentwicklung (Ontogenese) und der Stammesentwicklung (Phylogenese) des menschlichen Gehirns sind in der Fachliteratur ausreichend belegt. Bei den Schlussfolgerungen sieht das natürlich etwas anders aus. Sie sind ebenso beeinflusst von den Werken zum Beispiel von Arthur Koestler[15] und Paul D. McLean[16] wie von eigenen Erfahrungen und Erkenntnissen und natürlich denen einiger Generationen von Runern in meiner Familie.

Die Aufgabe von Runen

Die Runen sorgen für das Gleichgewicht der Kräfte in den Welten. Okay, das kann man jetzt glauben oder auch nicht. Ich muss einräumen, dass ihre Aufgabe auch eine ganz andere sein kann. Vielleicht haben sie auch gar keine Aufgabe oder vielleicht haben sie alle Aufgaben, die es gibt.

Wie auch immer, als Arbeitshypothese bleiben wir jetzt erst mal dabei: Die Runen sorgen für das Gleichgewicht der Kräfte in den Welten.

Wir kennen das von der Erde: Meeresströmungen, Winde, Kontinentaldrift, all das transportiert Energie von A nach B. Klappt das nicht, sind die Folgen unangenehm für uns. Unwetter, Tornados, Überschwemmungen, Erdbeben sind nicht so prickelnd. Aber sie geschehen ja nicht, um uns zu ärgern, sondern sind nichts weiter als ein Ausgleich. Wo mehr Energie ist, wird sie in Bereiche abgeleitet, in denen weniger Energie ist. Ausgleich, Harmonisierung, Stabilität.

So wie das auf der Erde in einem verhältnismäßig kleinen Maßstab passiert, läuft es auch im gesamten Universum ab. Energie muss von A nach B transportiert werden, um einen Ausgleich zu schaffen. Nur gibt es im Universum mehr A und mehr B als auf der Erde, die Entfernungen sind erheblich größer und dann gibt es A und B auch noch in allen möglichen und vorstellbaren Zeitebenen. Mit Wind und Wellen bekommt man das nicht mehr auf die Reihe, da müssen schwerere Kaliber ran: Die Runen.

Auswirkung auf den Menschen

Wird auf der Erde Energie umverteilt, so können wir das bewusst wahrnehmen. Weglaufen vor der Flut, Schutz suchen vor Unwetter usw., ist für unser Überleben wichtig. Wir haben daher Sinnesorgane entwickelt, die uns vor solchen Ereignissen warnen. Dadurch reagieren wir bewusst auf bewusst wahrgenommene Reize.

Wird aber im Universum Energie umverteilt, betrifft uns das im Allgemeinen nicht unmittelbar. Was juckt es uns, wenn im Zentrum der Milchstraße ein Stern explodiert oder am „anderen Ende" des Universums ein schwarzes Loch entsteht?

Entwicklungsgeschichtlich gab es nie eine Notwendigkeit, um für die Wahrnehmung solcher Ereignisse Sinnesorgane zu entwickeln. Selbst für manche Ereignisse in unserem unmittelbaren Umfeld haben wir keine Antenne. Gravitationsschwankungen, kosmische Strahlung, Magnetfelder und unendlich viel mehr, betreffen uns nicht unmittelbar. Ihre Auswirkungen überschreiten nicht die Schwelle des Bewusstseins, wir nehmen sie subliminal, also unbewusst, unterschwellig wahr.

Scheint uns die Sonne auf den Bauch, dann können wir das bewusst oder unbewusst wahrnehmen. Ist es zu warm oder zu kalt, dann wird uns das bewusst, denn wir müssen darauf reagieren. Kleidung anlegen, Sonnencreme auftragen, Flüssigkeit aufnehmen usw. Ist die Intensität innerhalb unseres Wohlfühlbereiches, nehmen wir es nicht bewusst wahr.

Unbewusst aber schon! Unser Körper reagiert darauf. Er produziert Vitamin D3 und Serotonin, drosselt die Ausschüttung von Melatonin; Antrieb, Stimmung, Impulsivität und Sexualtrieb nehmen zu. Unsere Stimmung hellt sich auf und die körperliche Leistungsfähigkeit steigt. All das nur wegen eines klein wenig Sonnenscheins. Wir reagieren also unbewusst auf unbewusst wahrgenommene Reize.

Problematisch wird es, wenn uns die Wirkung unbewusst aufgenommener Reize bewusst wird, wir aber wegen der unterschwelligen Wahrnehmung den Grund nicht erkennen können. Vögel fliegen in Schwärmen davon, Gnus und Zebras trampeln in Panik durch die Savanne, Menschen werden unruhig und schauen dumm aus der Wäsche. Am nächsten Tag erfahren wir aus den Nachrichten, dass es einen Sonnensturm gegeben hat. Nun wäre es durchaus sinnvoll gewesen, wenn wir den Gnus hinterhergelaufen wären, aber dazu haben wir einfach keinen Grund gesehen. Wir reagieren also nicht bewusst auf unbewusst wahrgenommene Reize. Und so paradox sich das erst einmal anhören mag: Daran hindert uns unsere Intelligenz.

Subliminal und häufig

Subliminale Reize beeinflussen jedoch nicht nur unseren Körper, sondern auch unser Verhalten und unsere Entscheidungen. 1993 wurde von Murphy und Zajonc[17] ein Experiment durchgeführt. Dabei sollten die Probanden ein chinesisches Schriftzeichen mit Punkten von 1 bis 5 bewerten. Für die Dauer von 10 Millisekunden, also subliminal, wurde vor den einzelnen Zeichen entweder ein freundliches Gesicht, ein neutraler Gegenstand oder ein wütendes Gesicht gezeigt.

Dieses Experiment wurde mit wechselnden Probanden und wechselnden Kombinationen von Reizbild und Schriftzeichen seitdem mehrfach wiederholt. Das Ergebnis ist jedes Mal das gleiche: Schriftzeichen mit positivem Reizbild erhalten eine hohe Punktzahl, gefallen den Probanden also; während Schriftzeichen mit negativem Reizbild den Probanden nicht gefallen und somit eine geringe Punktzahl erhalten. Robert Zajonc verdanken wir auch die Entdeckung des Mere-Exposure-Effekts[18]. Dieser besagt, dass unter sonst gleichen Bedingungen bekanntes angenehmer und sympathischer ist als unbekanntes. Bei dem erstmals 1968 dazu durchgeführten Experiment wurden den Probanden vermeintlich chinesische Schriftzeichen vorgelegt. Sie sollten die Darbietung der Zeichen aufmerksam verfolgen, wobei die Darbietungshäufigkeit der einzelnen Zeichen – von den Probanden unbemerkt – variiert wurde. Anschließend sollten sie auf einer Skala, die von ihnen vermutete, positive bzw. negative Bedeutung der Zeichen einschätzen. Es zeigte sich, dass die Zeichen mit zunehmender Darbietungshäufigkeit positiver bewertet wurden. Auch dieses Experiment wurde mehrfach mit gleichem Ergebnis wiederholt. Besonders interessant ist eine Kombination beider Experimente.

Bei einem Experiment zum Mere-Exposure-Effekt sollte wieder die vermutete positive bzw. negative Bedeutung der Zeichen eingeschätzt werden. Diesmal wurden jedoch alle Zeichen gleich häufig angezeigt. Zusätzlich wurde aber vor einem Zeichen dasselbe Zeichen subliminal angezeigt. Diesem Zeichen wurde von den Probanden immer eine positive Bedeutung zugeschrieben. Auch, wenn sie dieses Zeichen nicht öfter gesehen haben als die anderen Zeichen, so haben sie es doch öfter wahrgenommen. Je öfter wir etwas sehen oder auch unbewusst wahrnehmen, das nicht negativ vorbelastet ist, umso mehr mögen wir es.

Gnus und Zebras

Kommen wir noch mal auf die in Panik davonrennenden Gnus und Zebras zurück. Wir sind doch viel klüger als diese Tiere und wir haben dieselben unbewussten Reize empfangen. Warum also zur Hölle sind wir nicht auch weggelaufen oder haben wenigstens Schutz gesucht? Die Antwort liegt in einem üblen Streich, den uns die Evolution gespielt hat.

Im Laufe der Evolution hat sich das Gehirn aus einfach gebauten Vorstufen zu einem immer komplexeren System entwickelt. Das „reptilische Gehirn" veränderte sich kaum, sondern wurde durch das Paläosäugetier-Gehirn ergänzt. Beide arbeiten recht gut zusammen und sind bereits unglaublich leistungsfähig. Wenn man sich einmal anschaut, wie koordiniert und planvoll ein Rudel Wölfe bei der Jagd vorgeht, oder eine Schule Delfine einen Sardinenschwarm (in einem dreidimensionalen Umfeld!) einkreist, ist das schon beeindruckend.

Sie ermöglichen auch die Kommunikation untereinander durch die Interpretation von Mimik, Gestik, Lauten, biochemischen Prozessen (z. B. Pheromone) usw. Und sie nehmen subliminale Reize auf und lösen eine entsprechende Reaktion darauf aus. Wie eben das Weglaufen, bei einer durch einen Sonnensturm verursachten Veränderung des Magnetfeldes. Wir Menschen haben diese beiden Gehirne auch. Sie werden limbisches System oder Althirn genannt. Wir empfangen mit ihnen die gleichen subliminalen Reize, können sie jedoch nicht mehr angemessen verarbeiten. Statt das Althirn in ein neues umzuwandeln, hat die Natur uns den Neocortex wie eine Mütze darüber gestülpt und ihn dann auch noch unverhältnismäßig aufgeblasen.

Der Mensch befindet sich damit in der misslichen Lage, dass er von der Natur mit drei grundlegend unterschiedlichen Hirnpartien ausgerüstet wurde, die trotz ihrer verschiedenen Struktur zusammenwirken und sich untereinander verständigen müssen. Die älteste dieser Partien stammt noch von den Reptilien. Die zweite ist von den niederen Säugetieren ererbt, und die dritte ist eine späte Entwicklung der Säugetiere, die den Menschen eigentlich erst zum Menschen gemacht hat. Um diese drei Gehirne in einem bildlich zu umschreiben: „Wenn ein Psychiater den Patienten bittet, sich auf die Couch zu legen, verlangt er eigentlich von ihm, sich neben einem Pferd und einem Krokodil auszustrecken." (Paul McLean)

Das Resultat ist, dass die sich rasch entwickelnde Denk-Hülle, die dem Menschen seinen Verstand verlieh, mit den überkommenen Gefühlsstrukturen nicht hinreichend verbunden und koordiniert wurde. Die Nervenbahnen zwischen den archaischen Strukturen des Stammhirns und dem Neocortex sind offenbar ungenügend. So ließ das explosive Gehirnwachstum eine Spezies entstehen, deren geistiges Gleichgewicht gestört ist, bei der Gefühl und Intelligenz, Glaube und Vernunft sich in den Haaren liegen – den Menschen.

Intelligenz macht dumm

Okay, die Überschrift klingt erst einmal provokativ, aber ich meine das tatsächlich wörtlich. Es gibt nämlich Funktionsüberschneidungen zwischen Neocortex und Althirn. Der Neocortex hat aber keine eindeutigen Kontrollbefugnisse über das limbische System und ist nicht in der Lage, dessen Signale richtig zu verarbeiten. Diese hochgelobte Denkhaube, die uns als einzig bekannte Spezies befähigt, ein ganzes Arbeitsleben in einem Büro völlig sinnlosen Tätigkeiten nachzugehen, Massenvernichtungswaffen zu entwickeln und uns selbst durch die Zerstörung der Umwelt auszurotten, kann mit den „niederen" Signalen des Stammhirns einfach nichts anfangen. Und so stehen wir da, schauen den Gnus hinterher, bewundern die Eleganz der Zebras und lassen unser Erbgut von der Strahlung schädigen. Dummer, intelligenter Mensch.

Um das Problem noch etwas zu verdeutlichen, betrachten wir einmal unsere Emotionen etwas näher. Als erwiesen gilt heute, dass vor allem eine Struktur bei den Emotionen eine große Rolle spielt: die Amygdala. Sie ist Teil des limbischen Systems, dem eine wichtige Funktion bei der Emotionsverarbeitung zugesprochen wird. Die Amygdala dient Tier und Mensch als Alarmanlage. Innerhalb von wenigen Millisekunden bewertet sie Situationen und schätzt Gefahren ein. Parallel dazu läuft ein Kontrollmechanismus ab, der Fehlalarme verhindern soll. Dies lässt sich recht gut am Beispiel der Emotion Angst verdeutlichen. Stammesgeschichtlich gesehen ist Angst eine der wichtigsten Emotionen für das Überleben des Individuums. Ohne Angst würden unsere Vorfahren dem heranstürmenden Nashorn nicht aus dem Weg gesprungen sein und es hätte uns somit nie gegeben.

Ausgangspunkt ist stets der Thalamus. Erhält dieser einen emotionalen Reiz (wütendes Nashornschnauben), leitet er eine Information des Sinneseindrucks direkt weiter an den lateralen Amygdalakern. Dort wird der Reiz auf seine Bedrohlichkeit hin bewertet und das Ergebnis zum zentralen Kern der Amygdala weitergeleitet. Bei Gefahr werden durch den Amygdalakern verschiedene vegetative Systeme aktiviert, der Hirnstamm und die Großhirnrinde werden informiert und automatische Verhaltensreaktionen ausgelöst. Als Ergebnis dessen ducken wir uns bzw. springen zur Seite. All das passiert blitzschnell in wenigen Millisekunden.

Parallel dazu wird die Information aber auch in den Cortex und den Hippocampus gesendet und genauer analysiert, bevor sie dann ebenfalls an die Amygdala weitergeleitet wird. Dieser Weg dauert aber doppelt so lange wie der direkte Weg vom Thalamus.

Das Gesicht in den Wolken

Diese „genaue Analyse" ist aber keineswegs fehlerfrei, sondern ganz im Gegenteil, sehr fehleranfällig. Der Hippocampus bringt nämlich bewusste Erinnerungen an ähnliche Situationen mit ins Spiel. Dazu kommt, dass unser Gehirn immer versucht, Unbekanntes so umzuinterpretieren, dass es Bekanntem entspricht.

Wir kennen das von der Pareidolie[19], wenn wir in Wolken Gesichter erkennen. Umgekehrt wird aus dem Gesicht, welches uns hinter einem Baumstamm hervor beobachtet, bei genauem Hinsehen ein abgestorbener Ast. Aus dem Flüstern einer Walküre[20] wird das Rascheln der Blätter am Baum; aus der vorsichtigen Annäherung einer Fylgja[21] wird das Hoppeln eines Karnickels. Aus dem Wirken der Runen werden Wind, Donner, Blitz und Regen.

Realität ist für uns das, von dem der bewusst arbeitende Teil unseres Gehirns, der Neocortex, uns sagt, es wäre real. Das limbische System ist da aber ganz anderer Meinung!

Ab der dritten Entwicklungswoche beginnt beim menschlichen Embryo die Entwicklung von Gehirn und Nervensystem. Bei der Geburt sind dann bereits alle Nervenzellen vorhanden. Die Entwicklung des Gehirns ist jedoch noch lange nicht abgeschlossen. Das Alt- oder Stammhirn ist zuerst fertig, die Entwicklung des Neocortex dauert noch bis mindestens jenseits des 20. Lebensjahres an. Entscheidend für die Signalübertragung in dem sich entwickelnden Gehirn sind die Synapsen. Bei der Geburt sind es etwa 2500 Synapsen pro Neuron, im Alter von zwei Jahren etwa 100 Billionen (das sind so viele wie bei einem Erwachsenen) und das Gehirn eines Dreijährigen hat doppelt so viele Synapsen. Bis zum Alter von zehn Jahren werden sie dann wieder abgebaut und erreichen ihre endgültige Anzahl von 100 Billionen. Kinder sehen die Welt mit anderen Augen. Ein funktionierendes limbisches System, welches durch den sich erst entwickelnden Neocortex noch nicht blockiert wird, und die hohe Anzahl von Synapsen ermöglichen ihnen die Wahrnehmung einer Realität, die den Erwachsenen nicht mehr möglich ist. Das Monster unter dem Bett (Fylgien) und der „imaginäre Freund" (Walküren) sind für Kinder real. Sie haben Zugriff auf die magische Welt, die der Neocortex den Erwachsenen verwehrt.

Schlussfolgerungen für die Arbeit mit Runen

Wir Menschen werden als magische Wesen geboren. Wir wachsen auf und es wird uns genommen.

So wie Wind und Wellen ständig für einen Ausgleich der Energie auf der Erde sorgen, sind auch die Runen permanent aktiv; Walküren flüstern zu uns und Fylgien umschleichen uns wie Katzen, die Aufmerksamkeit fordern. Wir empfangen ihre Signale, wir verarbeiten und verstehen ihre Signale, aber sie werden uns nicht bewusst. Die dafür notwendigen Verbindungen vom limbischen System zum Neocortex existieren nicht. Das limbische System ist jedoch ein raffiniertes kleines Biest. Es speichert alles ab, merkt sich jedes noch so kleine „Pling" und wartet nur darauf, es uns aufs Butterbrot zu schmieren. Wir müssen ihm nur die Gelegenheit dazu geben.

Runen kommunizieren mit uns durch Bilder und Emotionen. Emotionen sind sehr intensiv. Wenn ein Deich bricht und das Wasser sich seinen Weg bahnt, bringt es Verborgenes an die Oberfläche. So ist es auch mit den Emotionen. Vergrabene Erinnerungen, unbewusste Erkenntnisse, intuitives Verständnis. Emotionen sind die Wellen, auf denen Informationen aus dem limbischen System in unser Bewusstsein getragen werden.

Raido (Reiten, Reise)
Phonetisch: R
Bedeutung: Erkenntnis, Fortschritt, Schicksal
Klasse: neutral
Raido leitet und hilft bei dem Verständnis des durch Ansuz erworbenen Wissens ebenso wie bei der Durchführung von Ritualen.
Anwendung: Talisman für Reisende im weitesten Sinne. Ob es sich um eine spirituelle Reise, die Reise durch das Leben oder eine Reise von Ort zu Ort handelt; Raido hilft dabei, den richtigen Rhythmus zu finden, zeigt uns jedoch nicht den Weg. Beim Reiten ist es der Reiter und nicht das Pferd, der den Weg bestimmt. Vergessen wir das und lassen uns treiben, erinnert uns Raido daran, unser Schicksal wieder selbst zu bestimmen.
Schamanisch: Das Leben verläuft in Zyklen und wenn wir uns diesen Zyklen anpassen und ihnen folgen, sind wir im Einklang mit den Runen. Der Tag-Nacht-

Rhythmus, die Mondphasen, die Jahreszeiten; alles wiederholt sich. Wir begeben uns täglich auf eine neue Reise und täglich erwarten uns neue Herausforderungen. Raido hilft uns, diese Herausforderungen zu meistern.

Die Hautbemalung mit Raido ermöglicht es uns, scheinbare Probleme als Herausforderungen zu erkennen und zu begrüßen. Herausforderungen anzunehmen und zu bewältigen, bringt uns neue Erkenntnisse.

Meditation: In der Meditation wird Raido oft als Pferd wahrgenommen. Das liegt in erster Linie an einer entsprechenden Erwartungshaltung und führt später oftmals zu Problemen. Raido steht für die Reise an sich, das Pferd, welches uns auf unserer Reise trägt, ist Ehwaz. Für die Runenreise, das Kennenlernen der einzelnen Runen, ist Raido jedoch von besonderer Bedeutung.

An diesem Punkt möchte ich noch einmal auf das Thema Schattenarbeit verweisen. Raido führt uns auch durch Reisen in das eigene Ich. Wer sich für die Schattenarbeit noch nicht bereit fühlt, sollte die Runenreise an dieser Stelle vielleicht besser abbrechen. Es ist nicht vorherzusagen, ob es eine Reise in dein Unterbewusstsein wird, eine spirituelle Reise, oder ob sich Raido einfach nur vorstellen wird. Wer eine tiefe und beständige Verbindung zu Raido hat, kann Ziel und Inhalt solch einer Reise weitestgehend steuern. Zu Beginn muss man es aber so nehmen, wie es eben kommt. Aber denke immer daran: Du kannst die Meditation zwar jederzeit beenden, früher oder später wirst du jedoch wieder an den gleichen Punkt kommen. Was das betrifft, ist Raido ziemlich unbarmherzig. Oder wie man bei uns in Norddeutschland sagt: „Wat mutt, dat mutt!".

Probleme bei der Runenmeditation | Kenaz

Wichtige Erkenntnisse über die Runen erlangen wir durch die Runenmeditation. Dabei ist der Zustand unseres Gehirns der entscheidende Faktor. Messbar ist er anhand der Wellen, die es aussendet. In der Literatur werden die einzelnen Frequenzbereiche leicht abweichend voneinander angegeben. Für unsere Zwecke ist die folgende grobe Unterteilung jedoch völlig ausreichend.

Gammawellen (ca. 38 Hz und höher) werden mit starker Konzentration und Spitzenleistungen in Verbindung gebracht. Sie sind noch am wenigsten erforscht.

Betawellen (ca. 38 - 15 Hz) entsprechen dem normalen Wachbewusstsein und nach außen gerichteter Aufmerksamkeit (bewusstes, logisches Denken).

Alphawellen (ca. 14 - 8 Hz) entsprechen einer gelösten, entspannten Grundhaltung. Die Alphawellen sind besonders wichtig für den Transport von Informationen aus dem unbewussten in den bewussten Zustand. Ohne sie könnten wir uns nicht an die Inhalte der Meditation erinnern. Wir erzeugen Alphawellen z. B. bei Tagträumen oder auch beim Visualisieren.

Thetawellen (ca. 7 - 4 Hz) kommen in der REM-Phase des Schlafes vor, bei der Meditation, aber auch bei kreativen Zuständen. Erfahrungen aus dem Theta-Zustand bleiben für uns unbewusst, sie können nur durch Alphawellen in den bewussten Zustand übertragen werden.

Deltawellen (ca. 3 - 0,5 Hz) produziert unser Gehirn im traumlosen Tiefschlaf. Sie kommen aber auch in Kombination mit anderen Hirnwellen vor.

Die Grundschwingung der Schumann-Resonanz[22] beträgt 7,83 Hz.

Isolation durch Fortschritt

Untersuchungen u. a. am Aspen Clinical Research weisen darauf hin, dass das menschliche Gehirn in einem wesentlich größeren Frequenzbereich empfangen als senden kann, und dass es sich der vorherrschenden Frequenz seiner Umgebung anpasst. Bei einer vorherrschenden natürlichen Frequenz von 7,83 Hz wäre das eine feine Sache. Damit befänden wir uns im Grenzbereich zwischen Alpha- und Thetawellen. Beste Voraussetzungen für eine Runenmeditation mit Erkenntnissen aus dem Thetabereich und ihrem bewussten Verständnis durch den Alphabereich. Doch wo finden wir solche natürlichen Voraussetzungen? In einer Zeit, in der wir in unserem Alltag von Frequenzen umgeben sind, die wider jede natürliche Schwingung sind und unser Gehirn ständig in Stresszustände versetzen, wird das immer schwieriger. Hochspannungsleitungen, Handynetze, Mikrowellen, Computer- und Fernsehbildschirme umgeben uns überall. Die Netzfrequenz unseres Stromnetzes beträgt 50 Hz und die Wände unserer Wohnungen sind von Stromleitungen durchzogen. In Flugzeugen beträgt die Netzfrequenz sogar 400 Hz! Wir haben uns ein Lebensumfeld geschaffen, welches uns aus unserer natürlichen elektromagnetischen Verbindung mit der Erde und allem Leben entfernt.

Kommen wir einmal auf das Zitat von Albert Einstein zurück, welches diesem Buch vorangestellt ist: *„Alles ist Energie, gleiche dich der Frequenz der Realität an die du möchtest und du kreierst diese Realität. Das ist keine Philosophie. Das ist Physik!"* Kaum jemand wird bezweifeln, dass dieser geniale Mann wusste, wovon er sprach. Doch genau in dieser Aussage erkennen wir auch das Hauptproblem bei der Runenmeditation. Unser Gehirn passt sich ja der vorherrschenden Frequenz seiner Umgebung an und blockiert so die Verbindung zu den Runen. Laut Albert Einstein sollen wir uns jedoch der gewünschten Frequenz angleichen! Wenn wir verschiedene Materialien z. B. für Amulette kombinieren, haben wir das gleiche Problem. Durch verschiedene Frequenzen kommt es zu massiven Anpassungsschwierigkeiten. Je mehr eine Frequenz von 7,83 Hz abweicht, umso problematischer wird es.

Die Lösung ist Bernstein. Dieser verändert zwar keine Frequenzen, harmonisiert sie jedoch und macht sie damit für Runen handhabbar. Doch wie erreichen wir das bei unserem Gehirn? Dass Schädelimplantate aus Bernstein die Lösung sind, darf wohl angezweifelt werden! Glücklicherweise ist die Lösung dieses Problems recht einfach, denn im Normalfall ist die Runenmeditation nicht komplizierter als ein Gespräch mit dem Nachbarn. Nett über den Gartenzaun hinweg, mit Vogelgezwitscher im Hintergrund, können wir uns gut verständigen. Schwieriger wird es dagegen schon neben einer Baustelle, auf der der Mann mit dem Presslufthammer unser Gehör malträtiert. Bei solchem Lärm verstehen wir einfach nicht, was unser Gesprächspartner sagt.

Mit den Runen ist es nicht anders. Arbeitet unser Gehirn in einem Frequenzbereich nahe 7,83 Hz, verstehen wir, was die Runen uns zu sagen haben. Je weniger es dabei von abweichenden (besonders höheren) Frequenzen gestört wird, umso besser. Befinden wir uns jedoch in einem Umfeld, in dem wir von Frequenzen oberhalb 14 Hz bis hinauf in den dreistelligen Bereich umgeben sind, ist das für unser Gehirn wie der Presslufthammer für unser Gehör. Informationen, die uns erst gar nicht erreichen, können wir nicht verarbeiten, geschweige denn verstehen.

Manche Krankheiten lassen sich durch die Umstellung von Ernährungs- und Lebensweise heilen. Gönnen wir doch auch mal unserem Gehirn eine Umstellung, ein gesundes Umfeld! Muss es wirklich der netzbetriebene Radiowecker direkt neben dem Bett sein? Ist unser Wohlfühlplatz im Stressless-Bequemsessel wirklich stressfrei oder steht auf der anderen Seite der Wand der Kühlschrank und bombardiert uns bei jedem Anlaufen mit hochfrequentem Elektrosmog? Schalten wir den Fernseher wirklich aus oder läuft er permanent im Stand-by-Modus? Wir nehmen solche Dinge nicht mehr als Problem wahr. Wir sind abgestumpft und haben uns auf unser Umfeld eingestellt. Diese Anpassung macht uns das Leben in einem derart belasteten Umfeld möglich, gesund ist es auf gar keinen Fall und für die Runenarbeit ist es nur hinderlich.

Entscheidung und Möglichkeit

Es gibt eine Vielzahl von Meditationstechniken, mit denen wir die hinderlichen Beeinflussungen eliminieren oder doch wenigstens verringern können. Wenn es keine Möglichkeit gibt, dem Elektrosmog und den unnatürlichen Frequenzen zu entfliehen, müssen wir auf diese Techniken zurückgreifen. Die bessere und auch gesündere Variante ist, wenn wir uns so oft wie möglich in einem natürlichen Umfeld aufhalten. Je öfter und länger wir uns z. B. in einem Wald, fernab von störenden Handy-Sendemasten und Hochspannungsleitungen aufhalten, um so mehr stellt sich unser Gehirn wieder auf natürliche Frequenzen ein, denn „es passt sich der vorherrschenden Frequenz seiner Umgebung an". Der Stresspegel sinkt und unsere Fähigkeit zur Runenmeditation steigt. Wir stellen den Normalzustand wieder her, in dem wir Kontakt zu allen Bereichen unserer Realität haben.

Nun geht das aber nicht von heute auf morgen. Durch langjährigen Dauerbeschuss mit unnatürlichen Frequenzen verursachte Schäden heilen nicht in wenigen Stunden. Glücklicherweise sind unsere Regenerationskräfte im Normalfall stärker, als man bei der an sich zerbrechlichen Konstruktion Mensch annehmen sollte. Ein paar wenige kurze Waldspaziergänge in der Woche aktivieren diese Kräfte und wirken dadurch noch lange nach. Mehr ist in diesem Fall besser. Zum Einsiedler muss deshalb aber niemand werden.

Interessanterweise tritt dieser Effekt allerdings auch dann auf, wenn man in einem ungünstigen Umfeld, wie z. B. der Stadtwohnung, eine schamanische Reise macht. Die Vermutung liegt nahe, dass dies durch die bewusste Herbeiführung einer niedrigen Hirnfrequenz während der Reise bewirkt wird. Wenn dem so ist, dann können wir ein negatives Umfeld also „verdrängen" und die praktische Erfahrung bestätigt diese Annahme. Leider braucht es dazu jedoch einige Übung und so lässt sich dieses Schaffen einer Insel inmitten des feindlichen Ozeans erst praktizieren, wenn man schon tief in die Runenarbeit eingetaucht ist. Für den Anfänger bleibt daher nur die Möglichkeit, sich in ein Umfeld zu begeben, welches ihn bei der Runenarbeit unterstützt. Eine solche Veränderung des Umfeldes führt ganz nebenbei auch zu einer verstärkten Wahrnehmung von ungünstigen Einflüssen, die man dann gezielt vermeiden kann.

Kenaz (Feuer, Fackel)
Phonetisch: K
Bedeutung: Eingebung, Inspiration
Klasse: dominant
Kenaz ist die Rune der „Erleuchtung". Plagt man sich lange mit einem Problem, ohne zu einer Lösung zu kommen, kann Kenaz helfen.
Anwendung: Talisman zur Steigerung der Kreativität. Amulett zur Abwehr. Kenaz wirkt auf negative Energien und magische Angriffe wie ein Reflektor. Was auch immer auf sie einstürmt, wird zurückgeworfen. Dabei bleibt Kenaz defensiv und verstärkt die reflektierten Energien nicht.
Schamanisch: Die Erleuchtung mit und durch Kenaz ist nicht das Ziel unseres Bestrebens, sondern der Start in einen neuen Abschnitt, ein neues Abenteuer. Kenaz vermittelt Einsicht, doch ohne Erfahrung ist Einsicht nur Selbstzweck.
Die Hautbemalung mit Kenaz sollte sehr zurückhaltend angewendet werden. Eine permanente Bemalung mit Kenaz, in der Hoffnung, dass sich neue Erkenntnisse dadurch wie von allein einstellen, wird nicht funktionieren. Kenaz bringt keine neuen Erkenntnisse, sie hilft uns jedoch bei dem tieferen Verständnis erworbenen Wissens.
Meditation: Bei einer Meditation mit Kenaz empfehle ich, sich weniger auf das brennende, sondern eher auf das leuchtende Feuer zu konzentrieren.

Du befindest dich in einem unbekannten, völlig dunklen Raum. Wie ein Archeologe, der tief in den labyrinthartigen Gängen einer ägyptischen Pyramide seinen

Weg sucht, tastest du dich voran. Dunkelheit und Kälte schüren die Angst vor Fallen und Abgründen. Du hörst nur deinen eigenen Herzschlag, spürst den Boden unter deinen Füßen, die Steinwände links und rechts deines Weges. Klaustrophobie lässt deine Welt immer mehr zusammenschrumpfen, reduziert sie auf dich und die dich umgebende Dunkelheit.

Spüre in dich hinein, suche nach deinem ganz eigenen Licht. Es wird dir nicht helfen, die Dunkelheit um dich herum zu vertreiben. Doch wenn du Kenaz dazu rufst, dann wird sie dein Licht verbreiten. Wie ein Reflektor kann sie es hell strahlen lassen und dir den Weg zeigen.

Hilfsmittel für die Meditation | Gebo

Für einen angehenden Runer ist die Meditation der wichtigste, aber auch schwierigste Teil der Runenarbeit. Wer Runenmagie praktiziert, beschwört nicht irgendwelche Geister herauf, die ihm dann zu Willen sind. Von einem Runer wird sehr viel mehr verlangt! Er muss die eigene Kraft und Wirkung einer Rune erkennen, ihre Verbindung und Wechselwirkung mit den Kräften und Wirkungen der Natur (oder der Götter, was nicht unbedingt ein Unterschied sein muss) ergründen und mit seiner eigenen Fähigkeit, diese Kräfte zu steuern und zu kanalisieren, in Einklang bringen.

Das Ergebnis ist so individuell vom Runer abhängig, dass sich keine allgemeingültigen Regeln dafür aufstellen lassen. Wenn zwei Runer die gleichen Worte sprechen und die gleichen Handlungen ausführen, hat das noch gar nichts zu bedeuten. Die Gedanken, Kenntnisse, Erfahrungen und – ganz wichtig! – Emotionen sind es, auf die es ankommt. Wer mit Thurisaz ein Amulett zur Abwehr anfertigt und dabei von Gefühlen wie Wut, Zorn oder Frustration beherrscht wird, kann damit großen Schaden anrichten. Und noch einmal: Die Auswirkungen betreffen immer auch den Runer!

Das Wort „Meditation" leitet sich vom lateinischen meditatio (nachdenken, nachsinnen) ab. Das ist es, was wir tun. Nachsinnen über die Kraft und Wirkung einer Rune, über ihre Verbindung zu anderen Kräften und über unsere Wünsche und Erwartungen bezüglich dieser Rune. Dazu ist keine besondere Körperhaltung erforderlich. Wem es hilft, die Arme zu erheben und in den Himmel zu blicken, der möge es tun. Wer sich im sogenannten „Sen-Sitz" besser konzentrieren kann, der möge so sitzen. Wem es hilft, den Namen der Rune zu singen, Musik zu hören und/oder zu tanzen, der möge das tun. Nichts davon ist lächerlich, nichts davon ist falsch. Alles, was dem Einzelnen hilft, ist gut und richtig. Man muss seinen eigenen Weg finden und dabei ist es nur das Ergebnis, das zählt. Gewinnt man Erkenntnisse über die Kraft der Runen, hat man es richtig gemacht. Wenn nicht, muss man es nicht zwangsläufig falsch gemacht haben. Dann fehlt vielleicht einfach nur die Übung.

Aus den vorgenannten Gründen ist es leider nicht möglich, eine allgemeingültige Anleitung für die Runenmeditation zu geben. Eine kleine Hilfestellung für den Anfang ist aber schon möglich. Wenn man beginnt, sich sein erstes Runenset anzufertigen, muss man auch schon etwas Übung in Meditation haben. Die erste Rune zu ritzen, ohne sich ihrer Kraft und Wirkung wenigstens Ansatzweise bewusst zu sein, ist wenig sinnvoll. Suche dir einen bequemen Platz fernab von Stress und Hektik. Bevorzugt in der Nähe einer Kraftlinie. Ob du lieber sitzen, stehen oder liegen willst, ist ganz dir überlassen. Wichtig ist nur, dass du dich so weit wie nur möglich entspannen kannst. Bitte lege dir unbedingt ein Meditationsbuch an! Je länger man sich mit Runen befasst, umso mehr kann es zu einem wichtigen Hilfsmittel werden. Die Erlebnisse, Erfahrungen und Erkenntnisse einer Meditation verändern sich im Laufe der Zeit in der Erinnerung. Während der Meditation bewegt man sich – ähnlich wie in einem Traum – auf einer anderen Bewusstseinsebene und ähnlich wie Träume können Meditationen schnell in Vergessenheit geraten. Man sollte jedoch auch keine Romane schreiben, sondern sich auf knapp gefasste, wichtige Inhalte beschränken.

Was man in seinem Meditationsbuch notiert, ist den individuellen Vorstellungen jedes Runers überlassen. Hier nur ein paar Vorschläge, die vielleicht hilfreich sein können:

- Mit welcher Rune wird meditiert?
- Datum, Zeit und Dauer der Meditation.
- Ort der Meditation – Nutzt man immer den gleichen Ort, ist es nicht wesentlich. Hat man mehrere Orte, kann man nach einiger Zeit Rückschlüsse ziehen, wo man die besten Ergebnisse erzielt.
- Meditationshaltung – Auch wenn du dich auf eine Haltung (Liegend, Sen-Sitz, stehend usw.) festgelegt hast, solltets du das notieren. Es ist durchaus möglich, dass du dich später umentscheidest und dann können die Vergleiche recht aufschlussreich sein.
- Mondphasen – Viele Menschen fühlen sich von den Mondphasen beein-flusst. Gleichgültig, ob das nun real ist oder nicht, der Glaube daran kann die Intensität einer Meditation erheblich beeinflussen. Spätere Auswertungen können da sehr interessant werden.
- Rituale – Hast du dir mehrere Rituale für die Meditation geschaffen, so notiere bitte, welches durchgeführt wurde.
- Bewertung – Vergib Schulnoten. Sortierst du später einmal die Ergebnisse nach der Bewertung, kann es interessant sein, welches der anderen Kriterien sich bei den einzelnen Noten wiederholt.
- Zweck der Meditation – Zum Beispiel, ob es um das Kennenlernen einer

Rune geht oder um ihre Wirkung.

- Ergebnis – Notiere in wenigen Sätzen, was du erlebt hast und welche Erkenntnisse du gewonnen hast.

Je nach persönlichem Empfinden kann man z. B. auch Wochentag, Wetter, Windstärke, Sternenkonstellationen, Temperatur, Meteoritenhäufigkeit, Ebbe oder Flut, Sonnenstürme oder was auch immer notieren. Schreibe auf, was immer dir wichtig erscheint.

Gebo (Gabe)
Phonetisch: G
Bedeutung: Fruchtbarkeit, Partnerschaft, Harmonie
Klasse: neutral
Zusammenführung und Harmonisierung von Gegensätzen.

Anwendung: Binderune zur Angleichung zweier disharmonischer Runen. Talisman für erfolgreiche und harmonische Beziehungen in Partnerschaft und Familie.

Schamanisch: Die Gaben, die wir durch die Runen empfangen, erfordern nur eine Gegenleistung: ihre Annahme. Bekommen wir etwas geschenkt, so fühlen wir uns verpflichtet, ebenfalls ein Geschenk zu machen. Nicht so im Umgang mit Runen, denn ihre Gaben sind selbstlos. Manche Rituale sind mit Opfern verbunden. Wenn wir jedoch etwas opfern, dann den Göttern und nicht den Runen.

Die Hautbemalung mit Gebo ist die Bitte und das Angebot respektive das Signalisieren der eigenen Bereitschaft an alle Runen aus dem ersten Aett, mit uns eine Partnerschaft einzugehen.

Meditation: Bei Gebo dreht sich alles um das Geben und Nehmen und darum, dass es dazwischen keinen Unterschied gibt. Die Annahme eines Geschenkes ist eben so eine Gabe wie das Geschenk selbst. Es ist ein Kreis, der nur geschlossen werden kann, wenn das Überreichen einer Gabe und die Annahme einer Gabe zu einer Einheit geworden sind, die keine Verpflichtungen mit sich bringt. Was Gebo uns lehrt, ist das Verständnis dieses Kreises, welches uns auf eine weitere Stufe des Verständnisses der Runen vorbereitet. Ein Opfer, welches mit einer Bitte verbunden wird, ist nicht wirklich ein Opfer, sondern der Versuch, die Erfüllung der Bitte wahrscheinlicher zu machen. Verschenken wir etwas und erwarten eine Gegenleistung, so ist unser Motiv Eigennutz. Runen verschenken ihr Wissen nicht, sie geben es ohne Erwartungen her und ebenso sollen wir es annehmen. Ohne Erwartungen, aber auch ohne Verpflichtungen.

Meditieren ist nicht schwer! | Wunjo

Nach den ersten Runenmeditationen taucht oft die Unsicherheit auf: „War das jetzt die Rune, oder war das meine Fantasie?" Auffällig ist, dass sich solche Momente zu häufen beginnen, in denen man denken könnte: „Jetzt spinne ich doch!". Es ist sinnvoll, auch diese unbestimmten Eindrücke im Meditationsbuch festzuhalten. Schon der Wunsch nach der Verbindung mit den Runen und der Entschluss zu einer Runenreise öffnen die ersten Türen. Wer sich zuvor nie oder selten an die nächtlichen Träume erinnern konnte, wird vielleicht die Erfahrung machen, dass die Träume wieder intensiver werden und besser in Erinnerung bleiben. Auch wenn zu dem Zeitpunkt noch nicht das Gefühl da ist, mit den Runen eine Verbindung zu haben, zeigt sich bereits in solchen Vorboten die wachsende Runenverbindung.

Wer über das Visualisieren bereits einen leichten Zugang zu den Runen findet, erlebt vielleicht zu Beginn einen kleinen Ansturm von Runen, die sich noch nicht zuordnen lassen. Und schon gibt es Fragen über Fragen: „Ist das eine Rune (und wenn ja, welche)?", „Ist das ein Krafttier?", „Ist das ein Zeichen?" …

Eine wirklich zufriedenstellende Antwort gibt es hierauf nicht. Ich bekam immer nur die frustrierende Antwort: „Hab Geduld". Heute weiß ich, dass das die einzig vernünftige Antwort auf diese Fragen ist. Nur ein erfahrener Schamane könnte diese Dinge für andere Menschen im direkten Kontakt genauer differenzieren. Zum einen gibt es allerdings nur sehr wenige, die das tatsächlich können und zum anderen bleibt die Frage offen: wozu? Mit der Zeit werden die Dinge für dich klarer und es kommen die Antworten automatisch zu dir, manchmal vielleicht erst ein halbes Jahr später. Dafür ist es hilfreich, wenn du dir die Dinge aufgeschrieben hast.

Nur die Frage nach der Fantasie ist leicht beantwortet: Eine gute Portion Fantasie gehört mit dazu – wir brauchen sie als Übersetzer. Es kann sein, dass du ganz weltliche Dinge siehst, wenn du an eine Rune denkst. Menschen, Orte, Tiere oder vielleicht sogar Gegenstände. Es kann aber auch sein, dass du einen Ork aus „Herr der Ringe" vor Augen hast, oder den Gartenzwerg aus Nachbars Garten, ein berühmtes Fabelwesen oder gar einen Gott. Hier kann man schnell hineininterpretieren, dass man gerade Thor persönlich begegnet oder auf dem Rücken eines echten Drachenwesens geritten ist! Doch in den meisten Fällen ziehen die Runen einfach solche Bilder heran, weil du sie (oft auch unterbewusst) mit bestimmten prägnanten Eigenschaften verbindest, die das Wesen der Rune gut repräsentieren. So machen sich dir die Runen auf deine ganz persönliche Weise verständlicher. Es ist also vollkommen in Ordnung, mit solchen Bildern zu arbeiten und es auch in Ordnung, wenn du das Gefühl hast, dass zunächst dein Verstand dieses Bild ausgewählt hat. Ist es ein passendes Bild, wird es irgendwann beginnen, sich selbstständig zu machen. Das Bild wird sich verändern oder in Alltagssituationen auftauchen, in denen du es nicht erwartest. Vielleicht denkst du auch an die Runen und plötzlich hüpft dir eine dieser Gestalten entgegen. Dann vermutlich wohl, weil sie dir etwas zu sagen hat. Letzteres funktioniert besonders gut, wenn du dich mit einer Herausforderung an die Runen wendest, die du für die Runen fühlbar machen kannst. Je mehr Gefühle und Emotionen du der Rune „sendest", umso leichter wird sich auch eine Rune melden, die dir helfen kann. Es ist dann nicht unbedingt die Rune, bei der du dich in der Runenreise gerade befindest. Es ist sinnvoll, sich mit solchen Anliegen an alle Runen zu wenden, die du bereits kennengelernt hast. Dafür musst du nicht zwingend mit jeder Rune einzeln meditieren. Ein guter Trick ist: Schaffe dir eine innere „Anlaufstelle".

Kennst du das Prinzip vom „inneren Garten?" Es gibt viele geführte Meditationen, mit denen man sich einen inneren Kraftplatz verankern kann. Mach es zu deinem ganz persönlichen Ort, an den du die Runen einladen, sie aber auch wieder wegschicken kannst. Dort können dich die Runen besuchen kommen, die dir etwas zu erzählen haben, oder sie öffnen dir von dort aus einen Weg, dem du folgen kannst. Im Kapitel „Der Erlenstab" findest du Genaueres dazu. Nur eines noch hierzu: Manchmal kommt es sogar vor, dass sich eine der Runen bemerkbar macht, die du noch nicht zuordnen kannst und die in der Runenreise erst später dran ist. Hier gilt: Folge deinem Bauchgefühl. Grundsätzlich ist es sinnvoll, sich bei der Runenreise an die Reihenfolge zu halten, denn es ist etwa wie beim Lesen eines Buches: Es ist wenig aufschlussreich, das letzte Kapitel zuerst zu lesen. Wenn man allerdings schon ein gutes Gefühl für das Buch gewonnen hat, gibt es manchmal weiter hinten doch ein Kapitel, bei dem die Überschrift einfach zu verlockend ist …

Wann immer sich Runen „dazwischen drängeln", ist es eine gute Idee, sie anzuhören. An dieser Stelle musst du dir nicht sicher sein, um welche Rune es sich handelt. Notiere dir die Essenz von dem, was sie dir zeigt und dann kehre wieder zurück zur Reihenfolge, sobald sie wieder schweigsam wird. Mit der Zeit wirst du nochmal auf die Rune treffen und sie wiedererkennen wie einen alten Bekannten.

Und wenn du gar nichts siehst? Auch das ist kein Problem. Nicht alle Menschen sind gleichermaßen stark visuell veranlagt. Du kannst es trainieren, wie auf Seite 20 beschrieben. Für den Anfang lohnt es sich aber auch auf andere Sinne zu achten. Lass uns dazu eine ganz kurze Übung machen:

Stell dir vor, du befindest dich am Strand von einem Meer. Achte auf alles, was du wahrnimmst und was du in deiner Vorstellung tust. Versuche, in das Szenario so detailliert wie möglich einzutauchen. Schließe deine Augen und lese erst nach diesem kurzen Ausflug weiter.

Mit welchen Sinnen hast du das Meer am deutlichsten erlebt? Hast du gespürt, wie die Wellen deine Füße umspielen und wie sie im Sand einsinken? Dann nimmst du vermutlich vieles über deinen Tastsinn wahr. Konntest du hören, wie die Möwen kreischen und hattest das Rauschen der Wellen im Ohr? Dann bist du wahrscheinlich sehr akustisch veranlagt. Konntest du das Meer riechen oder die salzige Luft schmecken? All das kann dir auch in der Runenmeditation helfen. Vielleicht nimmst du die Runen zunächst über solche Empfindungen wahr. Und manchmal zeigt sich die anfängliche Verbindung sogar noch subtiler: Verändert sich dein Atem? Fühlt sich dein Brustraum gelöster oder enger an? Hast du ein wohliges Gefühl im Bauch, löst sich ein Schmerz oder nimmst du mehr Anspannung oder Entspannung in deinem Körper wahr, wenn du an eine Rune denkst?

Diese unbefangene Art, mit den Runen zum ersten Mal Kontakt aufzunehmen, macht die erste eigene Runenreise zu einem ganz besonderen Erlebnis. Damit sollte man sich Zeit lassen – ruhig ein ganzes Jahr! Manchmal kann es die Kontakt-aufnahme mit Runen erschweren, zuvor von den Runenerfahrungen anderer Menschen zu lesen. Bilder von anderen brennen sich leicht in den Kopf ein und dann ist es herausfordernd, sich wieder davon freizumachen, um das Eigene wahrzunehmen. Die kurzen Beschreibungen der „Spezialgebiete" der Runen sind ausreichend, um eigene Erfahrungen mit den Runen zu sammeln, jeder Rune einmal „Hallo" zu sagen und einen eigenen Zugang zu finden.

Wer bei äußeren Einflüssen schnell blockiert, liest Texte über die Runen, wie sie von uns oder anderen Menschen erlebt werden, erst danach. Sie können als Inspiration betrachtet werden, neue Aspekte zu entdecken. Denn die Runen zeigen sich dir, deinem eigenen Wesen entsprechend. Liegt dir ein sehr sanftes Wesen zugrunde, wirst du in einer Rune vielleicht einen Schmetterling erkennen, während jemand anderes in der gleichen Rune den Sensenmann sieht. Man kann sich dann darüber streiten, wer von beiden das Wesen der Rune besser erfasst hat, oder die Gemeinsamkeit entdecken: Beide Bilder teilen sich den Aspekt der Transformation und des Übergangs. Lass dich also nicht verunsichern, wenn du etwas völlig anderes siehst. Vielleicht wirst du manchmal aber auch überrascht sein, dass du etwas ganz Ähnliches wahrnimmst wie viele andere Menschen auch.

Wunjo (Wonne)
Phonetisch: W
Bedeutung: Erfolg, Zusammenhalt, Sippe, Stamm
Klasse: ausgleichend
Harmonisierung verschiedener Ebenen des Seins.
Anwendung: Talisman für Glück und Wohlbefinden, Stärkung des Zusammengehörigkeitsgefühls in Gemeinschaften. Amulett gegen Mutlosigkeit und Depression.
Schamanisch: Mit Wunjo wird der erste Kreis geschlossen. Spirituelle Welt und physische Realität sind nur verschiedene Ebenen des Seins. Sie bedingen und beeinflussen einander und sind untrennbar miteinander verbunden.

Die Hautbemalung mit Wunjo öffnet uns für das Verständnis der Verbindung spiritueller und physischer Ebenen ebenso wie für die reale Existenz von Geistwesen in allen Ebenen.

Meditation: Wunjo erdet uns, verbindet uns mit unserer Heimat und stärkt den Zusammenhalt in Gemeinschaften. Erschaffen kann sie ihn jedoch nicht. Sie baut lediglich auf dem auf, was bereits vorhanden ist; sie verstärkt, erweitert und harmonisiert. Bei dieser Rune ist für die Meditation Gelassenheit noch wichtiger als bei anderen Runen, da Meditationserfolge durch Gefühle wie Neid, Missgunst oder gar Hass blockiert werden können. Besonders gute Fortschritte erzielt man dagegen bei gemeinsamen Meditationen in einer Gruppe.

Teil II (Zweites Aett)

Der Erlenstab | Hagalaz

Suche dir einen Erlenstab. Maximal so lang, wie du groß bist und so dick, dass du ihn gut umfassen kannst. Entrinde ihn, schneide die Zweige ab und bewahre ihn griffbereit in deiner Nähe auf. Er trocknet, wie er gerade Lust hat, kleine Trocknungsrisse machen nichts aus. Wenn es dir dann mal so richtig besch…eiden geht, nimm ihn in die Hand. Heul ihn an, rotz ihn an, schrei ihn an (wörtlich!). Wenn es dir hilft, schlag mit ihm etwas kaputt. Sag ihm, wie du dich fühlst. Egal, ob du es nur denkst, flüsterst oder herausbrüllst. So wie es für dich in dem Moment richtig ist. Frühestens einen Tag danach ritzt du eine Rune ein. Die, die für dich zu der Situation passt. Nicht weihen, nicht binden, nur ritzen. Dann stellst du ihn wieder in eine Ecke und holst ihn erst hervor, wenn es dir wieder so richtig schlecht geht. Und dann alles von vorne. Egal, ob die gleiche oder eine andere Rune, wieder nur ritzen.

Nachdem du das drei- bis viermal gemacht hast, nimmst du den Stab in die Hand, wenn du mal so richtig happy bist. Erzähle ihm, wie du dich fühlst und warum. Tanze mit ihm, lache, kuschel dich an. Ritze wieder eine passende Rune ein, wieder frühestens einen Tag danach. Von da an, ob es dir gut oder schlecht geht: immer, wenn es besonders starke Emotionen sind, nimmst du den Stab; denkst, sagst, brüllst ihn an und ritzt eine Rune. Ritzen immer erst später, mindestens einen Tag warten.

Dieser Stab soll dich die nächsten Wochen oder auch Monate begleiten. Er hilft dir, die Probleme, die im Kapitel „Was uns an der Runenarbeit hindert" beschrieben wurden, zu umgehen. Um das zu verdeutlichen, kommen wir noch einmal auf die Aufgabe und Funktionsweise des Unterbewusstseins zurück. Das Unterbewusstsein ist das Kontrollsystem für unser Bewusstsein und unsere Wahrnehmung. Es kann bewusste und unbewusste (subliminale) Reize aufnehmen und verarbeiten. Und es erleichtert uns das Leben, indem es viele Aufgaben übernimmt. Führen wir uns nur einmal vor Augen, wie ein Baby laufen lernt. Schön an den Händen von Mama oder Papa stapft es durch die Wohnung und bleibt plötzlich stehen. Ein Bein noch in der Luft schaut es der jubelnden Verwandtschaft strahlend in die Gesichter. Warum senkt es das Bein nicht ab? Erwachsene würden doch nie so stehen bleiben. Die Antwort lautet: Es ist abgelenkt und denkt einfach nicht daran. Das Baby muss noch jede Bewegung bewusst ausführen. Bei größeren Kindern und Erwachsenen über-nimmt diese Aufgabe das Unterbewusstsein. Durch ständige Wiederholung des Bewegungsablaufes wurde es darauf programmiert. Das Unterbewusstsein lässt sich also programmieren. Das ist die dritte Erkenntnis. Die erste und zweite Erkenntnis haben wir bereits in Kapitel fünf gewonnen: Die Informationen der Runen erreichen unser Bewusstsein nicht auf direktem Weg, weil die dazu erforderliche Verbindung vom Unterbewusstsein zum Bewusstsein fehlt; Emotionen bringen sie jedoch zum Vorschein. Da liegt es doch nahe, unser Unterbewusstsein so umzuprogrammieren, dass es dazu einen anderen Weg nutzt. Und das ist tatsächlich möglich.

Auf dem Erlenstab hast du inzwischen einige Runen, die als Ergebnis starker Emotionen ausgewählt und geritzt wurden. Immer, wenn du ihn jetzt zur Hand nimmst, erinnerst du dich an diese Emotionen. Jetzt solltest du so oft wie nur möglich mit dem Erlenstab arbeiten und immer wieder weitere Runen hinein ritzen. Das allein reicht jedoch nicht aus. Schaffe dir zusätzlich noch eine Traumwelt. Keine Fantasiewelt in der du fliegen kannst, oder „König der Welt" bist. Einfach einen Platz, an den du dich im Geiste zurückziehen kannst. Ein Ort, an dem du sicher und geborgen bist, der jedoch den physikalischen Gesetzen unserer Realität entspricht. Wichtig ist es, dass du den Erlenstab immer in diese Traumwelt mitnimmst!

Die Runen auf dem Erlenstab unterliegen der Gebrauchsweihe. Unabhängig davon, ob du sie bewusst oder unbewusst beeinflusst. In deiner Traumwelt führst du nun fiktive Gespräche mit den Runen. Worum es dabei geht, ist völlig nebensächlich. Auch, ob die Runen nach positiven oder negativen Emotionen ausgewählt wurden, ist nicht von Belang. Das fällt in den Bereich der Schattenarbeit. Es geht dabei einzig darum, dass die Runen dir antworten. Bei all dem, was unser Unterbewusstsein zu leisten imstande ist, kann es nämlich eines nicht: Realität und Fiktion unterscheiden. Du trickst dein Unterbewusstsein aus und bringst es dazu zu glauben, dass die Runen direkt mit dir kommunizieren können.

Das mag sich jetzt unnötig kompliziert anhören, aber dieser Weg ist bewährt und erfolgversprechend. Das Unterbewusstsein umzuprogrammieren, ist nämlich nicht so ganz einfach. Die alten, bewährten Informationen, die überschrieben werden sollen, stehen im Vordergrund und das Bewusstsein blockiert neue Informationen auf ihrem Weg ins Unterbewusstsein. Visualisierung, also das Ausweichen in die Traum-welt, hilft dir dabei, das Bewusstsein bei der Umprogrammierung zu umgehen.

Wer hat den Spruch nicht schon einmal gehört: „Der Mensch ist ein Gewohn-heitstier"? Genau das ist damit gemeint. Wir fallen immer wieder in alte Gewohnheiten, weil unser Unterbewusstsein uns dazu „zwingt". Ohne eine Änderung der vorhandenen Programmierung kommen wir nicht voran. Haben wir nur lange genug geglaubt, etwas nicht zu können, so werden wir es auch nie erreichen.

Die Programmierung des Unterbewusstseins zu ändern, dauert seine Zeit. Es ist ein langsamer Prozess, von dem man zu Anfang rein gar nichts bemerkt. Wie lange es dauert, ist nicht vorherzusagen. Das hängt von so vielen verschiedenen Faktoren ab, dass eine Verallgemeinerung nicht möglich ist. Nach und nach wird das Unterbewusstsein jedoch echte Informationen der Runen freigeben und aus der Reise in die Traumwelt wird plötzlich eine Runenmeditation mit überraschenden Erkenntnissen. Und genau darum geht es uns ja.

Ganz nebenbei ist der Erlenstab auch noch ein schönes Beispiel für die Gebrauchsweihe von Runen. Je länger du ihn nutzt, umso mehr wird sich die Art ändern, mit der die Runen kommunizieren. Auch ihre Wirkung auf dich unterliegt dabei gewissen Schwankungen. Das ist aber ganz normal. Du lernst die Runen ja gerade erst kennen. Je länger eine Rune auf dem Stab ist und je mehr du dich mit ihr beschäftigst, umso tiefer wird die Verbindung. Da sich ihre Wirkung nach und nach ein wenig ändert und du sie im Laufe der Zeit immer besser verstehst, sind die Veränderungen oft sehr deutlich zu erkennen.

Hagalaz (Hagel)
Phonetisch: H
Bedeutung: Verlust, Zerstörung, Prüfung
Klasse: dominant
Aufbrechen eingefahrener Strukturen, Selbsterkenntnis.
Anwendung: Amulett für unspezifische Abwehr gegen Angriffe.
Meditation: Hagalaz ist alles andere als ein laues Lüftchen. Sie ist der Hagelsturm, der mit Urgewalt über dich hereinbricht. Bei der Schattenarbeit zerrt sie tief Verborgenes heraus und reibt es dir scheinbar genüsslich unter die Nase. Man sollte immer darauf vorbereitet sein, von ihr sehr deutlich darauf hingewiesen zu werden. Doch sie hilft dir auch, deine eigenen Fehler und Schwächen nicht nur zu erkennen, sondern sie auch zu akzeptieren und zeigt dir den Weg dorthin. Das wird nicht unbedingt der Weg sein, den du aus eigener Initiative beschreiten würdest. Rücksichtnahme und behutsames Vorgehen liegen nicht so sehr in ihrer Natur. Mehr als einmal haben wir gehört, dass Hagalaz als penetrant bezeichnet wurde.
Als Schutzrune ähnelt sie sehr Thurisaz, ist in gewisser Weise aber noch direkter. Selbst bei einer ruhigen Meditation geht sie gegen Störungen von außen energisch vor und räumt sozusagen von sich aus störende Hindernisse aus dem Weg.

Bei den Runengedichten handelt es sich vermutlich um Gedächtnisstützen, die es dem Benutzer ermöglichen sollten, sich die Reihenfolge und Namen der einzelnen Buchstaben des Alphabets zu merken. Vier verschiedene Gedichte sind erhalten geblieben: das angelsächsische Runengedicht, das norwegische Runengedicht, das isländische Runengedicht sowie das schwedische Runengedicht. Letzteres wurde erstmalig in einem Brief erwähnt, der 1908 veröffentlicht wurde. Der Text ist aber möglicherweise verfälscht und wird weder in der Forschung noch im praktischen Gebrauch sonderlich berücksichtigt.

Die isländischen und norwegischen Gedichte enthalten je 16 Runen des jüngeren Futhark. Das angelsächsische Runengedicht hingegen listet die 29 tatsächlich verwendeten Runen des Futhork auf. Sowohl das jüngere Futhark als auch das angelsächsische Futhork wurden aus dem älteren Futhark entwickelt und für schriftliche Aufzeichnungen verwendet. Jedes Gedicht unterscheidet sich in der poetischen Versform, aber sie enthalten zahlreiche Parallelen zueinander. Darüber hinaus enthalten die Gedichte Verweise auf Figuren aus dem nordischen und angelsächsischen Heidentum.

Angelsächsisches Runengedicht

Das angelsächsische Runengedicht wurde vermutlich im 8. oder 9. Jahrhundert verfasst und wurde in der Cotton-Bibliothek in London aufbewahrt. 1731 ging die Handschrift zusammen mit zahlreichen anderen Dokumenten leider bei einem Brand verloren. Das Gedicht wurde zwar 1705 von George Hickes, einem englischen Geistlichen und Gelehrten, kopiert, jedoch vermutlich auch verändert, denn es enthält viele christliche Verweise.

Norwegisches Runengedicht

Das norwegische Runengedicht wurde in einer Kopie eines zerstörten Manuskripts aus dem 13. Jahrhundert erhalten. Es ist im skaldischen Versmaß abgefasst.

Isländisches Runengedicht

Das isländische Runengedicht ist in vier Manuskripten erhalten, von denen das älteste aus dem späten 15. Jahrhundert stammt. Es wird in der „Arnamagnæan Handschriftensammlung" aufbewahrt und gilt als das am besten systematische der überlieferten Runengedichte.

Zu erwähnen wäre auch noch das im 9. Jahrhundert aufgezeichnete Abecedarium Nordmannicum, welches der älteste bekannte Katalog nordischer Runennamen ist. Er enthält jedoch keine Definitionen und gilt nicht als Runengedicht.

Norwegisches Runengedicht

ᚠ Fé vældr frænda róge;
føðesk ulfr í skóge.

ᚢ Úr er af illu jarne;
opt løypr ræinn á hjarne.

ᚦ Þurs vældr kvinna kvillu;
kátr værðr fár af illu.

ᚬ Óss er flæstra færða
fǫr; en skalpr er sværða.

ᚱ Ræið kveða rossom væsta;
Reginn sló sværðet bæzta.

ᚲ Kaun er barna bölvan;
bǫl gørver nán fǫlvan.

ᚼ Hagall er kaldastr korna;
Kristr skóp hæimenn forna.

ᚾ Nauðr gerer næppa koste;
nøktan kælr í froste.

ᛁ Ís köllum brú bræiða;
blindan þarf at læiða.

ᛅ Ár er gumna góðe;
get ek at Ǫrr var Fróðe.

ᛌ Sól er landa ljóme;
lúti ek helgum dóme.

ᛏ Týr er æinendr ása;
opt værðr smiðr blása.

ᛒ Bjarkan er laufgrønstr líma;
Loki bar flærða tíma.

ᛘ Maðr er moldar auki;
mikil er græip á hauki.

ᛚ Lögr er, fællr ór fjalle
foss en gull ero nosser.

ᛦ Ýr er vetrgrønstr viða;
vænt er, er brennr, at sviða.

Isländisches Runengedicht

ᚠ Fé er frænda róg | ok flæðar viti
ok grafseiðs gata | aurum fylkir.

ᚢ Úr er skýja grátr | ok skára þverrir
ok hirðis hatr. | umbre vísi

ᚦ Þurs er kvenna kvöl | ok kletta búi
ok varðrúnar verr. | Saturnus þengill.

ᚬ Óss er algingautr | ok ásgarðs jöfurr,
ok valhallar vísi. | Jupiter oddviti.

ᚱ Reið er sitjandi sæla | ok snúðig ferð
ok jórs erfiði. | iter ræsir.

ᚲ Kaun er barna böl | ok bardaga [för]
ok holdfúa hús. | flagella konungr.

ᚼ Hagall er kaldakorn | ok krapadrífa
ok snáka sótt. | grando hildingr.

ᚾ Nauð er Þýjar þrá | ok þungr kostr
ok vássamlig verk. | opera niflungr.

ᛁ Íss er árbörkr | ok unnar þak
ok feigra manna fár. | glacies jöfurr.

ᛅ Ár er gumna góði | ok gott sumar
algróinn akr. | annus allvaldr.

ᛌ Sól er skýja skjöldr | ok skínandi röðull
ok ísa aldrtregi. | rota siklingr.

ᛏ Týr er einhendr áss | ok ulfs leifar
ok hofa hilmir. | Mars tiggi.

ᛒ Bjarkan er laufgat lim | ok lítit tré
ok ungsamligr viðr. | abies buðlungr.

ᛘ Maðr er manns gaman | ok moldar auki
ok skipa skreytir. | homo mildingr.

ᛚ Lögr er vellanda vatn | ok viðr ketill
ok glömmungr grund. | lacus lofðungr.

ᛦ Ýr er bendr bogi | ok brotgjarnt járn
ok fífu fárbauti. | arcus ynglingr.

47

ᚠ | F `[feoh]`
byþ fnofun. fina gehþylcum. rceal ðeah manna gehþylc. miclun hyt bælan. gif he pile. fon bnihtne domer hleotan :·

ᚢ | ᚢ `[ur]`
byþ anmod. ꞇ ofen hypned. fela fnecne. beon feohteþ. mid honnum. mæ- ne mon rtapa. þ ir modig puht :·

ᚦ | ᚦ `[þorn]`
byþ ðeanle rceanp. ðegna gehþylcum. anfen-gyr yfyl. ungemetun neþe. manna gehþylcun. ðe him mid perteð :·

ᚩ | ᚩ `[os]`
byþ ondfnuma. ælcne rpræce. pirdomer pnaþu. and pitena fnofun. and eonla gehþam. eadnyr and to hiht :·

ᚱ | ᚱ `[rad]`
byþ onnecyde. pinca gehþylcum. refte and rpiþhpæt. ðam ðe ritteþ on- ufan. meane mægen heaþdum. ofen mil paþar :·

ᚳ | ᚳ `[cen]`
byþ cpicena gehþam cuð on fyne blac and beophtlic bypneð ofturt ðæn hi æþelingar inne pertaþ :·

ᚷ | ᚷ `[gyfu]`
gumena byþ gleng and henenyr. pnaþu ꞇ pynþrcype ꞇ ppæcna gehþam an and ætpirt ðe byþ oþna lear :·

ᚹ | ᚹ `[wen]`
ne bnuceþ ðe can peana lyt raner and ronge and him rylfa hæþ blæd ꞇ blyrre and eac bynga geniht :·

ᚻ | ᚻ `[hægl]`
byþ hpiturt conna. hpynrt hit of heofoner lyfte. pealcaþ hit pindes rcu- na. peonþeþ hit to pætene ryððan :·

ᚾ | ᚾ `[nyd]`
byþ neanu on bneortan peonþeþ hi ðeah oft niþa beapnum to helpe and to hæle ge bpæþne gif hi hir hlyrtaþ ænon :·

ᛁ | ᛁ `[is]`
byþ ofen cealdunge metum rlidon ghirnaþ glær hluttun gimmum geli- curt. flon fonrte ge populit fægen anryne :·

ᛄ | ᛄ `[ger]`
byþ gumena hiht ðon god læteþ halig heofoner cyning bnupan ryllan beophte bleda beopnum and ðeanfum :·

ᛇ | ᛇ `[eoh]`
byþ utan unrmeþe tpeop. heapd hnuran fært hypde fyner. pynþnumun undenpnepyð pynan on eþle :·

ᛈ | ᛈ `[peorð]`
byþ rymble plega. and hlehten plancum ðan pigan rittaþ on beon rele bliþe æt romne :·

ᛉ | ᛉ `[eolhx]`
reccanð hæfþ ofturt on renne. pexeð on patune. pundaþ gnimme. blode bneneð beopna gehþylcne ðe him ænigne onfeng gebeð :·

ᛋ | ᛋ `[sigel]`
re mannum rymble biþ on bihte ðonn hi bine fenaþ ofen fircer beþ oþ hibnim hengert bningeþ to lande :·

ᛏ | ᛏ `[tir]`
biþ tacna rum healdeð tpypa pel. piþ æþelingar a biþ onfænylde. ofen nihta genipu. næfne rpiceþ :·

ᛒ | ᛒ `[beorc]`
byþ bleda lear. beneþ efne rpa ðeah tanar butan tubben. biþ on telgum pli- tig. þeah on helme hpyrteð fægene. geloben leafum lyfte getenge :·

ᛖ | ᛖ `[eh]`
byþ fon eonlum æþelinga pyn. hopr hofum planc. ðæn him hæleþe ymb. pe- lege on picgum ppixlaþ rpnæce. ꞇ biþ unrtyllum æfne fnofun :·

ᛗ | ᛗ `[man]`
byþ on myngþe hir magan leof. rceal þeah anna gehþylc oðnum rpican. fon ðam bnyhten pyle dome rine þ eanme flærc eonþan betæcan :·

ᛚ | ᛚ `[lagu]`
byþ leodum langrum gebuht gif hi rculun neþun on nacan tealtum. ꞇ hi ræ yþa rpyþe bnegaþ. and re bnim hengert bnidler ne gym :·

ᛝ | ᛝ `[ing]`
pær ænert mid eart denum. ge repen reckun. oþ he riððan ert. ofen pæg gepát pæn æften pan. ður heanbingar ðone hæle nembun :·

ᛟ | ᛟ `[eþel]`
byþ ofen leof. æghpylcum men. gif he mot ðæn. pihten and genyrena on bnucan on blode bleabum oftart :·

ᛞ | ᛞ `[dæg]`
byþ bnihtner rond. beope mannum. mæne metober leoht, myngþ and to hiht eadgum and eanmum. eallum bnice :·

ᚪ | ᚪ `[ac]`
byþ on eonþan. elba beapnum. flærcer robon. fepeþ gelome ofen ganoter bæþ ganrecg pandaþ. hpæþen ac hæbbe æþele tpeope :·

ᚫ | ᚫ `[æsc]`
biþ ofen heah. eldum ðyne. rtiþ on rtaþule. rtede nihte hylt. ðeah him feohtan on finar monige :·

ᚣ | ᚣ `[yr]`
byþ æþelinga ꞇ eonla gehpær. pyn and pynþmynd. byþ on picge fægen. fært- lic on fænelde. fynd geacepa rum :·

ᛡ | ᛡ `[io]` 10
byþ ea rixa. and ðeah abnuceþ. fobner onralpan. hataþ rærenne ranþ.

48

Das Bild links zeigt eine Reproduktion der 1705 von Humfrey Wanley angefertigten und von George Hickes veröffentlichten Kopie des angelsächsischen Runengedichts. Das Runengedicht selbst liefert nicht die Namen der Runen. Vielmehr ist jede Strophe ein Rätsel, dessen Lösung der Runenname ist. Aber der Text in Hickes Veröffentlichung von 1705 ist mit dem Namen jeder Rune versehen. Es ist nicht sicher, ob diese Glossen im Manuskript selbst vorhanden waren oder ob sie von Hickes hinzugefügt wurden.

Die gute Übereinstimmung zwischen dem angelsächsischen und dem skandinavischen Gedicht gibt Anlass zur Annahme, dass die im angelsächsischen Gedicht für die acht Runen des älteren Futhark, die im jüngeren Futhark nicht mehr verwendet werden, aufgezeichneten Namen auch ihre historischen Namen widerspiegeln. Darüber hinaus nennt das angelsächsische Gedicht die Namen von fünf Runen, die angelsächsische Neuerungen darstellen und in der skandinavischen oder kontinentalen Tradition keine Entsprechung haben.

Das deutsche Runengedicht

Der praktische Wert der überlieferten Gedichte ist für die Arbeit mit den Runen des älteren Futhark sehr gering. Die zugrundeliegende Intention dagegen ist auch heute noch aktuell. Es gibt viele Reime, Gedichte und Lieder, die Schulanfängern das Lernen des Alphabets erleichtern sollen. Warum also nicht auch ein Gedicht, mit dem man die Reihenfolge der Runen des älteren Futhark lernen kann und gleichzeitig Hinweise auf ihre Bedeutung bekommt? Und wenn schon ein Gedicht, warum es dann nicht auch gleich vertonen? Und wenn es schon vertont ist, warum dann nicht gleich mit in die RunenReise aufnehmen? Ja, so ist das manchmal beim Brainstorming: Fängt man erst mal damit an …

Eine erhoffte „Nebenwirkung" haben wir zu Litha 2024 mit dem ersten Aett in einer Gruppe getestet und wurden in unserer Erwartung weit übertroffen. Spricht oder singt man dieses Lied leise vor sich hin (oder auch nur in Gedanken), dann „rutscht" man auch als Anfänger ganz leicht und völlig überraschend in eine Runenmeditation hinein. Um welche Rune es sich dabei handelt, ist anscheinend nicht vorhersehbar oder steuerbar. Aber vielleicht erlangen wir durch weitere Versuche damit auch noch weitere Erkenntnisse. Doch ob so oder so – ein praktisches Hilfsmittel für die Runenmeditation möchte ich dir nicht vorenthalten.

Also haben wir am Text herumgefeilt, um ihn trotz der verwendeten Kenningar nicht zu kryptisch erscheinen zu lassen. Die Namen der Runen werden im Text nicht genannt; diese Verbindung herzustellen, obliegt den Anwendern. Hier im Buch stelle ich sie den einzelnen Strophen aber voran, um die ganze Sache zu vereinfachen. Je zwei Zeilen beziehen sich auf eine Rune, vier Zeilen ergeben eine Strophe.

Musik: Komponist unbekannt, um 1600
Noten: Linda Krader

Erstes Aett

Fehu

    Der Reichtum ist die Quelle von Wohlstand und von Macht
    Doch auch von Neid und Hader, drum handle mit Bedacht

Uruz

    Der Auerochse zeigt sich, als Fürst von Wald und Moor
    steht dir im Kampf zur Seite, bringt große Kraft hervor

Thurisaz

    Von hohem Wuchs der Riese, zerstörend seine Kraft
    Wie auch zum neuen Aufbau, den er mit Eifer schafft

Ansuz

    Die Quelle uns'rer Sprache, sie ist des Menschen Mund
    So wie der göttlich' Atem, gib stets die Wahrheit kund

Raido

    Das Reiten ist ein Segen, doch gilt das nicht fürs Pferd
    Doch für die schnelle Reise, da ist es nicht verkehrt

Kenaz

    Die Fackel kennt ein jeder an ihrem hellen Licht
    Sie führt dich aus dem Dunkel und macht dir frei die Sicht

Gebo

    Das Geben und das Nehmen, macht keinen Unterschied
    Vertraue auf die Runen, vertrau auf dieses Lied

Wunjo

    Der erste Kreis geschlossen, durch den Zusammenhalt
    Versammelt um das Feuer, es bleibt kein Herze kalt

Zweites Aett

Hagalaz

    Die Hagelräder rollen, verbannen jene Kraft
    Gesichert ist die Ernte, die uns den Wohlstand schafft

Nauthiz

    Zu Handeln ist Notwendig, der Nornen Spruch es zeigt
    Wo Not und Leid nichts gelten, die Waage tief sich neigt

Isa

    Das Dach der sanften Wellen, die Rinde dort am Fluss
    Schön anzusehn und mächtig, so bringt es auch Verdruss

Jera

    Das Jahr der guten Ernte, das Jahr voll Überfluss
    Iduns goldene Äpfel geboten zum Genuss

Eihwaz

    Des heil'gen Holzes Rinde, sie knistert, wenn sie brennt
    Als Wächter jener Flamme die Glück von Unheil trennt

Pertho

    Geborgenheit und Wärme, bevor das Licht erscheint
    Des ew'gen Kreislauf Mächte vom Ursprung an vereint

Algiz

> Der Schutz sich wie ein Mantel um deine Schultern legt
> Geheimnisvolle Kräfte ein Schwanenflügel trägt

Sowulo

> Das Weltenlicht der Sonne erhellet jeden Tag
> Der zweite Kreis geschlossen wohl durch der Runen Rat

Drittes Aett

Teiwaz

> Der Fluch des großen Wolfes, der Souverän des Rechts
> Beachte die Gesetze des herrschenden Geschlechts

Berkana

> Die Quelle aller Schöpfung vom grünen Laub geschützt
> So reift es im Verborg'nen, bis es den Menschen nützt

Ehwaz

> Allgeschwind und Frühwach den goldnen Wagen ziehn
> Sie Tag und Nacht bestimmen, vor Skalli sie entfliehn

Mannaz

> Die göttliche Verbindung, von Heimdall ward bestimmt
> Vorhergesagt dem Menschen, dass er den Thron erklimmt

Laguz

> Im blauen Land der Fische Njords Handschuh trieb dahin
> Trotz Schrecken aus der Tiefe, bracht' er ihm doch Gewinn

Ingwaz

> Die Fruchtbarkeit der Erde ernähret das Geschlecht
> Von Ask und Emblas Söhnen, auf dass sie nicht geschwächt

Dagaz

> So ungewiss die Nächte, so klar ist jeder Tag
> Den Widerspruch vereinen, die Kraft uns Odin gab

Othala

> Vollendet sind die Kreise, vollendet das Gedicht
> Doch nur in der Gemeinschaft da hat es auch Gewicht

Fjölkynningar
Die geheimen Zauberlieder

In dieser Anleitung verwenden wir einige Begriffe, die unterschiedlich interpretiert werden und manchem vielleicht auch gar nicht bekannt sind. Damit es keine Verwechslungen gibt, fangen wir also damit an, diese Begriffe – bezogen auf die vorliegende Anleitung – zu definierem.

Seiðr – Seiðr ist eine besondere Form von Magie und wird durch Gesang ausgeübt. Von Odin ist bekannt, dass er Seiðr allein ausübte. Das ist jedoch eine von wenigen Ausnahmen; im Allgemeinen war eine Gruppe von wenigstens neun Personen dazu erforderlich. Seiðr wurde auch als unmännlich angesehen und nach der Überlieferung wurden viele „Seiðmenn" ertränkt. (Vgl. Heimskringla) Die häufigste Konstellation waren eine Zauberin und neun Frauen. Zuerst sangen die neun Frauen den als „Varðlokkur" bezeichneten Lockgesang, mit dem Geister angelockt wurden. Dann stimmten sie den als „Varðlokur" bezeichneten Gesang an, der die Zauberin vor eben diesen Geistern schützen sollte. Das gab ihr die Möglichkeit, die Geister – auch gegen deren Willen – zu befragen und auf den Antworten aufbauend Weissagungen zu tätigen bzw. sich ihrer Hilfe bei anderen Zaubern zu versichern. Durch Seiðr konnte z. B. auch das Wetter beeinflusst werden, Berge, Seen und Flüsse geschaffen oder auch gezielt Schaden angerichtet werden.

Fjölkynngi – Eigentlich ist es ein Synonym für Seiðr und bedeutete ursprünglich so viel wie „Vielfältige Magie". Es gibt zum Seiðr jedoch einen wesentlichen Unterschied. Durch Fjölkynngi werden nicht, wie laut Überlieferung im Seiðr, Geister beschworen. Hier wird mit reiner Energie gearbeitet, mit Runen und Wesenheiten. Letztendlich sind wir – wie bei der Arbeit mit Runen – wieder beim „gezielten Schubsen von Energien" angekommen. Nur diesmal durch Gesang.

Kenning – (Mehrzahl Kenningar) Stilmittel in der altnordischen Literatur, das in der bildlichen Umschreibung der Bedeutung eines Wortes besteht. Beispiel: „Das Singen der Pfeile" für „Kampf". Es werden dabei auch veraltete Umschreibungen genutzt, wie z. B. „Linde des Lauch" für „Mädchen". Für Außenstehende sind solche Zaubersprüche meist unverständlich.

Galdralag – Altnordisches Versmaß, welches sich durch die Wiederholung von Versteilen auszeichnet.

Fjölkynning – (Mehrzahl Fjölkynningar) Eine Vermischung aus Fjölkynngi und Kenning, wie sie in meiner Familie als Bezeichnung für Zaubergesang genutzt wird.

Im Laufe der Zeit hat es sich ergeben, für die Mehrzahl die „eingedeutschten" Bezeichnungen Fjölkynnings oder Fjölkynninge zu benutzen.

Wesen und Wesenheiten – Als Wesen bezeichnen wir Lebewesen mit physischer Existenz, also Menschen, Tiere und Pflanzen, aber auch Götter. Wesenheiten dagegen sind reine Energie. Sie entstehen, wenn es eine Notwendigkeit dafür gibt und die entsprechenden Voraussetzungen für ihre Entstehung gegeben sind. Verschwinden Notwendigkeit und Voraussetzungen, so vergehen sie wieder. Auf den Begriff der Wesenheit werde ich noch etwas genauer eingehen.

Geister – Wesenheiten werden manchmal auch als Naturgeister oder ähnlich beschrieben. Allerdings ist die Bezeichnung „Geister" negativ vorbelastet und auch mit Wertungen wie „gut" und – sehr viel häufiger – „böse" verknüpft, weshalb ich sie nur ungern verwende. Zudem werden Geister oft mit Gespenstern gleichgesetzt.

Anwendung von Fjölkynningar

Fjölkynningar können für sich allein stehen und ein sehr wirksames und mächtiges Mittel für magische Arbeiten darstellen. Sie sind aber auch sehr gut zur Unterstützung anderer Arbeiten geeignet. Bei der Vorbereitung und Reinigung eines Ritualplatzes oder auch beim Einhaseln zum Beispiel sind sie definitiv angebracht.

Beim Anfertigen von Amuletten singen wir fast immer Fjölkynningar zur Einleitung und Unterstützung. Je nachdem, was solch ein Amulett bewirken soll, ist es mal ein Fjölkynning zur Melodie von „Bunt sind schon die Wälder", „Am Brunnen vor dem Tore" oder ähnlichen „sanften" Melodien. Die Texte sind Bitten an Wesenheiten, uns bei unseren Vorhaben zu helfen. Bei einem Amulett zur Abwehr von Schadenszauber ist es dann eher ein Fjölkynning nach der Melodie von „In Zaire" von Johnny Wakelin. Sich gleichzeitig auf eine magische Handlung und das Singen eines Fjölkynning zu konzentrieren, erhöht natürlich die Anforderungen, aber mit ein wenig Übung ist es gar nicht so schwer.

Kommen wir noch einmal auf die Wesenheiten zurück, um mögliche praktische Anwendungen von Zauberliedern besser zu verdeutlichen. Sie lassen sich gut mit Naturereignissen und Wettererscheinungen vergleichen. Nehmen wir als Beispiel den Wind. Er entsteht durch Temperaturunterschiede in der Atmosphäre, die Druckunterschiede verursachen. Luft bewegt sich dann von Gebieten mit hohem Druck zu Gebieten mit niedrigem Druck. Die Voraussetzung für sein Entstehen sind also Temperaturunterschiede und die Notwendigkeit dafür ist der Druck- oder auch Energieausgleich. Das sind recht simple physikalische Vorgänge. Sie durch einen Fjölkynning magisch zu beeinflussen, ist nicht weiter schwer. Das Ausmaß der Beeinflussung ist dann schon wieder eine ganz andere Sache. Aber wir wollen ja auch nicht das globale Wetter durcheinanderbringen.

Machen wir uns also die Gegebenheiten zunutze. Temperaturunterschiede in der Atmosphäre gibt es immer. Beste Voraussetzungen also, den Wind herbeizurufen. Mit einem Fjölkynning, der die Wesenheit „Wind" heraufbeschwört, haben wir zum Beispiel die Möglichkeit, einen Raum von negativen Energien zu reinigen. Das Prinzip ist nicht viel anders als beim Ausräuchern, nur dass wir hier eben die Energie einer Wesenheit nutzen, um andere Energien zu verdrängen.

Ausgehend von diesem Beispiel findet man sicher schnell viele Anwendungsmöglichkeiten für Zauberlieder.

Aufbau und Gestaltung

Jetzt kommen wir zum winzig kleinen Haken bei der Sache: Fjölkynningar muss man sich selbst schreiben. Es ist ein ähnliches Prinzip wie bei Binderunen. Um den Fjölkynning eines anderen zu nutzen, muss man ihn verstehen. Da Fjölkynningar aber verschlüsselt werden, ist das nicht so einfach. Da macht es schon eher Sinn, sich selbst an die Arbeit zu machen. Aber keine Angst, ich erkläre dir, wie du vorgehen musst, um Erfolg zu haben.

Grundsätzlich besteht ein Fjölkynning aus der Einleitung, dem eigentlichen Zauberspruch und manchmal auch einem abschließenden Befehl. Nicht immer werden alle drei Bestandteile verwendet. Sind sie jedoch enthalten, so folgen sie bestimmten vorgeschriebenen Formen.

Begonnen wird also mit einem einleitenden Text, der auf das Anliegen hinweist, die eigene Situation erklärt oder auf ein bestimmtes Ziel (Person, Gebiet) bzw. eine bestimmte Zeit hindeutet. Folgendes Beispiel dafür ist der einzig überlieferte Teil von Heimdalls Zauberlied (Heimdalargaldr):

> Ich bin der Sohn von neun Müttern,
> ich bin der Sohn von neun Schwestern.

Heute würden wir die zweite Zeile anders gestalten:

> Ich bin der Sohn von neun Müttern,
> von neun Schwestern bin ich der Sohn.

Welchen Zauber Heimdall hier wirken wollte, ist nicht überliefert. Da er sich in der Einleitung selbst vorstellt, ist aber davon auszugehen, dass der Zauber sich auch auf ihn selbst bezieht. Diese Vorgehensweise ist zum Beispiel dann angebracht, wenn es darum geht, Wissen zu erlangen oder eine Frage zu beantworten.

Bei einem Liebeszauber (im weitesten Sinne) ginge man hingegen anders vor. Ein solcher Zauber, welchen ich für einen Freund geschrieben habe, war die Grundlage für das Lied „Alrún" (siehe „Das Heiden-Liederbuch"). Die erste Strophe des Liedes ist identisch mit dem einleitenden Teil des Fjölkynning. Da durch das Zauberlied eine weitere Begegnung herbeigeführt werden soll, wird beschrieben, um wen es sich handelt; und der Ort, an welchem der Zauber gewirkt werden soll, bestimmt.

> Vom Kreuzweg bei den Eichen hinab ins fremde Land
> Da hab ich sie gesehen, Alrún ward sie genannt
> Die Haut wie Milch und Honig, die Lippen rot wie Blut
> Die Augen klar und golden, das Haar wie Flammenglut

In diesem Teil gibt es keine Wiederholung der Verse und keine Kenningar. Im einleitenden Teil ist das auch nicht zwingend erforderlich. Auch die Nennung des Namens wäre nicht unbedingt nötig. Das Bild, welches der Sänger von der Person hat, reicht im Normalfall für eine eindeutige Identifizierung aus. Da ich die Person damals aber noch nicht selbst gesehen, sondern nur eine Beschreibung von ihr hatte, wurde zur Sicherheit der Name mit verwendet.

Fjölkynningar werden nicht umsonst die *geheimen* Zauberlieder genannt. Oftmals ist schon die Einleitung durch Kenningar verschlüsselt. Wie schwierig es ist, einen durch Kenningar verschlüsselten Text wieder zu entschlüsseln, möchte ich am folgenden Beispiel demonstrieren.

> Dort wo die Weiße Jungfrau wohnt,
> am Ort der letzten Schlacht.

Offensichtlich handelt es sich dabei um eine Ortsbeschreibung. Wer oder was könnte nun die „Weiße Jungfrau" sein und wo wohnt sie? Ein paar Vorschläge:

- 1. Als weiße Jungfrauen werden zwei etwa 2,0 m hohe Bautasteine bezeichnet, die in Råkilde-Ellidshøj bei Aalborg in Dänemark stehen.
- 2. Ein Erlebnispunkt auf dem Lügder Mythenweg trägt den Namen „Weiße Jungfrau".
- 3. Einer der Trivialnamen des Schneeglöckchens lautet „Weiße Jungfrau".
- 4. Frau Holle als Repräsentantin der winterlichen Natur wird in manchen Sagen als „Weiße Jungfrau" bezeichnet.
- 5. Ein Gipfel zwischen den Walliser und den Berner Alpen trägt ebenfalls diesen Namen.

Es gibt noch sehr viel mehr Möglichkeiten, nur mit dem Namen „Weiße Jungfrau" kommen wir offensichtlich nicht zu einem Ergebnis. Versuchen wir es doch mal mit dem „Ort der letzten Schlacht".

- 1. Napoleons letztes Gefecht bei Waterloo.
- 2. Armageddon, die letzte Schlacht zwischen den Mächten des Guten und des Bösen in der Nähe der Ruinen von Tel Megiddo in Israel.
- 3. Unter einer einzeln stehenden Birke soll einer alten Sage nach Ragnarök, die letzte Weltenschlacht stattfinden.

Hier habe ich drei Beispiele gewählt, die weit genug auseinanderliegen, um den Kenning mit großer Wahrscheinlichkeit zu verstehen. Ginge es um Waterloo, machte „Ort der letzten Schlacht" nur in Verbindung mit Napoleon einen Sinn und den wird man wohl kaum als „Weiße Jungfrau" bezeichnen. Zu Armageddon könnte durchaus auch eine weiße Jungfrau erscheinen, aber es geht ja um einen Ort, an dem sie wohnt. Auch wird sich ein heidnischer Zauber kaum auf einen christlichen Mythos beziehen und die Ruinen von Tel Megiddo sind ganz schön weit weg.

Es handelt sich also wahrscheinlich um eine einzeln stehenden Birke und dazu würde ein Schneeglöckchen als „Weiße Jungfrau" passen. Sicher ist das nicht, aber gehen wir einmal davon aus. Dann bleibt aber immer noch die Frage zu klären, welche einzeln stehende Birke, unter der ein Schneeglöckchen wohnt, gemeint ist. Doch ist dies für einen Außenstehenden kaum zu klären, da es hierbei nur auf die Intention des Zaubersängers ankommt.

Der Einleitung folgt die **Incantatio**, die eigentliche Zauber- oder Beschwörungs-formel. Im Gegensatz zur Einleitung sind hier Kenningar vorgeschrieben und wie beim Galdralag werden Versteile wiederholt. Das folgende Beispiel lässt sofort erahnen, dass es entweder um Schadenszauber oder die Abwehr eines solchen geht.

> Zum Singen der Bögen, zum Schwirren der Pfeile,
> wie Odins Töchter auf wilder Jagd.

Zeile 1 ist die Umschreibung eines Aufrufs zum Kampf. In der zweiten Zeile wird spezifiziert, wie vorgegangen werden soll. Odins Töchter, die Walküren, sind auch Kriegerinnen und die wilde Jagd gilt als zielstrebig und unaufhaltsam. Diese Zeilen können also wie folgt gedeutet werden: Ich rufe euch zum Kampf bis zum Sieg (oder auch „ohne Gnade"). Diese Zeilen müssen nicht sofort umgestellt und wiederholt werden, sondern es könnten noch weitere Zeilen hinzukommen. Auf Schadens-zauber und -abwehr werden wir hier jedoch nicht weiter eingehen.

Dann schon lieber ein Zauber wie dieser (Incantatio):

> Beim Glanz der reinen Blüte, wie Eir es hat gewagt,
> von Lofns Segen zehrend, der Zauber ward gesagt.

Mit der reinen Blüte ist das Schneeglöckchen gemeint. Schon wieder! Diesmal wird es aber nicht genutzt, um einen Ort zu benennen, sondern es wird die Zeit bestimmt, zu welcher dieser Zauber wirken soll: der Frühling. Die Göttin Eir hat der Liebe entsagt. Es geht also um eine „nicht vorhandene Liebe". Lofn hat von Odin und Frigg die Erlaubnis bekommen, liebende Männer und Frauen miteinander zu verbinden und zu vermählen, denen dies zuvor verboten war. Kenningar sind nicht unbedingt wörtlich zu nehmen, es geht also ganz allgemein um einen Liebeszauber.

Kenningar haben wir damit, nun fehlt noch die Wiederholung und Umstellung der beiden Zeilen. Das kann so aussehen:

> Beim Glanz der reinen Blüte, wie Eir es hat gewagt,
> von Lofns Segen zehrend, der Zauber ward gesagt.
> Von Lofns Segen zehrend, wie Eir es hat gewagt,
> beim Glanz der reinen Blüte, der Zauber ward gesagt.

Dabei muss man darauf achten, dass die Umstellung den Sinn nicht verändert. Glücklicherweise ist die Intention des Zaubersängers der maßgebliche Teil bei der Festlegung dessen, was durch diesen Zauber erreicht werden soll.

Ein **abschließender Befehl** wird heute kaum noch verwendet. Ich finde ihn respektlos und unangemessen und zwingend erforderlich ist er ohnehin nicht. Verwendet man ihn, dann ist es etwas wie:

> „Höret und gehorchet!"

oder auch (ziemlich schräg)

> „Mein Wille geschehe!"

Ich erwähne das hier nur der Vollständigkeit halber. Fjölkynningar funktionieren auch ohne den Befehl und wir manipulieren schließlich Energien und nicht irgendwelche dienstbaren Geister, die solche Behandlung auch sicher nicht verdient hätten.

Runen und Fjölkynningar

So langsam muss jetzt wohl die Frage beantwortet werden, was Fjölkynningar eigentlich in einem Buch über Runen zu suchen haben. Die Antwort ist ganz einfach: Man kann durch einen Fjölkynning auch die Magie einer Rune heraufbeschwören.

Das hat nun aber nichts mit dem Intonieren von Runen zu tun, wie es manche selbst ernannten „Runensänger" praktizieren. (Vergleiche hierzu auch „Runensänger" im Kapitel „Irrungen und Wirrungen".) Dieses Vorgehen hilft durchaus, um sich zum Beginn einer Runenmeditation auf eine entsprechende Rune einzustimmen. Magie kann man so aber nicht wirken. Dazu bedarf es eines Fjölkynning in der hier beschriebenen Art; und die Gestaltung des Textes ist dann auch noch ein klein wenig komplizierter. Also bitte kein „Feeeeehuuuuu" in den Himmel säuseln, da fallen nur die Vögel vor Schreck vom Baum.

Die Besonderheit bei der Gestaltung eines Fjölkynning mit Runen liegt darin, dass die gewünschte Rune sehr exakt angesprochen werden muss und dazu reichen die Informationen, die du in diesem Buch findest, nicht aus. Name und Bedeutung einer Rune identifizieren sie zwar eindeutig, aber es geht um die individuelle Beziehung, die du zu der Rune hast und um die Emotionen, die sie in dir anspricht. Leider sind wir da wieder an einem Punkt, an dem reines Wissen nicht wirklich etwas bringt, sondern Erfahrung gefragt ist und Erfahrungen kann man nur selber sammeln.

Uruz wird häufig automatisch mit dem Ur, dem Auerochsen, assoziiert. Nun könnte man annehmen, dass die zwei Zeilen zu Uruz aus dem Runengedicht sich bestens für einen Fjölkynning eignen. Dem ist aber nicht so. Geht es bei Uruz denn wirklich nur um Kraft und Kampf? Ganz bestimmt nicht! Zur Verdeutlichung stellen wir dem Zweizeiler aus dem Runengedicht mal die Einleitung eines Fjölkynning gegenüber, wie ihn ein Heiler formuliert hat und der sich auch auf Uruz bezieht.

> Der Auerochse ist der Fürst von Wäldern, Sumpf und Moor
> Steht dir zur Seite stets im Kampf, bringt große Kraft hervor

> Zu Walpurgis Wiesengold nährt die Mutter Erde
> Und der Rune Macht im Holz wehret der Beschwerde

Der Zweiteiler aus dem Runengedicht bedarf keiner Erklärung. Anders dagegen die einleitenden Zeilen des Heilers.

Als Wiesengold wird die Sumpfdotterblume bezeichnet, der – sofern sie zu Walpurgis geerntet wird – besondere Heilkräfte zugeschrieben werden. Wenn man Sumpfdotterblumen an milchgebendes Vieh verfüttert, dann soll die Butter aus der Milch eine besonders schöne goldgelbe Farbe haben. Mit „der Rune Macht im Holz" ist die Skarja gemeint, die ein Heiler in einen Taekhan ritzt (siehe „Runenheilung").

Diese einleitenden Zeilen beziehen sich auf eine Meditation des Heilers, in der er ein Wildrind mit den Blüten der Sumpfdotterblume fütterte und dafür goldfarbene Butter geschenkt bekam, aus der er eine Creme herstellte. Wie sich herausstellte, hatte diese Creme eine spezielle Heilwirkung, wenn sie gemeinsam mit einem Taekhan und der Skarja Uruz verwendet wurde.

Obwohl in der Einleitung des Fjölkynning weder Uruz genannt, noch auf die Bedeutung der Rune eingegangen wird, ist die Anforderung, die Rune exakt anzusprechen, erfüllt. Allerdings nur für diesen Heiler, denn andere Menschen haben auch eine andere Beziehung zu Uruz. Aber ganz genau so muss ein Fjölkynning mit Runen abgefasst werden, um die gewünschte Wirkung zu erreichen.

Melodien finden

Man kann selbst eine Melodie komponieren oder eine bekannte Melodie verwenden; das macht keinen Unterschied. Ich bevorzuge für meine Fjölkynningar die Melodien alter Volkslieder und bekannter Hits mit einprägsamem Rhythmus. Nicht nur der Text, sondern auch die Melodie eines Fjölkynning sollte dem Anlass angemessen sein. Nutzt man dabei Melodien, die man ohnehin schon kennt, erleichtert das die Sache natürlich sehr.

Der Hit „Stayin' Alive" von den Bee Gees wird auch als „Lebensretter-Song" bezeichnet, weil er den perfekten Rhythmus für eine Herzdruckmassage hat. Gut 100 Taktschläge pro Minute sind es, und bei der Wiederbelebung sollte etwa 100- bis 120-mal pro Minute auf den Brustkorb gedrückt werden. In Erste-Hilfe-Kursen wird gelehrt, diesen oder ähnliche Songs bei der Herzdruckmassage zu singen – wenn auch nur in Gedanken – um den richtigen Rhythmus zu halten. Dieses Prinzip lässt sich hervorragend auch auf Fjölkynningar anwenden.

Singen eines Fjölkynning

Wir haben lange nach einer möglichst einfachen Erklärung gesucht, die sich nicht über mehrere Buchseiten erstreckt. Linda Krader hat es dann sehr gut auf den Punkt gebracht: Es ist eine Mischung aus Vibration und Atmung (und was diese mit dem Körper und der Energie anstellen) und Intention. Die Kunst dabei ist, das als Einheit zusammenzubringen.

„Drum singe, wem Gesang gegeben" trifft hier aber nicht zu, denn ein Fjölkynning ist ein Zauber, der gesungen wird – kein Gesang, mit dem man zaubert. Auch der Seiðr wird manchmal als wohlklingend und manchmal als misstönend beschrieben. Es muss also nicht schön klingen, wichtig ist jedoch die volle Konzentration auf das gewünschte Ergebnis. Insofern unterscheiden sich die Zauberlieder nicht wesentlich von einer rituellen Runenweihe.

Sonstiges

- In welcher Reihenfolge man die einzelnen Teile eines Fjölkynning schreibt, ist nicht vorgeschrieben. Ich beginne im Allgemeinen mit der Incantatio, der eigentlichen Zauber- oder Beschwörungsformel. Beim darauffolgenden Schreiben der Einleitung richte ich mich dann danach, welche Informationen noch erforderlich sind. Auch ob die Verse sich reimen, ist nicht wichtig. Ich ziehe es aber vor, weil ich damit gute Erfahrungen gemacht habe.
- Überlieferte Zaubersprüche zu übersetzen oder sogar im Original zu verwenden, sollte man vermeiden. Der ursprüngliche Sinn wird dabei häufig entstellt, was zu unangenehmen Folgen führen kann. Außerdem haben wir sicher genug eigene Anliegen, um nicht auf die anderer Leute zurückgreifen zu müssen.

- Es wird immer wieder danach gefragt, warum überhaupt Kenningar verwendet werden und Verszeilen wiederholt und umgeordnet werden sollen. Die einzige Antwort, die ich darauf geben kann, lautet: Weil jahrhundertelange Erfahrung uns gelehrt hat, dass es so richtig ist.
- Umschreibungen, die wir als Kenningar nutzen können, finden wir in Trivialnamen von Pflanzen, in alten Mythen und Sagen, auf den Webseiten von Heimatvereinen und an vielen weiteren Stellen. Es reicht, ein wenig die Augen offenzuhalten – und sich eine Liste anzulegen.

Nauthiz (Not)
Phonetisch: N
Bedeutung: Einengung, Zwang, Notwendigkeit (des Widerstandes)
Klasse: ausgleichend
Stärkung der Willenskraft, Überwindung fatalistischer Einstellungen.
Anwendung: Talisman zur Stärkung der Abwehrkräfte. Bedingt auch als Amulett gegen materiellen Verlust.
Meditation: Die Runen des zweiten Aett sind bei der Meditation schon deutlich anspruchsvoller. Nauthiz bildet dabei eine Ausnahme. Der Zugang zu ihr ist vergleichsweise einfach und mit ihrer ausgleichenden Wirkung innerhalb der Runen schafft sie gute Voraussetzungen für weitere Meditationen.

In der Wirkung ist sie zwar fordernd, jedoch nie drängend und man sollte das auch annehmen und sich viel Zeit für diese Rune nehmen.

Das ältere Futhark und die Runenklassen | Isa

Das ältere Futhark besteht aus 24 Zeichen, den Runen, denen, wie im lateinischen Alphabet, jeweils ein einzelner Laut zugeordnet ist. Der Name Futhark wurde aus den Anfangsbuchstaben der Runen Fehu, Uruz, Thurisaz, Ansuz, Raido und Kenaz gebildet. Dieses Futhark wurde bis ca. 750 n. Chr. von allen germanischen Stämmen in der gleichen Form verwendet. Das Besondere daran ist die ungewöhnliche Reihenfolge der Zeichen. Während sich sonstige Alphabete immer ihrem Ursprungsalphabet anpassen, ist die Reihenfolge der Zeichen im älteren Futhark eine vollkommen eigene.

Runen wurden bei den Germanen auch nie als Schriftzeichen zur Alltagskommunikation verwendet. Ihre Verwendung als Schriftzeichen beschränkte sich

vielmehr auf wenige kurze Inschriften auf beispielsweise Schmuck, Gebrauchsgegenständen und Waffen. Auch die Schiffe der Wikinger wurden hin und wieder mit
kurzen Inschriften versehen.

Heute wird oftmals darüber gestritten, ob Runen nun magische Symbole,
Ideografien oder phonetische Buchstaben sind. Ich halte es nicht für richtig, Runen
auf das eine oder andere festzulegen. Sie sind all das – und noch mehr.

Die 24 Runen des älteren Futhark teilen sich in drei Aett und drei Klassen zu
jeweils 8 Runen. Jede Rune hat ihre eigene, individuelle magische Wirkung und
Verbindung zu einem bestimmten Konzept. Manche Runen entfalten ihre volle Kraft
in der Wechselwirkung mit anderen Runen, manche „bremsen" sich gegenseitig. Um
erfolgreich mit Runen arbeiten zu können, ist es also sehr wichtig, die spezifischen
Eigenschaften jeder einzelnen Rune zu ergründen.

Erstes Aett: Fehu, Uruz, Thurisaz, Ansuz, Raido, Kenaz, Gebo, Wunjo
Zweites Aett: Hagalaz, Nauthiz, Isa, Jera, Eihwaz, Pertho, Algiz, Sowulo
Drittes Aett: Teiwaz, Berkana, Ehwaz, Mannaz, Laguz, Ingwaz, Dagaz, Othala

Die Runenklassen

Unabhängig von der Einteilung in die drei Aettir werden Runen auch noch in drei
Klassen eingeteilt. Ihre Energieform weicht insoweit voneinander ab, als man sie als
dominant, neutral und ausgleichend bezeichnen kann. Dies bezieht sich aber nur auf
ihre Interaktion mit anderen Runen! Bei der Erstellung von Binderunen[23] und
Runenkombinationen[24] ist es aber sehr wichtig.

Anhand der folgenden Beispiele möchte ich darlegen, wie die verschiedenen
Klassen sich einander (und durch den Runer steuerbar) beeinflussen können.

Verbindet man eine Rune der Klasse 1 mit einer Rune der Klasse 2 zu einer
Binderune, so wirkt die Rune der Klasse 1 gegenüber der Rune der Klasse 2
dominant. Fügt man dann eine Rune der Klasse 3 hinzu, kann dadurch die Dominanz der Rune der Klasse 1 aufgehoben werden und alle drei Runen wirken
gleichberechtigt. Man kann aber eine Rune der Klasse 3 auch so hinzufügen, dass
ihre einzige Aufgabe der Ausgleich zwischen den anderen Runen ist. Dann hat sie
innerhalb der Binderune oder Runenkombination keine weitere Wirkung. Oder man
fügt sie hinzu und lässt sie nicht ausgleichend wirken, sondern nur ihre eigene
Wirkung als Rune beisteuern. Dann wäre die Rune der Klasse 1 dominant gegenüber
den gleichberechtigten Runen der Klassen 2 und 3.

Diese Möglichkeiten gibt es nur mit den ausgleichenden Runen der Klasse 3.
Zumindest ist mir kein Weg bekannt, auf dem man die Energieform einer Rune der
Klassen 1 und 2 ohne eine Rune der Klasse 3 ändern kann.

Eine Binderune aus Uruz (Klasse 1), Ansuz (Klasse 2) und Fehu (Klasse 3) kann
also je nach Wirkung von Fehu bei ansonsten gleichen Bedingungen eine sehr

unterschiedliche Gesamtwirkung zeigen. Verbindet man nun noch mehrere Runen verschiedener Klassen miteinander, erhält man eine sehr große Anzahl von Kombinationsmöglichkeiten.

Eine funktionierende Kombination von drei Runen aus je einer der drei Klassen anzufertigen ist um einiges schwieriger, als es sich erst einmal anhört. Die obige Beschreibung erklärt wohl, wie problematisch es tatsächlich ist. Sie zeigt aber auch, warum es praktisch unmöglich ist, die exakte Wirkung der Binderune eines anderen Runers zu kopieren. Selbst wenn die Vorgehensweise bekannt ist, bleibt immer noch der sehr individuelle Einfluss des Runers, der nicht zu duplizieren ist. Es gibt deshalb auch nur eine sehr geringe Anzahl von Binderunen, die in ihrer Wirkung so stabil sind, dass man sie „nachmachen" kann. Wir bezeichnen diese Binderunen als „stabile Binderunen".

Das alles mag sich zuerst etwas verwirrend und kompliziert anhören. Befasst man sich jedoch lange genug mit Runen, so wird es immer einfacher. Es sind die Runen selbst, die uns zeigen, wie wir richtig mit ihnen umgehen und wie sie untereinander agieren. Also nur keine Angst!

Es ist natürlich auch möglich, eine Binderune zu erstellen, ohne auf die Wechselwirkung der Klassen Rücksicht zu nehmen. Im Buch „Runenheilung" wird noch näher auf Binderunen eingegangen.

- **1. Klasse** (dominant): Uruz, Thurisaz, Kenaz, Hagalaz, Sowulo, Teiwaz, Ehwaz, Ingwaz
- **2. Klasse** (neutral): Ansuz, Raido, Gebo, Isa, Berkana, Mannaz, Laguz, Dagaz
- **3. Klasse** (ausgleichend): Fehu, Wunjo, Nauthiz, Jera, Eihwaz, Pertho, Algiz, Othala

Isa (Eis)
Phonetisch: I
Bedeutung: Stillstand, Blockade, Stagnation
Klasse: neutral
Erkenntnis des eigenen Wertes. Besinnung vor Aktivität.
Anwendung: Talisman für Willensstärke und Durchsetzungskraft.
Meditation: Isa ist wie ein zugefrorener See. Die dicke Eisschicht schützt und verbirgt das, was unter ihr liegt. Plagst du dich ergebnislos mit einem Problem, so kannst du das nutzen, um deine kreisenden Gedanken sozusagen „einzufrieren", sie eine Zeit lang auf Eis zu legen und Ruhe zu finden. Fühlst du dich dem Problem gewachsen, so holst du es wieder hervor.

Odins Runenlied | Jera

Was kann man nun aber konkret mit Runen machen? Die Antwort auf diese Frage liefert uns Odins Runenlied.

Lieder kenn ich, die kann die Königin nicht
Und keines Menschen Kind.
Hilfe verheißt mir eins, denn helfen mag es
In Streiten und Zwisten und in allen Sorgen.

Hier geht es um Talismane im weitesten Sinne, die Beilegung von Streitigkeiten und das Abwenden von allen Sorgen. Beispiele: Fehu als Talisman für materielles Wohlergehen und gesellschaftliches Ansehen. Gebo für die Zusammenführung und Harmonisierung von Gegensätzen. Wunjo zur Harmonisierung verschiedener Ebenen des Seins und Talisman zur Stärkung des Zusammengehörigkeitsgefühls in einer Gemeinschaft.

Ein andres weiß ich, des alle bedürfen,
Die heilkundig heißen.

Viel klarer könnte die Aussage kaum sein! Ein runischer Heiler nutzt alle 24 Runen und viele Kombinationen und Binderunen für seine Arbeit. Ein schönes Beispiel für häufige Missverständnisse dabei ist die Rune Nauthiz (Not). Wegen ihrer Beziehung zum Thema Not wird Nauthiz oft als „negative" oder „schlechte" Rune verstanden. Tatsächlich bedeutet dies jedoch, dass sie besonders gut gegen Not (-situationen) eingesetzt werden kann. Runische Heiler nutzen zum Beispiel in erster Linie Nauthiz, wenn es um die Stärkung von Abwehrkräften und die Unterstützung des Immunsystems geht.

Ein drittes weiß ich, des ich bedarf
Meine Feinde zu fesseln.
Die Spitze stumpf ich dem Widersacher;
Mich verwunden nicht Waffen noch Listen.

Vieles in Odins Runenlied bezieht sich naturgemäß auf den Kampf. Manches kann wörtlich genommen werden, manches sollte im Kontext gesehen und interpretiert werden. Grundsätzlich jedoch ist die Kampfmagie[25] (nicht zu verwechseln mit den Kampfrunen[26]!) etwas, das von einem erfahrenen Runer im persönlichen Kontakt mit einem Schüler gelehrt werden sollte. Die Gefahr, sich selbst oder anderen zu schaden, ist in diesem Bereich definitiv gegeben.

Ein viertes weiß ich, wenn der Feind mir schlägt
In Bande die Bogen der Glieder,

So bald ich es singe, so bin ich ledig,
Von den Füßen fällt mir die Fessel,
Der Haft von den Händen.

Ein fünftes kann ich: fliegt ein Pfeil gefährdend
Übers Heer daher,
Wie hurtig er fliege, ich mag ihn hemmen,
Erschau ich ihn nur mit der Sehe.

Ein sechstes kann ich, so wer mich versehrt
Mit harter Wurzel des Holzes:
Den andern allein, der mir es antut,
Verzehrt der Zauber, ich bleibe frei.

Siehe „Ein drittes weiß ich…"

Ein siebentes weiß ich, wenn hoch der Saal steht
Über den Leuten in Lohe,
Wie breit sie schon brenne, ich berge sie noch:
Den Zauber weiß ich zu zaubern.

An dieser Stelle beginnt ein Bezug auf die Zeile „Weißt du wie man senden, weißt wie man tilgen soll?" am Anfang von Odins Runenlied. Senden im Sinne von Aktivieren einer Rune beginnt mit der Feuerweihe, dem ersten von drei Schritten der rituellen Runenweihe.

Ein achtes weiß ich, das allen wäre
Nützlich und nötig:
Wo unter Helden Hader entbrennt,
Da mag ich schnell ihn schlichten.

Vordergründig scheint es hier um die Beilegung von Streitigkeiten zwischen „Helden" zu gehen. Warum aber sollte das für alle nützlich und nötig sein? Es geht wohl eher darum, dass wir alle, Asen, Wanen, Alben und Menschen miteinander und mit der Natur ebenso wie mit der Magie verbunden sind. Diese Verbindung kann auch als erdverbunden bezeichnet werden. Die Erdweihe ist der zweite Schritt bei der rituellen Runenweihe.

Ein neuntes weiß ich, wenn Not mir ist
Vor der Flut das Fahrzeug zu bergen,
So wend ich den Wind von den Wogen ab
Und beschwichtge rings die See.

Dritter und letzter Schritt der rituellen Runenweihe ist die Wasserweihe. Es geht bei der Runenweihe nicht darum, die Runen mit den Elementen Feuer, Erde und Wasser zu verbinden. Vielmehr stehen Feuer und Wasser für die Urgewalten in Ginnungagap (Kluft der Klüfte). Das aus Niflheim eindringende Eis (Wasser) schmolz in der aus Muspellsheim vordringenden Glut (Feuer). In diesem Schmelztiegel entstanden der Riese Ymir und die Urkuh Audhumbla. Die Brüder Odin, Vili und Ve töteten Ymir und formten aus seinen Bestandteilen die Welt (Erde). Die rituelle Runenweihe symbolisiert diesen Vorgang und verbindet die Runen mit den Kräften, die das Universum erschaffen haben und zusammenhalten.

Ein zehntes kann ich, wenn Zaunreiterinnen
Durch die Lüfte lenken,
So wirk ich so, daß sie wirre zerstäuben
Und als Gespenster schwinden.

Hier geht es um Gegenzauber. Zum Beispiel Flüche, die von „Zaunreiterinnen" (Hexen) gewirkt werden, können dadurch aufgehoben werden. Gegenzauber sind ein wesentlicher Bestandteil der Arbeit einer Völva und gehören oftmals zur Ritualmagie.

Ein elftes kann ich, wenn ich zum Angriff soll
Die treuen Freunde führen,
In den Schild fing ich's, so ziehn sie siegreich
Heil in den Kampf, heil aus dem Kampf,
Bleiben heil wohin sie ziehn.

Siehe „Ein drittes weiß ich…"

Ein zwölftes kann ich, wo am Zweige hängt
Vom Strang erstickt ein Toter,
Wie ich ritze das Runenzeichen,
So kommt der Mann und spricht mit mir.

Odin wird in vielen Überlieferungen als ständig Suchender nach Wissen und gleichzeitig oft als Allwissender beschrieben. Einer der häufig von ihm gewählten Wege dazu ist die Kontaktaufnahme zu Verstorbenen. Sie ermöglicht es ihm, ihr Wissen zu erhalten. Das hier erwähnte Runenzeichen ist Mannaz. Diese Rune steht für Tradition und Verbindung zu den Ahnen. Sie vereinigt das Wissen vieler Generationen und macht es zugänglich.

Ein dreizehntes kann ich, soll ich ein Degenkind
In die Taufe tauchen,
So mag er nicht fallen im Volksgefecht,
Kein Schwert mag ihn versehren.

Siehe „Ein drittes weiß ich…"

Neben Odin sind es einige Asen und Wanen, die für Runer eine besondere Bedeutung haben. Die Asin Eir ist es, die den runischen Heilern beisteht; den runischen Kriegern hilft der Ase Tyr und der Ase Hönir begleitet die runischen Schamanen.

Ein vierzehntes kann ich, soll ich dem Volke
Der Götter Namen nennen,
Asen und Alfen kenn ich allzumal;
Wenige sind so weise.

Eine besondere Rolle kommt der Wanin Freyja zu. Sie ist die Göttin der Völven. Da sie auch die Anführerin der Walküren ist, die als Lehrerinnen der Menschenkinder tätig sind, hat sie ebenso wie Odin besondere Achtung und den Respekt eines jeden Runers verdient.

Ein fünfzehntes kann ich, das Volkrörir der Zwerg
Vor Dellings Schwelle sang:
Den Asen Stärke, den Alfen Gedeihn,
Hohe Weisheit dem Hroptatyr.

Hroptatyr ist einer der vielen Beinamen Odins. Auch wenn er hier Weisheit für sich persönlich in Anspruch nimmt: Erkenntnisgewinn durch Runen – speziell durch Runenmeditation – ist für jeden Runer möglich.

Ein sechzehntes kann ich, will ich schöner Maid
In Lieb und Lust mich freuen,
Den Willen wandl ich der Weißarmigen,
Daß ganz ihr Sinn sich mir gesellt.

Liebeszauber mithilfe von Runenmagie ist immer wieder ein beliebtes Thema. Man sollte sich aber darüber im Klaren sein, dass man auch mit Runenmagie niemanden zwingen kann, gegen seine Interessen (und auch Gefühle!) zu handeln. Es muss schon passen.

Ein siebzehntes kann ich, daß schwerlich wieder
Die holde Maid mich meidet.
Dieser Lieder, magst du, Loddfafnir,
Lange ledig bleiben.
Doch wohl dir, weißt du sie,
Heil dir, behältst du sie,
Selig, singst du sie!

Auch wenn Odins Runenlied in einer patriarchalischen Gesellschaft niedergeschrieben wurde: Liebes- und Bindungszauber funktioniert in beiden Richtungen! Es sind traditionell meist die Völven, die sich damit befassen.

Ein achtzehntes weiß ich, das ich aber nicht singe
Vor Maid noch Mannesweibe
Als allein vor ihr, die mich umarmt,
Oder sei es, meiner Schwester.
Besser ist was einer nur weiß;
So frommt das Lied mir lange.

Auch wenn das Thema Sexualmagie hier nur kurz (ähnlich wie schon beim Thema Heiler) und auch etwas verschlüsselt angesprochen wird, ist es doch ein sehr umfangreicher Teil der Runenmagie. Ähnlich wie Liebes-, Bindungs- und Fruchtbarkeitsmagie ist es hauptsächlich Bestandteil der Arbeit einer Völva.

Des Hohen Lied ist gesungen
In des Hohen Halle,
Den Erdensöhnen not, unnütz den Riesensöhnen.
Wohl ihm, der es kann, wohl ihm, der es kennt,
Lange lebt, der es erlernt,
Heil allen, die es hören.

Des Hohen (Odins) Lied, gesungen in des Hohen Halle (Walhall[27]) ist für die Menschen (Erdensöhne) gesungen worden. Odin fordert uns auf, die Kraft der Runen zu nutzen. Die letzten drei Zeilen werden mindestens seit der Zeit um 1650 so interpretiert, dass die Beziehung, in der eine Rune steht (Hagel, Not, Naturgewalt) nie das Wesen einer Rune ausmacht. Runen sind nicht gut oder böse, positiv oder negativ. Runen *sind* einfach.

Jera (Jahr)
Phonetisch: J
Bedeutung: Fortschritt, (Jahres)Wechsel, Ernte, Fruchtbarkeit
Klasse: ausgleichend
Jera vermittelt ein Bild vom ewigen Kreislauf.
Anwendung: Talisman für den erfolgreichen Abschluss eines langfristigen Vorhabens. Fruchtbarkeitstalisman.
Meditation: Jera ist nicht mehr als andere Runen mit dem Kreislauf des Jahres, dem Wechsel der Jahreszeiten, verbunden. Doch ist sie es, die diesen nie endenden Zyklus besonders intensiv in Meditationen einbringt. Sie lehrt uns, dass jedes Vergehen bereits den Keim eines neuen Entstehens in sich trägt und verbindet Werden und Vergehen zu einem endlosen Kreis. Besonders bei schamanischen Reisen ins Reich der Pflanzengeister ist Jera ein wertvoller Begleiter.

Die senkrechten Linien der Runen werden zuerst und grundsätzlich parallel zur Faser in das Holz geritzt. Danach folgen die schrägen Linien. Man kann alle Linien mit z. B. einem Bleistift vorzeichnen, aber je mehr man sich bei der Arbeit mental auf die Verbindung zur Rune konzentriert, umso mehr arbeitet man „blind". Diese Konzentration auf das Wesen der Rune, welches man vorher durch Meditation erfasst hat, ist jedoch unabdingbar.

Beim Anfertigen eines Runensets sind Wünsche, Hoffnungen und Erwartungen nicht angebracht. Fertigt man einen Talisman oder ein Amulett an, beginnt man zu diesem Zeitpunkt bereits, sich auch auf die gewünschte Wirkung zu konzentrieren. Das hat zur Folge, dass gerade bei Anfängern die Runen oft etwas krakelig aussehen. Das hat aber keinen Einfluss auf ihre Wirksamkeit! Die Verbindung des Runers zu der Rune, die er gerade anfertigt, ist wichtig; eine perfekt gerade Linie ist es nicht.

Entweder man zieht mit einem sehr spitzen und scharfkantigen Stein die Linien, „ritzt" also im tatsächlichen Wortsinn eine Rille oder Furche in das Holz. Das braucht recht viel Kraft und man muss sehr vorsichtig sein. Rutscht man ab, kann man sich mit dem Stein erhebliche Verletzungen zufügen. Alternativ kann man mit einer scharfen Steinklinge zwei parallele, im Winkel von 45° einander zugeneigte Schnitte in das Holz bringen und den so gelösten Holzspan herausheben.

Runenstäbe fertige ich meist in einer Breite von 2,0 – 2,5 cm und einer Länge von 4,0 – 4,5 cm an. Die Stäbe eines runischen Heilers sind deutlich schmaler und länger. Die Ritzungen sind dann nicht wesentlich tiefer und breiter als ca. 1-2 mm. Wie tief und breit man die Linien ritzt, ist aber auch nicht wichtig. Wenn man mit geschlossenen Augen die Linien erfühlen und die jeweilige Rune so erkennen kann, ist der Zweck erfüllt.

Es kann sehr hilfreich sein, während des Ritzens in Gedanken oder besser noch halblaut mit der Rune zu sprechen. Auch Fjölkynningar sind definitiv angebracht. Dabei kann man sich auf das grundsätzliche Wesen der Rune beziehen oder auch an gemeinsame Erlebnisse während der Meditation erinnern. Je tiefer gehender und fester die Verbindung zur Rune wird, umso leichter ist die spätere Arbeit mit ihr. Leider kommen wir hier wieder an den Punkt, an dem allgemeingültige Regeln nicht weiterhelfen. Empfehlenswert ist es, sich für das Anfertigen jeder einzelnen Rune ein individuelles, kleines Ritual zu schaffen. An diesem Punkt sollte man auch nicht mehr überrascht sein, wenn die Rune antwortet.

Sich einerseits mental auf das Wesen der Rune zu konzentrieren und „blind" zu ritzen und andererseits mit dem scharfen Werkzeug sehr vorsichtig umzugehen, steht natürlich im Widerspruch zueinander. Ich habe aber auch an keiner Stelle behauptet, dass es einfach oder ungefährlich wäre. Aus eigener, schmerzhafter Erfahrung empfehle ich, immer einen Verbandskasten in Reichweite zu haben.

Das so beliebte Einbrennen von Runen in Holz ist nicht ratsam, allerdings mit einer Ausnahme: Ritzt man die Rune, streut in die Ritzung Bernsteinpulver und brenn dieses dann ein, erreicht man eine perfekte Materialkombination und eine sehr wirksame Rune.

Um die echte, urwüchsige Kraft einer Rune nutzbar zu machen, muss sie in drei Schritten geweiht werden. Fertigt man die Rune für sich selbst an, sollte man dabei allein sein. Fertigt man einen Talisman oder ein Amulett für eine dritte Person an, kann diese dabei anwesend sein. Ob man das zulässt oder nicht, entscheidet jeder Runer für sich selbst; eine zwingende Vorschrift gibt es nicht. Ist jedoch eine weitere Person anwesend, so sollte sie vorher mit dem Ablauf der Weihen vertraut gemacht werden und bereit sein, geduldig und ohne zu stören dem Ablauf zu folgen.

Weihen und Binden sollte bevorzugt in freier Natur in der Nähe von Kraftlinien erfolgen. Hat man noch einen schönen, alten Baum und einen Bach in der Nähe, ist es wohl der perfekte Platz. Je öfter man einen solchen Platz nutzt, umso besser. Auch hier stellt sich im Laufe der Zeit eine Beziehung ein und man spürt, dass es von Mal zu Mal leichter von der Hand geht. Wenn man vor Anfertigung seines ersten Runensets diesen Platz bereits für die Meditation genutzt hat, erleichtert es die erste Weihe schon erheblich.

Jede Rune wird einzeln geweiht und gebunden. Um ein ganzes Set zusammen zu weihen, braucht man sehr viel Erfahrung und jahrelangen Umgang mit Runen. Und selbst dann ist der Erfolg keineswegs garantiert.

Eihwaz (Eibe)
Phonetisch: Ei
Bedeutung: Weltenbaum, Runenmagie
Klasse: ausgleichend
Eihwaz leitet auf dem Weg zum Verständnis von Tod, Transformation und Neubeginn.
Anwendung: Als Talisman ist Eihwaz sehr gut geeignet zur Stärkung magischer Kräfte, als Liebes- und Bindungszauber, sowie als Amulett gegen magische Angriffe.
Meditation: Eihwaz öffnet Tore, die dich in andere Welten führen können. Sie verbindet die Eibe mit dem Weltenbaum Yggdrasil und deshalb haben Runen, die in Eibenholz geritzt werden, auch eine besondere Kraft. Das führt oft zu dem Irrtum, dass es sich bei Yggdrasil um eine Eibe handelt. Der Weltenbaum ist jedoch die ebenfalls immergrüne Esche.

Im Bereich der Kampfmagie wird Eihwaz sehr gerne zur Verteidigung eingesetzt, da sie in der Lage ist, alle anderen Energien zu neutralisieren. So kann man Angriffe ins Leere laufen lassen, ohne selbst Schaden anzurichten.

Runen weihen, binden und tilgen | Pertho

Die rituelle Weihe einer Rune, Binderune oder Runenkombination erfolgt in drei Schritten.

Feuerweihe

Die erste Weihe gilt dem Feuer. Dazu legt man die Rune in ein kleines Jutesäckchen oder Ähnliches (kein Kunststoff, kein veredeltes Metall!) und hängt sie über einem offenen Feuer auf. Die Dauer einer Weihe ist unmöglich vorherzusagen, da sie von zu vielen Faktoren, insbesondere aber von dem durchführenden Runer, abhängt. Ich habe Feuerweihen in wenigen Minuten erfolgreich beendet, hatte aber auch schon regelrecht „zickige" Runen, bei denen es fast eine Stunde dauerte. Hat man jedoch erst einmal mit der Weihe begonnen, so ist sie unbedingt bis zum Ende durchzuführen! Muss eine Weihe einmal unterbrochen oder gar abgebrochen werden, sollte man die betreffende Rune verbrennen (tilgen).

Für die Feuerweihe nimmt man eine Position ein, aus der heraus man den Beutel mit der Rune und die Flammen des Feuers gut im Blick hat und spricht die nachfolgende Formel. Als Beispiel hierfür nehmen wir Uruz.

1) Uruz, Urkraft der Erde,
2) ich weihe dich den zwei Seiten des Feuers.
3) Das schützende Feuer des Herdes
4) und die vernichtende Kraft der wilden Flamme
5) seien dir verbunden.
6) Zwinge nicht und werde nicht gezwungen.
7) Im Geiste der Vorderen,
8) folge dem Weg und weise den Weg.
9) Enthülle deine Macht.

Nach einer kurzen Pause wiederholt man diese Formel so oft, bis die Rune „ihre Macht enthüllt". Und auch hier gibt es wieder kein Richtig oder Falsch. Ob die Formel besser geflüstert, gesungen oder lauthals hinausgebrüllt wird, muss jeder Runer für sich selbst herausfinden. Auch ob man – mit oder ohne Musik – um das Feuer herumtanzt oder bequem im Schneidersitz dahockt, ist nicht vorgeschrieben. Wichtig ist jedoch die volle Konzentration auf die eigene Verbindung zu der Rune! Wie die Rune dir die erfolgreiche Verbindung mit dem Feuer anzeigt, ist wieder einmal unmöglich vorherzusagen. Das ist nicht nur von Runer zu Runer sehr unterschiedlich, sondern auch von Rune zu Rune. Sicher ist allerdings eines: Wenn es so weit ist, wirst du es wissen! Mit zunehmender Erfahrung wird es dir auch immer leichter fallen.

Erklärung der Formel:

- Zeile 1 wird je nach Rune verändert. Es wird der Name, gefolgt von der Bedeutung der Rune, eingesetzt. Dabei sind eigene Formulierungen angebracht, die sich auf die Verbindung des Runers zu der jeweiligen Rune beziehen.
- Zeile 2 bis 5 sind für die Feuerweihe festgelegte Formulierungen.
- In den folgenden Zeilen sind die Worte für alle drei Weihen gleich.
- Zeile 6 bezieht sich auf den Einklang, in dem die Rune mit der Natur und den sie umgebenden Kräften steht. Sie zwingt das Feuer nicht, ihr seine Kraft zu geben und wird im Gegenzug auch selbst nicht gezwungen, diese Kraft anzunehmen. Alles erfolgt in Harmonie miteinander.
- Zeile 7 nimmt Bezug auf die Ahnen. Wirkt die Rune „im Geiste der Vorderen", also nach den Wertvorstellungen der Ahnen, so werden diese sie und damit auch den Runer unterstützen. Das setzt sich fort in …
- Zeile 8. Die Rune soll dem Weg der Ahnen folgen und diesen Weg dem Runer zeigen.
- Zeile 9 letztendlich ist die Aufforderung anzuzeigen, ob die Rune eine Verbindung mit dem Feuer eingegangen und die Feuerweihe damit gelungen ist.

Erdweihe

Die zweite Weihe gilt der ewigen Kraft von Erde und Natur. Die Rune bleibt in dem Jutesäckchen und wird zwischen den Wurzeln eines möglichst alten, aber gesunden Baumes ca. 20– 30 cm tief vergraben. Bei dieser Weihe bleibt der Runer an seinem gewählten Platz, da ein ständiger Kontakt mit dem Baum erforderlich ist. Ob man sich allerdings gegen den Baum lehnt, ihn umarmt oder gar hinaufklettert und sich auf einen Ast hockt, ist wiederum gleichgültig. Wichtig ist der freie Blick auf die Stelle, an der die Rune vergraben ist, und die volle Konzentration auf die Verbindung zur Rune. Der Ablauf erfolgt analog zu dem der Feuerweihe und auch die überlieferte Formel ist sehr ähnlich. Als Beispiel nutzen wir hierfür Thurisaz.

Thurisaz, Rune der Zerstörung und des Neubeginns,
ich weihe dich der ewigen Kraft von Erde und Natur.
Die Macht der Allmutter Erde
und der ewige Kreislauf des Lebens
seien dir verbunden.
Zwinge nicht und werde nicht gezwungen.
Im Geiste der Vorderen,
folge dem Weg und weise den Weg.
Enthülle deine Macht.

Wasserweihe

Die letzte Weihe gilt dem Wasser der Weisheit und Erkenntnis. Die Rune bleibt weiterhin in dem Jutesäckchen, welches der Runer zwischen seine Hände nimmt. Das Säckchen mit der Rune wird nun mit beiden Händen in ein fließendes (nicht stehendes!) Gewässer getaucht. Dazu kann man sich am Ufer hinknien oder auch in das Wasser hineingehen. Es spricht auch nichts dagegen, sich ein Kissen für die Knie oder Gummistiefel und dicke Socken (je nach Jahreszeit) mitzubringen. Da der Beutel mit der Rune während der Weihe nicht aus dem Wasser genommen werden darf, sollte man sich da absichern – falls mal wieder eine Rune „herumzickt". Auch hier gilt wieder: volle Konzentration auf die Verbindung zur Rune.

Ansuz, göttlicher Atem,
ich weihe dich dem Wasser der Weisheit und Erkenntnis.
Der Regen der Berge und die Nebel der See,
der Bach und der Fluss und der Teich und das Meer
seien dir verbunden.
Zwinge nicht und werde nicht gezwungen.
Im Geiste der Vorderen,
folge dem Weg und weise den Weg.
Enthülle deine Macht.

Runen binden

Eine Rune zu binden bedeutet, ihre Wirkung auf eine bestimmte Person zu fixieren. Die Wirkung der Rune wird dadurch nicht verstärkt, konzentriert sich aber auf diese Person. In den meisten Fällen ist das sinnvoll. Manchmal, wie z. B. bei einem Bergeband, das von einer Hebamme eingesetzt wird, oder bei Schutzzaubern, die eine Personengruppe oder einen Ort betreffen, nicht.

Für das Binden einer Rune stehen verschiedene Möglichkeiten zur Verfügung. Einerseits kann man diese Verbindung durch Meditation, ähnlich wie wenn man selbst eine Verbindung zu der Rune aufbaut, herstellen. Dazu muss man jedoch die Person, an die die Rune gebunden werden soll, wirklich sehr gut kennen. Eine weitere Möglichkeit ist die Bindung durch Haare. Dazu nimmt man 2–3 Haare der betreffenden Person und bestreicht sie mit etwas Bienenwachs. Die Haare kleben dadurch aneinander. Dann schneidet man sie in entsprechender Länge zu und legt sie in die Ritzungen der Rune. Als Letztes werden die Haare mit einem brennenden oder glühenden Holzspan in die Ritzung eingebrannt. Ob die Haare dabei fast vollständig verbrennen oder nicht, ist unwesentlich. Wichtig ist eine dauerhafte Verbindung des Materials mit dem Holz.

Die stärkste Bindung jedoch erreicht man durch Körperflüssigkeiten. Am bekanntesten ist hier wohl die Bindung mit Blut (siehe auch Blutrunen). Dabei wird die Ritzung der Rune mit Blut eingefärbt. Auch Körperflüssigkeiten kann man, wie bei den Haaren beschrieben, noch zusätzlich einbrennen. Unbedingt erforderlich ist das jedoch nicht. Das sogenannte „Färben" von Runen ist nur eine dekorative Angelegenheit, hat nichts mit dem Binden zu tun und ist vermutlich eine neuzeitliche Erfindung eines gelangweilten Autors.

Die Formel für das Binden einer Rune ist – unabhängig von der Vorgehensweise bei der Bindung – immer gleich. Sie wird nur einmal gesprochen, muss also nicht wie die Formeln bei der Runenweihe wiederholt werden.

1) Drei Wurzeln des Einen
2) Drei Wasser der Tiefe
3) Die Zeit nach der Zeit
4) Gewappnet der Freund

Diese Formel ist vermutlich erheblich älter als Beispielsweise die Formeln zur Runenweihe. Eine eindeutige Erklärung ist uns dazu nicht überliefert worden. Die folgende Interpretation scheint mir jedoch schlüssig zu sein.

- Zeile 1) bezieht sich vermutlich auf die drei Wurzeln des Weltenbaumes Yggdrasil.
- Zeile 2) weist vermutlich auf die drei Quellen Hvergelmir, den Urdbrunnen und Mimirs Brunnen unter Yggdrasil hin.
- Zeile 3) könnte sich auf die drei Nornen beziehen, welche an der Urdquelle wohnen und die Geschicke der Menschen und Götter lenken. Sie stehen für Vergangenheit, Gegenwart und Zukunft.
- Zeile 4) ist der eigentliche magische „Befehl". Der Freund ist hier die Person (oder auch der Ort), an die die Rune gebunden wird und er ist durch die Bindung gewappnet (beschützt).

Tilgen
„Weißt du wie man senden, weißt wie man tilgen soll?
Besser nichts gesendet, als zu viel getilgt" (Aus Odins Runenlied)

Unter Tilgen verstehen wir das Gegenteil von Senden und somit das Deaktivieren von Runen. Dies erreicht man entweder durch das Aufheben der Runenweihe oder durch das Zerstören des Runenkörpers durch Feuer und/oder Wasser.

Am ehesten erfolgt das Tilgen bei einer unterbrochenen oder schief gelaufenen Runenweihe oder wenn eine Rune beschädigt wurde. Besteht der Runenkörper aus Holz, Knochen, Bernstein oder ähnlichem Material, wird er dann verbrannt. Metall muss in dem Fall tatsächlich eingeschmolzen werden. Für Stein ist überliefert, dass er im Feuer erhitzt und im Wasser abgekühlt und so zerbrochen werden soll. Aus eigener Erfahrung kann ich aber bestätigen, dass ein großer Hammer und viel Kraft auch sehr zuverlässig wirken.

In der uns überlieferten traditionellen Meister-Schüler-Ausbildung gehört das Tilgen mittels Ritual zu einer Prüfung. Dabei werden durch den Meister mehrere Runen angefertigt und geweiht. Dann ist es Aufgabe des Schülers, diese Runen zu tilgen und sich so mit dem Können des Meisters zu messen. Dabei ist Feuer oder rohe Kraft jedoch nicht das Mittel der Wahl. Bei dieser Prüfung muss die Wirkung der Rune durch einen reinen Willensakt aufgehoben werden.

Pertho (Gefäß)
Phonetisch: P
Bedeutung: Geburt, Wiedergeburt, Schicksal
Klasse: ausgleichend
Pertho ist die Rune der Zeit. Sie verbindet was wurde, was wird und was werden wird.
Anwendung: Talisman für die Erleichterung einer Geburt (wörtlich), aber auch für die allgemeine Erleichterung eines Neuanfangs. Pertho ist sehr gut als Binderune geeignet.
Meditation: Pertho ist die Quelle des Lebens, des Gebärens. Wie Thurisaz erschafft sie Neues, jedoch ohne dafür Altes zerstören zu müssen. Sie ist die kreative Schöpferkraft, die Altes zurücklässt, dich gleichzeitig aber auch zu dir selbst, deinen verborgensten Geheimnissen und dunkelsten Schatten führt. Sie kann Geheimnisse verbergen, Inspiration aus sich selbst schöpfen und nichts bleibt ihr verborgen.

Gebrauchsweihe und Blutweihe | Algiz

Mit der unter Ritzen, Weihen und Binden von Runen beschriebenen rituellen Weihe wird die Wirkung einer Rune festgelegt. Sie dient dazu, die Funktion bzw. Aufgabe einer Rune zu beschränken.

Fertigen wir ein Amulett oder einen Talisman an, ist das Vorgehen generell klar: Die Runen werden der rituellen Weihe unterzogen. So soll z. B. Fehu als Amulett für den Schutz des Heimes nichts anderes bewirken. Also wird sie auf diese Aufgabe beschränkt. Wird durch eine Bindung der Ort oder die Person(en) festgelegt, gibt es auch da im Nachhinein keine Änderung. Eine derartige Festlegung und Beschränkung wieder aufzuheben ist auch für erfahrene Runer sehr schwer und gehört in die „hohe Schule" der Runenkunst.

Die rituelle Weihe ist jedoch nicht immer sinnvoll. Bei einer Skarja ist es beispielsweise oft gewünscht, dass Rune und Heiler mit der Zeit eine immer stärkere Verbindung eingehen und regelrecht gemeinsam lernen, ihre Aufgaben immer besser zu bewältigen. Ähnlich verhält es sich bei den Runen auf dem Stab einer Völva. In dem Fall kommt die Gebrauchsweihe zum Einsatz.

Die Gebrauchsweihe ist auf den ersten Blick einfacher, aber auch riskanter als eine rituelle Weihe. Sie ist ein reiner Willensakt. Dabei konzentriert sich der Runer auf die Verbindung zu der Rune, auf die Aufgabe, die er ihr zugedacht hat und auf die Erwartungen, die er diesbezüglich an sie hat. Wie lange das dauert, ob man dabei laut oder in Gedanken mit der Rune spricht, welchen Platz man dafür wählt, ist alles den individuellen Vorstellungen und Wünschen des Runers überlassen. Wichtig ist jedoch zu wissen, dass eine Gebrauchsweihe nie endet!

Jedes Mal, wenn der Runer physisch oder mental Kontakt zu der Rune aufnimmt, wird die Gebrauchsweihe fortgesetzt. Die Verbindung zwischen Runer und Rune wird immer stärker, die gemeinsamen Fähigkeiten wachsen und die Rune wirkt wie ein Speicher, der gemeinsame Erfahrungen wieder abrufbar macht.

Für die Arbeit eines runischen Heilers ist dies unverzichtbar, birgt jedoch auch Gefahren. Die Rune bleibt bei dieser Art der Weihe beeinflussbar. Das bedeutet, dass sie auch von anderen Personen, sogar ungewollt(!), beeinflusst werden kann. Die Gebrauchsweihe sollte daher nur dann eingesetzt werden, wenn man die Rune vor fremder Beeinflussung schützen kann (Taekhan), es nicht anders möglich ist (Laidon) oder zu Übungszwecken (Erlenstab). Die Gebrauchsweihe kann durch eine rituelle Weihe oder Blutweihe beendet werden.

Blutweihe

Bevor ich auf die Blutweihe eingehe, scheinen ein paar Erklärungen angebracht. Das sogenannte „Färben" oder „Einfärben" von Runen wird in meiner Familie nicht praktiziert. Es gibt auch keine entsprechenden Überlieferungen dazu. Runen mit Farbe, möglicherweise sogar mit verschiedenen Farben für verschiedene Wirkungen vollzuschmieren, ist eine Erfindung von Hobby-Esoterikern. Jedoch hat es einen realen Hintergrund. Es ist durchaus nicht ungewöhnlich, im Zusammenhang mit einer rituellen Weihe und eventuell auch Gebrauchsweihe, Blut auf eine Rune aufzubringen. Es entspricht dem Einbrennen von Haaren oder auch dem Auftropfen von Tränen. Dabei geht es jedoch um die Stärkung der Bindung zwischen Runer und Rune und nicht um eine spezielle Form der Weihe.

Die Verwendung von Blut stellt sich als besonders dramatisch dar und das könnte der Grund sein, warum das Einfärben mit Blut in den letzten Jahren als so wichtig und notwendig für die Runenarbeit dargestellt wird. Das Auftropfen von Tränen ist sehr viel wirkungsvoller (materialisierte Emotionen), aber vermutlich kommt das nicht so gut an oder ist gar nicht bekannt. (Siehe Seite 134)

Das Aufbringen von Blut zur Stärkung der Verbindung zwischen Runer und Rune hat jedoch nichts mit der sogenannten Blutweihe zu tun! Die Blutweihe ist ein heiliges Ritual, bei dem der Runer sich eine blutende Verletzung zufügt und die Wunde so lange auf die Rune presst, bis die Weihe vollzogen ist. Ausschließlich Runen, die der Blutweihe unterzogen wurden, werden als Blutrunen bezeichnet.

Vollzieht ein Lehrer für seinen Schüler die Weihe eines Laidon, so handelt es sich dabei immer um eine Blutweihe. So wie ein Lehrer die Laidon-Rune (Binderune) selbst ergründen muss, muss er auch selbst die richtige Eidesformel finden. Es gibt dazu nur ganz allgemeine Hinweise; jegliche weitere Hilfe ist streng verboten. Dadurch soll sichergestellt werden, dass nur wirklich erfahrene und fähige Lehrer andere Runer ausbilden.

Die Laidon-Rune wird durch die Blutweihe in ihrer Aufgabe und Funktion durch den Lehrer festgelegt. Die vierundzwanzig Runen von Fehu bis Othala werden durch den Schüler mit Unterstützung der Laidon-Rune permanent der Gebrauchsweihe unterzogen. Diese Kombination ist einzigartig und nur auf einem Laidon zu finden.

Nach den bisherigen Erfahrungen dauert die Weihe eines Laidon ca. eine Stunde und ist recht anstrengend und auch schmerzhaft. Es ist jedoch ein Fall bekannt, bei dem eine Laidonweihe durch die Unterstützung einer Walküre in wenigen Sekunden vollzogen wurde. Man(n) lernt eben nie aus.

Ebenfalls einzigartig ist die Verwendung von Runen auf dem Kampfstab der runischen Krieger. Jede einzelne Rune darauf muss zwingend der Blutweihe unterzogen werden. Gott der runischen Krieger ist der Ase Tyr, die Blutweihe der Kampfrunen richtet sich jedoch immer an Thor, den stärksten der Asen. Dritte und letzte Möglichkeit für die Anwendung der Blutweihe ist der Lebenseid.

Lebenseid

In „Anführungszeichen" und kursiv geschrieben ist Text, der ins Hochdeutsche übertragen, wörtlich aus der Überlieferung stammt. Was mit dem „rechten Holz" genau gemeint ist, wurde nicht weiter ausgeführt. Es ist durchaus möglich, dass die Auswahl des Holzes durch den Probanden vorgenommen werden musste und dies zur Prüfung gehörte. Warum Völven nicht als Zeugen hinzugezogen werden, ist ebenfalls nicht bekannt. Mit „öffnet er eine Lebensader" ist tatsächlich gemeint, dass der Proband sich die Pulsader aufschneidet. Erfolgt das Zeichen von Heimdall also nicht rechtzeitig oder gar nicht, verblutet er. Die Zeugen lassen ihn dann auf See und kehren alleine zurück. Es gibt einige Legenden um den Lebenseid, von denen kaum eine für den Probanden glücklich endet.

Hat ein Runer den Wunsch, sein Leben „*dem Dienst der Götter und der Ehre der Sippe*" zu weihen, kann er den Lebenseid ablegen. Was erst einmal nach einer durchaus ehrenvollen Aufgabe klingt, ist das schwerste, längste und gefährlichste Ritual, welches uns überliefert ist. Der Proband fertigt dazu ein Amulett, welches „*Schutz* und *Gemeinschaft der Sippe*" bewirken soll, aus „*dem rechten Holz*". Das folgende Ritual wird in zehn einzelnen Schritten, jeweils „*bezeugt durch Krieger, Schamanen und Heiler der Sippe*" durchgeführt. Dazu begibt sich der Proband in Begleitung der Zeugen an neun aufeinanderfolgenden Neumondnächten ans Meer und führt jeweils die Blutweihe mit dem Amulett durch. Diese neun Blutweihen werden zu Ehren der Töchter des Meeresriesen Ägir[28] vollzogen.

- 1. Weihe: Eistla, die Dahinstürmende
- 2. Weihe: Jarnsaxa, die schneidende Kälte
- 3. Weihe: Atla, die Furchtbare
- 4. Weihe: Gjalp, die Brausende
- 5. Weihe: Imd, die Dunstige
- 6. Weihe: Eyrgjafa, die Sandspenderin
- 7. Weihe: Ulfrun, die Wölfische
- 8. Weihe: Angeyja, die Bedrängerin
- 9. Weihe: Greip, die Umkrallende

Bei jeder dieser Weihen fügt sich der Proband eine blutende Wunde zu, presst diese auf die Rune und bittet mit seinen eigenen Worten die Riesin um Beistand für sein Vorhaben. Die Weihe ist vollzogen, wenn die Riesin ihr Einverständnis durch ein Zeichen kundgetan hat, welches von den Zeugen als solches erkannt wird.

In der zehnten Neumondnacht fahren alle Beteiligten gemeinsam in einem offenen Boot auf das Meer hinaus. Der Proband ruft Heimdall[29], den Sohn der neun Riesinnen, an und schwört ihm, sein Leben „*dem Dienst der Götter und der Ehre der Sippe*" zu weihen. Dann „*öffnet er eine Lebensader*" und lässt sein Blut über die Rune fließen, bis Heimdall den Bifröst[30] sichtbar macht zum Zeichen, dass der Eid angenommen wird. Gibt es kein Zeichen von Heimdall, kehren die Zeugen ohne den Probanden zurück.

Algiz (Schutz)
Phonetisch: Z
Bedeutung: Schutz, Verteidigung
Klasse: ausgleichend
Erkenntnis natürlicher und spiritueller Zusammenhänge.
Anwendung: Talisman für Jagdglück. Amulett zur Abwehr.
Meditation: Der Krähenfuß, wie Algiz auch genannt wird, steht sehr klar für Schutz, bietet aber noch weit

mehr. Es verwundert nicht im Geringsten, dass ausgerechnet eine so starke Schutz-rune im Zusammenspiel mit anderen Runen eine ausgleichende Wirkung hat. Sie fügt sich harmonisch in praktisch jede Binderune ein und sichert deren Wirkung gegen äußere Einflüsse ab.

Mein Tipp für die Meditation mit Algiz ist, sich ganz auf Bauchgefühl und Intuition zu verlassen und viel Geduld mitzubringen. Diese Rune liefert oft un-scharfe, verschwommene Bilder. Der Versuch, hinter den Schleier zu blicken, hilft uns nicht weiter. Algiz bereitet uns bereits auf die höheren Anforderungen der Runen des dritten Aett vor. Um mit ihr nach und nach in eine höhere Bewusstseinsebene einzutauchen, sollten wir ihr die Führung überlassen.

Krafttiere | Sowulo

Fylgien werden oft als weibliche Folgegeister interpretiert. Viele Menschen sprechen auch von Schutzengeln. Sie werden als körperlose Wesen beschrieben, die sich bei der Geburt eines Menschen einfinden und ihn in Tiergestalt sein ganzes Leben lang begleiten. Dabei wählen sie die Gestalt desjenigen Tieres, welches der Seele des jeweiligen Menschen entspricht. Else Mundal[31] sieht den Ursprung der Fylgien im Ahnenkult. Sie berichtet auch von Fylgien, die als Folgegeister eines Clans in größeren Gruppen dem Clanführer folgten und sogar bei Streitigkeiten mit anderen Clans eingriffen. Für uns stellen sich die Fylgien etwas anders dar.

Was sind Fylgien?

Fylgien entsprechen für Tiere in gewisser Weise dem, was die Walküren für Menschen sind. Walküren geleiten die Hugr[32] der Menschen nach ihrem Tod nach Walhall. Fylgien sammeln die Seelen der Tiere und bewahren sie auf. Bei Bedarf geben Fylgien jedoch die gesammelten Seelen wieder an neu geborene Tiere ab (dies geschieht eventuell schon vor der Geburt des Tieres).

Hierzu liegt uns der Bericht eines runischen Schamanen vor: „Als Jugendlicher habe ich über mehrere Jahre bei schamanischen Reisen keinen Kontakt zu anderen Menschen gefunden. Immer waren es Tiere und besonders zwei Wolfsrudel haben regelrecht auf mich gewartet. Eine direkte Kommunikation hat es nie gegeben, die Tiere haben mir aber beigebracht, wie ich mich zu verhalten habe. Bis auf wenige Meter konnte ich mich ihnen nähern. Habe ich eine unsichtbare Grenze über-schritten, sind sie einfach weggegangen. Auf die Art habe ich wie ein Welpe gelernt, was ich darf und was nicht.

Habe ich mich zurückhaltend gezeigt, ist der eine oder andere Wolf schon mal auf wenige Zentimeter Entfernung herangekommen. Das kann sehr einschüchternd sein! Ich habe je nach Position im Sitzen eine Augenhöhe zwischen 110 und 130 cm.

Eine „ausgewachsene" Wolfs-Fylgja blickt dann auf mich herab. Diese Wesen sind ungeheuer beeindruckend. Nach einigen Jahren gab es dann ein ganz besonderes Ereignis. Beide Rudel, die sonst streng voneinander getrennt agierten, kreisten mich ein und rückten immer näher. Zu diesem Zeitpunkt war ich aber schon so mit ihnen vertraut, dass dieses neue Verhalten in keiner Weise mehr beängstigend war. Die Rudelführer nahmen sogar Körperkontakt auf. Anstupsen mit der Nase, Pfote auflegen, auch ein wenig freundschaftliches Anrempeln.

Und dann ging es los. Wie silbergraue Blitze schossen wir durch den Wald. Wir, denn ich war übergangslos zu einem von ihnen geworden. Über einen Bach ging es hinaus auf eine Lichtung – und wir waren in einer anderen Welt. Im Nachhinein bin ich mir sicher, dass wir in Utgard gestartet sind und in Mitgard ankamen. Die Rudel verteilten sich und die Jagd begann. Aber nicht so, wie man vielleicht vermuten könnte. Es ging nicht um Nahrung, die Wolfs-Fylgien machten sich auf die Jagd nach Wölfen. Verletzten, alten, kranken, sterbenden Wölfen. Einen nach dem anderen fanden sie, kreisten ihn ein und legten sich mit den Köpfen in seine Richtung auf den Boden. Eine der kleineren Fylgien ging dann zu dem sterbenden Tier und legte sich zu ihm. Den Vorgang selbst konnte ich nicht beobachten. Die Fylgja stand wieder auf, wenn das Tier gestorben war und war dann deutlich sichtbar größer.

Diese Jagd dauerte mehrere Tage. Ich hatte weder Hunger noch Durst noch verspürte ich Müdigkeit, nur ein ständig wachsendes Gefühl der Befriedigung, weil wir „einen guten Job" machten. Es gab wunderbare, berührende aber auch abgrundtief traurige und zornig machende Erlebnisse. Besonders gut erinnere ich mich an eine Gruppe Männer, die mehrere Wölfe erschossen hatten. Ich konnte weder ihre Gesichter erkennen noch ihre Worte verstehen. Was ich aber immer noch hören kann, ist ihr Gelächter und ich rieche den Gestank von billigem Fusel. Seitdem habe ich nur noch selten Alkohol getrunken und Menschen mit Schnapsfahne lösen bei mir Aggressionen aus.

Irgendwann ging es dann zurück nach Utgard. Die Rudel bezogen wieder getrennte Reviere und ich war wieder ich selbst. Nachdem ich die Reise beendet habe, stellte ich reichlich überrascht fest, dass sie (in Midgardzeit) weniger als eine Stunde gedauert hat. Die beiden Rudel habe ich danach viele Jahre nicht wieder gesehen."

Fylgien finden

Krafttiere sind Fylgien, aber nicht jede Fylgja ist ein Krafttier. Wenn sich eine Fylgja entscheidet (beauftragt wird?) sich einem Menschen als Krafttier zur Seite zu stellen, es können auch mehrere und wechselnde Fylgien sein, dann beendet sie für die Zeit ihre Tätigkeit, Seelen zu sammeln und abzugeben.

Durch die Hilfe der Runen, ganz speziell Ansuz, ist es nicht besonders schwierig, Fylgien zu entdecken. Man muss allerdings schon sehr genau hinschauen, selten drängt sich eine Fylgja auf, sie sind eher zurückhaltend.

Krafttiere – wählen wir oder werden wir gewählt?

Um es gleich vorwegzunehmen: Wir wählen unsere Krafttiere nicht aus, sie wählen uns. Umso erstaunlicher ist es, wenn man manche Menschen von ihren Krafttieren erzählen hört. Überraschend viele Menschen berichten von den vermeintlich „starken" Krafttieren, wie Wolf, Bär oder Adler. Kaum jemand hat ein Wiesel oder eine Möwe als Krafttier. Da scheint oftmals der Wunsch der Vater des Gedanken zu sein – und ein guter Teil Unwissen darüber, was Krafttiere sind.

Dieses Verhalten ist ja teilweise sogar nachvollziehbar, denn wer will schon eine Ameise als Krafttier? Da würde man ja nur belächelt werden. Nur ist genau diese winzig kleine Ameise eben für den gewählten Menschen das perfekt passende Krafttier. Wenn sich dieser dann mit der Ameise auseinandersetzt und sich hineinfühlt in dieses wundervolle Tier, spätestens dann weiß er, dass es genau das richtige Krafttier ist.

Territoriale Unterschiede

Nicht jedes Krafttier ist weltweit zu finden. Die Fylgien, die als Krafttiere auftreten, sind dort zu finden, wo die ihnen entsprechende Tierart lebt oder lebte. Eingeführte oder eingeschleppte Tierarten (Neozoon), Zootiere oder auch privat gehaltene, exotische Tiere, haben in Europa zu einer größeren Vielfalt geführt. Vorrangig treten jedoch weiterhin die einheimischen Arten in Erscheinung. Das ist auch leicht nachvollziehbar. Je länger eine Tierart in einem bestimmten Gebiet heimisch ist, umso mehr Fylgien gibt es von ihr.

Individuelle Unterschiede

Je höher eine Tierart entwickelt ist, umso größer sind die individuellen Unterschiede der ihr entsprechenden Krafttiere. Aus der Familie der Canidae (Hunde) finden wir in Deutschland hauptsächlich Wolf, Marderhund (Neozoon) und Rotfuchs. Die Fylgien dieser drei Arten weisen sehr große individuelle Unterschiede auf. Sogar die einzelnen Individuen zeigen eine ausgeprägte Persönlichkeit. Vergleichen wir dies mit der Familie der Murinae (Altweltmäuse), sieht es schon ganz anders aus. Noch deutlicher ist dies beispielsweise bei den Vögeln. Von den Rabenvögeln einmal abgesehen, gibt es in der Ordnung der Sperlingsvögel (Passeriformes) kaum eine Familie, in der wesentliche Unterschiede bei den einzelnen Arten zu erkennen sind.

Erscheinungsformen

Vielen Menschen folgt schon seit der frühen Kindheit oder der Geburt (vielleicht sogar schon früher) ein Krafttier. Kleine Kinder sind sogar in der Lage, sie zu sehen und mit ihnen zu kommunizieren. Leider verliert man diese Fähigkeit mit zunehmendem Alter, wenn sie nicht gezielt trainiert wird. Kinder bekommen immer mal wieder ein „Pass endlich auf und hör auf zu träumen" oder „Na? Schon wieder am Träumen?" zu hören, was für ihre Entwicklung, für ihre Sinneswahrnehmung gar nicht sinnvoll ist. Ja, ich verstehe auch Eltern und Lehrer, wenn die Kinder mal wieder während einer wichtigen Arbeit träumen. Das ist ärgerlich, sicher. Aber dadurch verlieren Kinder den Kontakt zu diesen wundervollen Geschöpfen und zu der spirituellen Welt um sie herum noch früher, als es ohnehin schon der Fall ist. (Vergl. „Was uns an der Runenarbeit hindert" ab Seite 27)

Tiere, die uns im Traum erscheinen, können durchaus Krafttiere sein. Darauf festlegen sollte man sich aber nicht, geeigneter sind schamanische Reisen. Hat man bereits Kontakt zu seinem Krafttier, so ist es dabei oftmals ständig präsent. Die äußere Erscheinung von Krafttieren entspricht dabei der Tierart, der ihre Fylgja zugeordnet ist. Bezüglich der Größe sind sie jedoch nicht festgelegt. Je mehr Seelen eine Fylgja aufnimmt, umso größer wird sie.

Rückholung von Krafttieren

Krafttiere sind so lange bei uns, wie wir sie brauchen, unabhängig davon, ob wir sie wahrnehmen und mit ihnen kommunizieren, oder nicht. Doch Menschen ändern sich. Sie sind lernfähig, nicht zuletzt durch die Hilfe ihrer Krafttiere. Was also, wenn ein Krafttier seine Arbeit getan hat? Die Antwort auf diese Frage ist sehr einfach: Es geht fort. Und das ist auch gut so! Wir wickeln ja auch keinen Verband um eine Wunde, die schon längst verheilt ist, oder?

Nun findet man aber auf diversen Webseiten und in den sozialen Medien sehr viele Angebote von (vermeintlichen) Schamanen, die eine Rückholung von Krafttieren – im Allgemeinen gegen einen mehr oder weniger großen Obolus – anbieten. Dabei wird den potenziellen Kunden oftmals eingeredet, sie seien am Weggang ihrer Krafttiere „Schuld" und hätten jetzt die schlimmsten Konsequenzen zu befürchten.

Um es ganz klar zu sagen: Das ist schamlose Abzocke! Eine Rückholung von Krafttieren ist unnötig und sinnlos. Unsere Krafttiere wechseln, das ist ganz normal. Die Krafttiere, die wir brauchen, sind immer in unserer Nähe und unterstützen uns, unabhängig davon, ob wir nun Kontakt zu ihnen haben oder nicht.

Krafttiere – Schwan

Schwäne haben keine Fylgien und somit gibt es Schwäne auch nicht als Krafttiere. Es gibt jedoch Erscheinungsformen von Schwänen, die den Fylgien nicht unähnlich sind. Dabei handelt es sich um energetische Präsenzen. Durch die Verbindung, die die Ahnen aller Schwäne auf dem Urdbrunnen mit den Schwänen auf allen Welten haben, manifestieren sich solche Präsenzen in seltenen Fällen bildlich.

Von einer Fylgja respektive einem Krafttier unterscheiden sie sich dadurch, dass sie immer die Größe eines einzelnen, ausgewachsenen Schwans haben. Es findet auch selten eine direkte Kommunikation statt. Letzteres ist wohl nur erfahrenen runischen Schamanen unter Zuhilfenahme der Rune Ansuz möglich.

Tiermärchen und Fabeln

Tiergeister richtig zu kennen und zu erkennen, ist eine Voraussetzung bei der Suche nach dem eigenen Krafttier. Unbewusst sind wir den Tiergeistern gegenüber mehr oder weniger voreingenommen. Aufgewachsen mit Tiermärchen und Fabeln, sind uns angebliche Eigenschaften von Tieren eingeimpft worden. Begriffe wie „Angst-hase", „Unschuldslamm" oder „Rabeneltern" sind uns geläufig, wir sehen sie sogar als selbstverständlich und gegeben an.

Fabeln sind Lehrstücke über menschliches Denken und Verhalten. Im Handeln von Tieren oder Gegenständen kann jeder seine eigenen Charaktereigenschaften und Verhaltensweisen gespiegelt wiedererkennen, ohne sich persönlich beleidigt oder bloßgestellt fühlen zu müssen. Was für die Erziehung sehr wirksam und hilfreich ist, steht der Arbeit mit Krafttieren jedoch im Wege. Die Fylgien, die uns als Krafttiere erscheinen, repräsentieren nämlich die wahren Eigenschaften der Tiere. Wir müssen daher so manches, was wir als Kinder gelernt haben, vergessen.

Adjektive zum „Vergessen"

Sobald wir ein Tier sehen, assoziieren wir es unbewusst mit den erlernten Adjektiven. Um Tiergeister richtig zu erkennen, müssen wir uns daher von diesen angelernten Eigenschaften lösen. Nur, wenn wir unvoreingenommen an die Krafttierarbeit gehen, werden wir auch Erfolg haben.

Liste von Eigenschaften, die Tieren in Fabeln zugewiesen werden (nicht vollständig):
Affe: eitel, intrigant
Bär: stark, dumm, gutmütig
Biber: fleißig
Dachs: bedächtig
Elster: diebisch
Ente: dumm
Esel: störrisch, faul
Fuchs: schlau, hinterlistig, raffiniert
Gans: dumm, geschwätzig
Häher: vorlaut
Hahn: eitel
Hase: vorlaut, ängstlich
Hund: treu und gutherzig
Kater: eigenwillig
Kaninchen: vorlaut, frech
Krähe: vorlaut, neunmalkug
Kranich: bürokratisch
Lamm: unschuldig, wehrlos

Löwe: stolz, mächtig
Luchs: vorsichtig
Pfau: eitel
Rabe: besserwisserisch, egoistisch
Storch: stolz
Widder: ängstlich, schwach, aber klug
Ziege: meckernd, stur, unnachgiebig

Tierpsychologie

Um Tiergeister und ihre Eigenschaften richtig zu erkennen, sind Kenntnisse der Tierpsychologie zwar nicht zwingend erforderlich, jedoch sehr hilfreich. Das Verhalten von Tieren untereinander und den Menschen gegenüber lässt Rückschlüsse auf die Absichten und Eigenschaften der Tiergeister zu. Dies kann jeder an dem Beispiel des Wolfes selbst überdenken. Ohne spirituelle Fähigkeiten und etwas Erfahrung wird dies jedoch nicht gelingen. Die Eigenschaften von Tieren können aber nicht pauschal auf Fylgien übertragen werden, da diese zumeist die Seelen mehrerer Individuen in sich aufgenommen haben. Gerade bei den höher entwickelten Tieren mit einer ausgeprägten individuellen Persönlichkeit kommt es dadurch leicht zu Fehlinterpretationen. Eine Fylgja einzuschätzen, die vielleicht ein Dutzend oder mehr Seelen mit individuellen Persönlichkeiten in sich vereinigt, stellt sich dann doch als recht anspruchsvolle Aufgabe dar. Glücklicherweise kommen uns unsere Krafttiere zumeist sehr offen entgegen. Introvertierte Krafttiere sind eher selten und zur Not kann man sich Hilfe bei einem erfahrenen Schamanen oder einer Völva holen.

Krafttiere und ihre Eigenschaften und Stärken

Viele Eigenschaften und Stärken wiederholen sich, doch jede Kombination ist einzigartig. Die relativ geringen Abweichungen solcher Auflistungen verschiedener Autoren erklären sich durch individuelle Erfahrungen, manchmal sind es aber auch nur abweichende Formulierungen.

Aal: Anpassungsfähigkeit, Ausdauer, Flexibilität, Stärke, Geheimnis
Adler: Stärke, Stolz, Vision, Freiheit, Weitblick
Affe: Leichtigkeit, Abenteuerlust, Wendigkeit, Spieltrieb, Familie
Albatros: Orientierung, Anpassungsfähigkeit, Freiheit, Weite, Inspiration
Alpaka: Gelassenheit, Gemeinschaftssinn, Sanftmut, Ausdauer, Fürsorglichkeit
Ameise: Disziplin, Teamfähigkeit, Fleiß, Gemeinschaftssinn, Organisation
Amsel: Heilung, Vertrauen, Selbstausdruck, Kreativität, Harmonie
Antilope: Anmut, Instinkt, Freiheit, Schnelligkeit, Anpassungsfähigkeit
Biber: Fleiß, Einfallsreichtum, Konzentration, Diplomatie, Zielstrebigkeit
Biene: Fleiß, Organisation, Zusammenhalt, Gemeinschaftssinn, Hingabe

Bison: Stärke, Beständigkeit, Mut, Gemeinschaft, Durchsetzungsfähigkeit
Braunbär: Instinkt, Schutz, Heilung, Kraft, Ruhe
Büffel: Standhaftigkeit, Ausdauer, Erdverbundenheit, Gemeinschaftssinn, Sturheit
Chamäleon: Anpassungsfähigkeit, Zurückhaltung, Geduld, Flexibilität, Intuition
Dachs: Beharrlichkeit, Arbeitseifer, Schutz, Erdverbundenheit, Schattenarbeit
Delfin: Intelligenz, Kommunikation, Freude, Harmonie, Spieltrieb
Drossel: Ausdruckskraft, Freiheit, Kreativität, Intuition, Naturverbundenheit
Eichelhäher: Wachsamkeit, Intelligenz, Vorsicht, Schutz, Spiritualität
Eichhörnchen: Lebensfreude, Spieltrieb, Intuition, Sammelleidenschaft, Anpassungsfähigkeit
Eidechse: Anpassungsfähigkeit, Wandelbarkeit, Regeneration, Instinkt, Wachsamkeit
Elster: Neugier, Geschicklichkeit, Intelligenz, Gleichgewicht, Kreativität
Eisbär: Anpassungsfähigkeit, Mut, Unabhängigkeit, Intuition, Kraft
Elefant: Gedächtnis, Schutz, Weisheit, Familie, Treue
Ente: Harmonie, Fruchtbarkeit, Empathie, Intuition, Gemeinschaft
Esel: Weisheit, Geduld, Ausdauer, Willensstärke, Genügsamkeit
Eule: Weisheit, Intuition, Verborgenes aufdecken, Wahrnehmung, Geheimnis
Falke: Präzision, Schnelligkeit, Fokus, Freiheit, Stolz
Fasan: Farbenpracht, Fluchtinstinkt, Wagemut, Eitelkeit, Überfluss
Fisch (allgemein): Transformation, Anpassungsfähigkeit, Intuition, Sensibilität, Fluchtbereitschaft
Flamingo: Anmut, Eleganz, Harmonie, Vertrauen, Wachsamkeit
Fledermaus: Wahrnehmung, Anpassungsfähigkeit, Reaktionsschnell, Transformation, Geheimnis
Fliege: Agilität, Schnelligkeit, Flexibilität, Widerstandsfähigkeit, Anpassungsfähigkeit
Frosch: Verbundenheit, Transformation, Anpassungsfähigkeit, Transformation, Fruchtbarkeit
Fuchs: Klugheit, Klarheit, Intelligenz, Neugierde, Weisheit
Gans: Gemeinschaft, Familie, Treue, Intuition, Wachsamkeit
Gepard: Schnelligkeit, Eleganz, Anmut, Fokus, Agilität
Giraffe: Anmut, Perspektive, Sanftmut, Stärke, Gelassenheit
Glühwürmchen: Führung, Magie, Anziehungskraft, Kreativität, Wandlungsfähigkeit
Gnu: Gemeinschaftssinn, Ausdauer, Anpassungsfähigkeit, Schutzinstinkt, Widerstandsfähigkeit
Gorilla: Kraft, Schutzinstinkt, Intelligenz, Gemeinschaftssinn, Beharrlichkeit
Grashüpfer: Kreativität, Fortschritt, Veränderung, Musikalität, Lebensfreude
Graureiher: Ausdauer, Ruhe, Anmut, Balance, Intuition
Grille: Kreativität, Geduld, Anpassungsfähigkeit, Hingabe, Ausdauer
Gämse: Anpassungsfähigkeit, Beweglichkeit, Ausdauer, Balance, Gelassenheit
Habicht: Spiritualität, Klarheit, Weitblick, Präzision, Erkenntnis

Häher: Lebensfreude, Wachsamkeit, Vielfalt, Großzügigkeit, Spiritualität

Hahn: Potenz, Autorität, Wachsamkeit, Stolz, Dominanz

Hase: Überlebensfähigkeit, Wachsamkeit, Sanftmut, Fruchtbarkeit, Veränderung

Hecht: Kraft, Anmut, Reaktionsschnelligkeit, Stärke, Anpassungsfähigkeit

Hirsch: Anmut, Sanftmut, Schnelligkeit, Instinkt, Eleganz

Hornisse: Stärke, Instinkt, Selbstverteidigung, Intensität, Gemeinschaftssinn

Hummel: Fleiß, Ausdauer, Effizienz, Gemeinschaftssinn, Hartnäckigkeit

Hund: Empathie, Treue, Liebe, Loyalität, Intuition

Igel: Selbstschutz, Weisheit, Beharrlichkeit, Verletzlichkeit, Genügsamkeit

Iltis: Listigkeit, Anpassungsfähigkeit, Klugheit, Neugier, Überlebensfähigkeit

Jaguar: Stärke, Eleganz, Furchtlosigkeit, Intuition, Unabhängigkeit

Katze: Geschicklichkeit, Anmut, Ruhe, Sinnlichkeit, Mystik

Käfer: Widerstandsfähigkeit, Anpassungsfähigkeit, Ausdauer, Transformation, Beständigkeit

Kolibri: Leichtigkeit, Anmut, Eleganz, Energie, Unabhängigkeit

Krähe: Intelligenz, Spiritualität, Weisheit, Grenzgänger, Kommunikation

Kranich: Entspannung, Konzentration, Glück, Spiritualität, Eleganz

Krebs: Emotionalität, Schutz, Einfühlungsvermögen, Intuition, Beharrlichkeit

Krokodil: Weisheit, Stärke, Geduld, Anpassungsfähigkeit, Überlebensfähigkeit

Kröte: Verwandlung, Geheimnisse, Sensitivität, Schutz, Reinigung

Kuckuck: Täuschung, Instinkt, Anpassungsfähigkeit, Kreativität, Wandlung

Kuh: Fürsorge, Hingabe, Fruchtbarkeit, Erdverbundenheit, Ruhe

Känguru: Fürsorge, Sprungkraft, Stärke, Mutterschaft, Anpassungsfähigkeit

Lachs: Klarheit, Instinkt, Transformation, Entschlossenheit, Verspieltheit

Leopard: Eleganz, Schnelligkeit, Flexibilität, Klarheit, Unabhängigkeit

Libelle: Leichtigkeit, Veränderung, Transformation, Eleganz, Lebendigkeit

Luchs: Aufmerksamkeit, Konzentration, Scharfsinn, Ausdauer, Unabhängigkeit

Löwe: Stärke, Mut, Führung, Selbstbewusstsein, Schutzinstinkt

Marder: Anmut, Schnelligkeit, Beharrlichkeit, Anpassungsfähigkeit, Geschicklichkeit

Maulwurf: Tiefgründigkeit, Intuition, Anpassungsfähigkeit, Geheimnisse, Erdverbundenheit

Maus: Sensibilität, Anpassungsfähigkeit, Klugheit, Bescheidenheit, Neugierde

Meise: Wachsamkeit, Aktivität, Anpassungsfähigkeit, Freude, Energie

Nachtigall: Kreativität, Inspiration, Schönheit, Liebe, Ausdruckskraft

Nashorn: Stärke, Beharrlichkeit, Erdverbundenheit, Ruhe, Standhaftigkeit

Nilpferd: Stärke, Schutz, Ruhe, Familie, Durchsetzungskraft

Otter: Verspieltheit, Neugierde, Gemeinschaftssinn, Flexibilität, Lebendigkeit

Panda: Sanftmut, Weisheit, Ausgeglichenheit, Entschleunigung, Harmonie

Panther: Eleganz, Geheimnis, Kraft, Intuition, Furchtlosigkeit

Pinguin: Gemeinschaftssinn, Anpassungsfähigkeit, Willenskraft, Schutz, Ruhe

Pfau: Stolz, Schönheit, Eitelkeit, Selbstvertrauen, Spiritualität
Pferd: Freiheit, Anmut, Abenteuerlust, Energie, Schnelligkeit
Ratte: Klugheit, Anpassungsfähigkeit, Überlebensfähigkeit, Wachsamkeit, Neugier
Rabe: Weisheit, Intelligenz, Magie, Regeneration, Geheimnisse
Reh: Anmut, Sanftheit, Sensibilität, Anpassungsfähigkeit, Schönheit
Schaf: Frieden, Sanftmut, Geduld, Fürsorglichkeit, Anpassungsfähigkeit
Schildkröte: Weisheit, Stabilität, Schutz, Beständigkeit, Erdverbundenheit
Schlange: Transformation, Weisheit, Heilung, Erneuerung, Instinkt
Schmetterling: Leichtigkeit, Schönheit, Freiheit, Transformation, Intensität
Schnecke: Geduld, Beharrlichkeit, Schutz, Entschleunigung, Disziplin
Schwalbe: Freiheit, Anmut, Leichtigkeit, Ausdauer, Zuverlässigkeit
Skorpion: Stärke, Transformation, Selbstschutz, Intensität, Klugheit
Sperling: Freundlichkeit, Anpassungsfähigkeit, Gemeinschaft, Fröhlichkeit, Unkompliziertheit
Spinne: Kreativität, Geduld, Schöpferkraft, Verbundenheit, Vernetzung
Steinbock: Zielstrebigkeit, Ausdauer, Disziplin, Verantwortungsbewusstsein, Zuverlässigkeit
Stier: Stärke, Ausdauer, Beständigkeit, Zuverlässigkeit, Balance
Storch: Fruchtbarkeit, Neubeginn, Wachstum, Intuition, Wachsamkeit
Taube: Frieden, Liebe, Hoffnung, Treue, Sanftmut
Uhu: Weisheit, Intuition, Geheimnisse, Transformation, Spiritualität
Waschbär: Klugheit, Anpassungsfähigkeit, Neugier, Geschicklichkeit, Mut
Widder: Durchsetzungsvermögen, Mut, Energie, Pioniergeist, Leidenschaft
Wildschwein: Mut, Stärke, Entschlossenheit, Erdverbundenheit, Schutzinstinkt
Wolf: Stärke, Intelligenz, Führung, Selbstbewusstsein, Intuition
Zebra: Vielseitigkeit, Beweglichkeit, Balance, Gemeinschaft, Anpassungsfähigkeit
Ziege: Ausdauer, Anpassungsfähigkeit, Stärke, Beharrlichkeit, Erneuerung

Sowulo (Sonne)
Phonetisch: S
Bedeutung: Stärke, Heilung, (Lebens-)Energie, Erfolg
Klasse: dominant
Sowulo ist die Rune der Sonne und der Lebensenergie. Hier wird „aufgetankt".
Anwendung: Talisman zur physischen und psychischen Stärkung.
Meditation: Sowulo ist ebenso Wärme, Licht und Leben, wie auch Feuer, Tod und Zerstörung. Diese Eigenschaften sind jedoch kein Widerspruch, sondern die zwei Seiten dieser Rune, die in ihr eine untrennbare Einheit bilden.

Teil III (Drittes Aett)

Die Edda | Teiwaz

Als Edda werden zwei verschiedene, in altisländischer Sprache verfasste literarische Werke aus dem 13. Jahrhundert bezeichnet. Beide wurden im christianisierten Island niedergeschrieben und behandeln skandinavische Götter- und Heldensagen. Trotz dieser Gemeinsamkeiten unterscheiden sie sich sowohl ihrem Ursprung nach als auch im literarischen Charakter. Die Edda gehört zu den wenigen schriftlichen Überlieferungen, die uns bei der Runenreise nützlich sind. Die Heldenlieder der Edda befassen sich mit verschiedenen germanischen Helden. Manche von ihnen lassen sich geschichtlich nachweisen. So entspricht Gunnar zum Beispiel Gundahar, dem König der Burgunden.

Lieder-Edda

Die Lieder-Edda, früher auch Sämund-Edda genannt, ist eine Sammlung von Dichtungen unbekannter Autoren. Stofflich werden mythische Motive, sogenannte Götterlieder, aus der nordischen Mythologie behandelt, sowie die sogenannten Heldenlieder. In den Heldenliedern werden Stoffe aus der germanischen Heldensage, beziehungsweise der Heldendichtung wiedergegeben. Einige der Götterlieder sind als „Wissensdichtung" angelegt. Das heißt, in ihnen wurde gezielt möglichst viel Wissen in konzentrierter Form dargestellt. In der Anordnung der einzelnen Lieder zeigt sich eine deutliche Reihenfolge. Das erste Lied, die Völuspá, behandelt die Vorzeit und die Endzeit der Welt. In den nachfolgenden Liedern werden immer spezifischere, abgegrenzte Inhalte behandelt.

Snorra-Edda

Die Snorra-Edda wurde von Snorri Sturluson, einem isländischen Dichter und Historiker, verfasst. In erster Linie ist sie als mythografisches und Dichtung-theoretisches Werk gedacht. Jedoch stellt auch sie eine wichtige Quelle altnordischer Dichtung und Mythologie aus dem 13. Jahrhundert dar.

Bedeutung

Den schriftlichen Aufzeichnungen gingen vermutlich zum Teil Jahrhunderte münd-licher Überlieferung voran. Damit ist die Edda ein wichtiges Zeugnis von Mytho-logie, Religion und Lebensweise unserer Vorfahren. Neben ihr gibt es nur noch sehr wenige weitere Aufzeichnungen. Auch wenn die Niederschriften zweifellos christlich beeinflusst wurden, beinhalten sie doch viele Grundelemente ursprünglicher, heid-nischer Tradition. So hat beispielsweise die Darstellung der Götter keinen Bezug zum Christentum und die spätere Verunglimpfung der nordischen Götter fehlt. Snorri selbst betont den Unterschied zwischen dem, was er niederschreibt, und dem Christentum:

„En ekki er at gleyma eða ósanna svá þessar frásagnir at taka ór skáldskapinum fornar kenningar, þær er höfuðskáld hafa sér líka látit. En eigi skulu kristnir menn trúa á heiðin goð ok eigi á sannyndi þessa sagna annan veg en svá sem hér finnst í upphafi bókar."

„Die hier erzählten Sagen dürfen nicht vergessen oder Lügen gestraft werden, indem man aus der Dichtkunst die alten Umschreibungen verbannt, an welchen die Klassiker Gefallen gefunden haben. Doch sollen Christenmenschen nicht an die heidnischen Götter und nicht an die Wahrheit dieser Sagen auf andere Weise glauben, als so, wie es im Anfang dieses Buches zu lesen ist." (Skáldskaparmál)

Christlicher Einfluss

Snorri verstand also seine Überlieferung als echt heidnisch und damit für Christen nicht ungefährlich. Allerdings hat eine geschlossene Kosmologie eines mythischen Universums mit zeitlicher Abfolge der Ereignisse eine Schriftkultur zur Voraussetzung. Es ist daher durchaus nahe liegend, dass diese zusammenhängende Darstellung erst mit dem Codex Regius[33] vollendet wurde. In der Forschung gibt es dazu verschiedene Theorien. Die Vermittlung des christlichen Glaubens war den Herrschern schon immer ein großes Anliegen. Ab dem frühen 6. Jahrhundert gründete die Kirche Schulen in den Klöstern. Die ständische Gesellschaft des Mittelalters war nicht über Bildung strukturiert, sondern über Herrschaft. Den wenigen Lesekundigen musste also das „richtige" Bild des Heidentums vermittelt werden. Gerade aus dem Bereich der Kunst ist die extreme Einflussnahme der Kirche nachweislich bekannt. Bilder wurden (und werden) ganz oder teilweise übermalt. Runensteine in den Grundmauern von Kirchen zu verbauen, sollte Überlegenheit demonstrieren. Wir können davon ausgehen, dass auch schriftliche Überlieferungen verändert wurden. So wurden die nordischen Götter als sittenlos und ohne Moral dargestellt.

Teiwaz (Tyr)
Phonetisch: T
Bedeutung: Der Weg des Kriegers, Pflicht, Stärke, Verantwortung
Klasse: dominant
Erkenntnis der eigenen Stärken und Schwächen, Verständnis von Pflicht und Verantwortung.
Anwendung: Teiwaz sollte vorerst nur zur Meditation verwendet werden.
Meditation: Teiwaz vermittelt dir die Tugenden und Stärken des Kriegers, nicht die des Kämpfers oder gar

Raufboldes. Konzentriere dich auf Lösungen statt auf Probleme und du wirst keinen besseren Verbündeten finden, als Teiwaz. Sie hilft dir, mögliche Wege aus verschiedenen Blickwinkeln zu betrachten und die optimale Variante auszuwählen.

Geeignetes und ungeeignetes Material | Berkana

Es gibt drei Gruppen von Materialien, die man sinnvoll für Runenmagie einsetzen kann.

- **1. Gruppe: Organische Materialien**: (Holz, Knochen, Geweih) oder solche organischen Ursprungs (Bernstein). Diese Materialien werden verwendet, um die Wirkung einer Rune gezielt auf eine Person, Personengruppe, einen Gegenstand oder Ort zu richten. Die Kraft der Runen wirkt mit dem und durch das Material.
- **2. Gruppe: Gestein und Mineral**: Die Materialien dieser Gruppe dienen dazu, die Wirkung gebündelt, wie das Licht einer Taschenlampe abzusenden. Die Kraft der Runen wirkt vom Material weg.
- **3. Gruppe: Metalle**: Hier wirkt die Kraft der Runen auf das Material.

Bastelbeton, Keramik, Knete, Glas, Plastik und was sich Geschäftemacher noch so ausdenken, um den Leuten das Geld aus der Tasche zu ziehen, sind nicht geeignet! Das bedeutet nicht, dass man sie nicht verwenden kann. Die Kraft der Runen ist so unfassbar groß, was auch immer ihnen ein Runer als Körper zuordnet, sie nutzen es. Es macht nur eben nicht alles Sinn, was machbar ist. Auch Scheiben aus Ästen zu schneiden, macht nicht wirklich Sinn. Mehr dazu im Kapitel „Holz" ab Seite 96.

Strom fließt in unseren Häusern durch Kupferleitungen. Man könnte auch dünne Schläuche mit Wasser darin verlegen. Auch dadurch würde Strom fließen, das ist machbar. Aber eben nicht sinnvoll. Im Folgenden möchte ich etwas näher auf einige verwendbare Materialien eingehen.

Bernstein
Als Bernstein werden alle feste Partikel bildenden fossilen Harze bezeichnet. Es sind weltweit mehr als 80 Bernsteinarten bekannt, viele davon sind jedoch nur in kleineren Mengen vorhanden. Von praktisch jeder Bernsteinart gibt es eine Vielzahl von Varietäten, die insbesondere nach dem Grad der Trübung und Vermischung unterschieden werden. Von der Bernsteinart Succinit (auch als Baltischer Bernstein bezeichnet) werden Varietäten vornehmlich nach dem Grad der Trübung unterschieden; charakteristisch sind die fließenden Übergänge und Vermischungen in den einzelnen Stücken.

- Klar oder Schierklar: Völlig durchsichtig wie Glas, Färbung sehr schwach hellgelb (Eisklar) bis bräunlich Gelb (Braunschweiger Klar).
- Flom oder Matt: Halbdurchsichtig, trüb durch mikroskopische Bläschen.
- Bastard: Völlig undurchsichtig, satt-trüb, homogen bis wolkig oder gefleckt (sogenannter Kumst nach der ostpreußischen Bezeichnung für Sauerkohl), mit unterschiedlich starker Färbung.
- Knochen: Völlig undurchsichtig, elfenbeinfarben bis reinweiß (Weißharz).
- Schaum: Völlig undurchsichtig, gelblich Weiß, leichter als Süßwasser (Verwitterungsform der Varietät Knochen).
- Schwarzfirnis: grauschwarz bis marmoriert, Holzmulm und Erde mit Harz als Bindemittel.
- Bunt: Mischung der Varietäten Klar bis Knochen, häufig scharf abgegrenzt und mit Spalten.
- Antik: Varietäten Klar bis Bastard durch Verwitterung unterschiedlich stark rot bis rotbraun gefärbt.

Vom Dominikanischen Bernstein sind die Varietäten „Blauer Bernstein", dessen Farbe auf fluoreszierende Moleküle zurückzuführen ist und „Wood Amber" am bekanntesten.

Es ist unmöglich zu sagen, welche Art oder Varietät für unsere Zwecke besser oder schlechter geeignet ist. Jedes einzelne Stück muss individuell auf seine Verwendbarkeit geprüft werden. Auf ein Stück, bei dem Thurisaz lustlos in der Ecke hockt und „i hob kei Lust" signalisiert, stürzt sich Laguz vielleicht mit Kenaz-Eifer. Mit etwas Übung kann man an dem Rohstück schon erspüren, wofür es sich besonders gut eignet, mit Sicherheit weiß man es oft erst beim Glätten.

Die Anfertigung eines Runenset aus Bernstein sollte jedoch nur wirklich erfahrenen Runern vorbehalten bleiben. Zueinander passende Steine zu finden, ist nicht so einfach!

Kokosnuss

Tatsächlich ist die Kokosnuss keine echte Nuss, sondern eine Steinfrucht. Als Basismaterial für Runen ist die Schale der Kokosnuss weniger gut geeignet. Der Energiefluss ist eher träge, die Abgabe geringer als bei anderen Materialien. Und doch hat sie eine Eigenschaft, die sie für Runer sehr interessant macht: Sie ist ein Energiesammler. Diese Eigenschaft ist auch von Bäumen bekannt. Nutzt ein Runer längere Zeit ein und dieselbe Stelle in der Nähe eines Baumes zum Meditieren, aber mehr noch für die Runenweihe oder schamanische Reisen, bleibt ein Teil der Energie (nennen wir es mal die Restenergie) in dem Baum zurück. Wer selbst sein Wissen über Runen weitergibt, nimmt seine Schüler mit an diesen Platz, um ihnen den

Einstieg in die Runenarbeit zu erleichtern. In der Nähe solcher Energiesammler ist die Verbindung zu den Runen nicht besser, aber unmittelbarer und direkter.

In einer Wohnung oder Werkstatt werden viele Arbeiten, wie z. B. das Zuschneiden und Schleifen von Runenstäben durchgeführt. Dort ist die Belastung durch Elektrosmog jedoch recht groß. Möbel bestehen nicht mehr aus Holz, sondern aus Spanplatten und es gibt mehr Künstliches als Natürliches. Mit dieser Einschränkung müssen wir in unserer Zeit einfach leben. Mit der Kokosnussschale gibt es die Möglichkeit, einen Energiesammler auch in solcher Umgebung zu nutzen. Die Kokosnuss besteht aus drei miteinander verwachsenen, sogenannten Karpellen. In jeder Karpelle befindet sich an einem Ende ein Keimloch. Bei den Kokosnüssen, die wir in Deutschland z. B. im Lebensmittelhandel zu kaufen bekommen, sind die beiden äußeren Schichten (Exokarp und Mesokarp) bereits entfernt, das Fruchtfleisch ist nur noch von der Steinschale (Endokarp) umgeben. Diese ist ca. 4–5 mm dick und sehr hart. Zum Öffnen sägt man die Steinschale mit einer Eisensäge entlang einer gedachten oder aufgezeichneten Linie auf. Dabei muss man sehr vorsichtig vorgehen. Durch die gewölbte Form und große Härte der Steinschale kann man leicht abrutschen und sich verletzen! Alternativ kann man auch mit der flachen Seite eines Hammers entlang der Linie ringsherum auf die Schale schlagen. Dadurch entsteht ein Riss und die Schale kann aufgehebelt werden. Schalen aus Kokosnuss eignen sich zum Beispiel sehr gut, um darin maschinell bearbeitetes Holz in Bernsteinbruch zu lagern, um es wieder für die Runenarbeit verwendbar zu machen.

Horn

Horn, wie man es von den Hörnern von z. B. Schafen, Ziegen und Rindern oder auch von ihren Hufen (auch Pferd, Rotwild, Schwein usw.) bekommt, ist ganz hervorragend als Basismaterial für Runen geeignet. Es gibt da allerdings einen kleinen Haken: Die Wirkungsrichtung ist völlig unvorhersehbar und ändert sich zudem auch noch sporadisch. Man stelle sich das so vor: Man hat eine lichtundurchlässige Hohlkugel, in deren Innern ein Licht brennt. Schießt man nun aus einiger Entfernung mit Schrot auf diese Kugel, so kann man nicht vorhersehen, an welchen Stellen Löcher hineingeschossen werden und das Licht austritt. Zudem fängt die Kugel dann auch noch an zu rollen. Wohin das Licht aus den Einschusslöchern dann scheint, ist wieder nicht vorhersehbar. Dennoch sind zwei Anwendungsmöglichkeiten überliefert.

- 1. Materialkombinationen: Schon ein winziges Stück Horn, in Verbindung mit Bernstein und eventuell weiteren Materialien, bewirkt eine deutlich spürbare Verstärkung der Energie. Sie wirkt schneller. In Verbindung mit Kraftsteinen, die eher langsam und stetig wirken, ist das nicht immer angebracht. Das muss von Fall zu Fall abgewogen werden. Durch die Verbindung mit dem Bernstein bekommt man das Problem der Streuung jedenfalls in den Griff.

- 2. Streuwirkung: Bei Familientreffen wurden Talismane aus Horn mit Wunjo (Harmonisierung verschiedener Ebenen des Seins und Talisman zur Stärkung des Zusammengehörigkeitsgefühls in einer Gemeinschaft) in die Bäume gehängt. An den Talismanen waren Gänsefedern befestigt, sodass sie sich schon beim leichtesten Windhauch drehten und ihre Wirkung um sich herum „verstreuten". Wir haben das mehrmals in kleinen und mittleren Gruppen mit dem Steinkreis kombiniert und können es nur empfehlen!

Metall

Man hört und liest oft, dass Runen nicht mit metallenen Werkzeugen geritzt werden dürfen, und dass Eisen für Runen schädlich sei, ihre Magie zerstört und Ähnliches. Das ist ein Irrtum, dessen Entstehung jedoch recht leicht nachvollziehbar ist. Bei Metallen ist die Wirkung nämlich genau entgegengesetzt der Wirkung bei Steinen. Steine reflektieren die Energie, Metalle nehmen sie auf. Da die Wirkung bei oberflächlicher Betrachtung nicht zu erkennen ist, kann man leicht zu dem Schluss kommen, dass Metalle die Wirkung verhindern. Tatsächlich muss man schon recht tief in das Wesen der Runen eingetaucht sein, um die Wirkung auf Metalle erkennen zu können. Dieser Effekt wurde früher genutzt, um Waffen und Rüstungen zu verstärken. Heute gibt es dafür kaum noch sinnvolle Anwendungsmöglichkeiten.

Minerale und Gestein

Vorweg: In diese Kategorie fallen nur die Minerale nicht-organischen Ursprungs! Fossile Harze wie Bernstein, aber z. B. auch die zu den Mineralen zählenden Nierensteinbildner Whewellit und Weddellit sind hiervon ausdrücklich ausgenommen. Der Einfachheit halber sprechen wir hier verallgemeinernd von „Steinen". Ein Energiefluss, wie in organischen Materialien, findet in Steinen nicht statt. Egal, woher die Energie kommt, sie wird über der Ebene der Rune gebündelt und (in ihrer Wirkung durch die Rune beeinflusst) abgestrahlt. Sie geht also nicht durch den Stein, wie es bei Bernstein oft so schön zu beobachten ist. Legt man also einen flachen Stein auf die Erde und ritzt in seine Oberseite eine Rune, so wird die Energie senkrecht nach oben, im rechten Winkel zu der Rune, abgestrahlt. Diesen Effekt kann man sich für verschiedene Anwendungen zunutze machen.

Der Steinkreis

Acht Steine werden – von Osten beginnend – jeweils um 45° versetzt im Kreis ausgelegt. In jedem Stein sind in die Oberseite drei Runen geritzt und natürlich geweiht. Es muss pro Stein je eine Rune der Gruppe dominant, neutral und ausgleichend sein. Die genaue Zusammenstellung der Runen ist nicht vorgeschrieben und kann bei jedem Runer abweichen. Nach der Überlieferung erwirbt ein Runer nur durch die Fähigkeit, einen Steinkreis zu etablieren, das Recht, selbst Schüler anzunehmen und auszubilden. Es ist also nicht so ganz einfach. Die Energie wird über den Steinen nach oben abgestrahlt. Dadurch entsteht ein Wirbel oder Sog, ähnlich wie bei einer Windhose. Nur wird hier nicht Luft, sondern Energie nach oben gezogen. Im Innern des Kreises entsteht so ein Bereich, der völlig frei von jeglicher negativen Beeinflussung ist. Schamanische Reisen, Meditation oder ein Reinigungsritual sind hier besonders effektiv. Speckstein, der je nach Zusammensetzung als Mineral oder als Gestein gilt, ist hierfür sehr gut geeignet.

Das Hexenkreuz

Vier Steine werden in den vier Himmelsrichtungen so um ein Haus herum aufgestellt, dass der Kreuzungspunkt mitten im Haus liegt. In jeden Stein werden eine oder mehrere Runen geritzt und geweiht. In gegenüberliegenden Steinen immer die gleiche Anzahl Runen. Die Energien treffen im Kreuzungspunkt aufeinander. Dadurch kann – je nach den verwendeten Runen – eine im Haus lebende Hexe gebannt, ihrer Kräfte beraubt oder sogar getötet werden.

Der Steinkreis wird heute noch genutzt. Das Hexenkreuz stammt aus einer Zeit, als man Hexen noch als böse und „mit dem Teufel verbündet" angesehen hat. Heute wissen wir es besser und erweisen Hexen unseren Respekt!

Knochen

Knochen sind sehr gut als Basismaterial für Runen geeignet. Im Gegensatz zu Holz ist es bei Knochen egal, in welcher Richtung die Runen geritzt werden. Bei der Vorbereitung des Materials sollte man jedoch sehr gründlich vorgehen. Knochen bestehen aus vier Schichten:

- 1. die Knochenhaut (Periost), diese liegt außen am Knochen
- 2. der Kompakta
- 3. die Schicht der Spongiosa
- 4. die innen liegende Knochenhaut (Endost)

Als Trägermaterial für Runen wird nur der Kompakta verwendet; die anderen Schichten müssen vorher entfernt werden. Dazu kann man den Knochen abkochen und die überflüssigen Schichten danach abbürsten. In der warmen Jahreszeit kann man den Knochen auch in einen Drahtkäfig legen und diese Arbeit den Käfern und Würmern überlassen. In einer schon recht alten Anleitung wird geraten, den Knochen gründlich zu säubern, in passende Stücke zu zerlegen und diese dann so lange im Mund zu behalten, bis sie „rein und glatt" sind. Na ja, wer's mag …

Resin

Um verschiedene Materialien zu verbinden, und in einer Kombination als Körper für Runen zu verwenden, stand lange Zeit nur Birkenpech zur Verfügung. Man kann natürlich auch andere Kleber verwenden und sogar mechanische Verbindungen sind möglich. Für ein optimales Ergebnis musste man jedoch Birkenpech einsetzen.

Heute gibt es eine weitere und sehr saubere Lösung. Epoxidharz vermischt mit Bernsteinpulver (fällt beim Schleifen ohnehin in großen Mengen an) verklebt praktisch alle Materialien sicher und dauerhaft miteinander. Durch das Bernsteinpulver werden die Energieformen verschiedener Materialien harmonisiert und wirken sogar besser, als mit dem herkömmlichen Birkenpech.

Besonders gut geeignet, aber auch etwas teurer, ist Resin, welches aus Naturstoffen hergestellt wird. Unter dem Namen ArtResin ist beispielsweise ein Harz erhältlich, welches keine flüchtigen organischen Verbindungen (englisch volatile organic compounds, kurz VOC) und keine Dämpfe enthält und daher nach Angaben des Herstellers ungefährlich für den Hausgebrauch ist. Während die meisten Epoxidharze auf dem Markt hochgiftig sind, ist ArtResin als nicht gesundheitsschädlich und nicht brennbar eingestuft, und weist keine Schrumpfung auf. Es werden nur hochwertigste Rohstoffe und absolut keine billigen Füllstoffe, keine nicht-reaktive Verdünner oder Lösungsmittel verwendet. Resin, in Verbindung mit dem Schleifpulver von Bernstein, ist damit eine zwar kostenintensive, dafür jedoch saubere und dauerhaft haltbare Alternative zu Birkenpech. Ich verwende es schon seit mehreren Jahren und habe keine negativen Wirkungen festgestellt.

Berkana (Birke)
Phonetisch: B
Bedeutung: Fruchtbarkeit, Wachstum, Heim
Klasse: neutral
Kraft der Mutter Erde, die in sich junges Mädchen, Mutter und alte, weise Frau vereinigt.
Anwendung: Berkana ist die ultimative Rune sowohl als Talisman für Glück im Heim als auch als Amulett für den Schutz des Heimes. In Verbindung mit Birkenholz wird Berkana oft von Völven genutzt.
Meditation: Berkana gilt als eine durch und durch weibliche Rune. Das bedeutet jedoch nicht, dass sie nicht auch von Männern genutzt werden kann, denn in jedem von uns stecken männliche und weibliche Energien. Als Teil der Bergerune[34] steuert sie Geborgenheit, Schutz, Frieden, Harmonie, Vertrauen und Kraft bei. Immer dann, wenn etwas Früchte tragen soll, ist Berkana zur Stelle. Besonders für das ungeborene und für heranwachsendes Leben stellt sie ihre Macht für Schutz und Wachstum bereit.

Holz | Ehwaz

Holz ist das ursprüngliche Material für Runen. Aber Holz ist nicht gleich Holz! Der Energiefluss der Runen verläuft in Holz immer parallel zu den Fasern. Jedoch ist der Faserverlauf nicht in jeder Holzart gerade. Die meisten Stämme der Rosskastanie weisen z. B. einen deutlichen Rechts-Drehwuchs auf. Dadurch verlaufen die Fasern im Stamm nahezu spiralförmig. Senkrecht wachsende Stämme der Haselnuss wachsen ohne Drehwuchs. Waagerechte Seitenäste können, je nach Sonneneinfall, einen leichten bis extrem starken Links- oder Rechts-Drehwuchs zeigen. Seitenäste beeinflussen den Faserverlauf des Stammes erheblich. Auch Härte, Feuchtigkeit, Temperatur und weiteres beeinflussen das Material. Holz ist aufgrund seiner Wachstumseigenarten eben kein gleichmäßiges Medium. Man muss also schon recht genau hinschauen, welches Holz wofür verwendet wird.

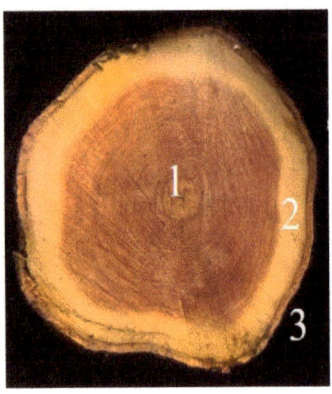

Wenn wir uns den Querschnitt eines Baumstammes anschauen, erkennen wir drei verschiedene Schichten.

1. Das Kernholz im Inneren des Stammes.

2. Das sogenannte Splintholz.

3. Kambium, Bast und Borke außen am Stamm.

Kambium, Bast und Borke sind für unsere Zwecke ungeeignet. Das Splintholz bildet die Nährstoffleitung des Baumes von den kleinsten Wurzeln bis in den Kronenraum. Da es relativ viel Wasser speichert, muss es sehr gründlich getrocknet werden. Feuchtes Holz leistet der Pilzbildung Vorschub und es können später Risse entstehen. Werden kleinere Zweige verwendet, so bestehen diese fast vollständig aus Splintholz. Zweige sollten daher vor der Verarbeitung im Stück getrocknet werden. Kleinere Holzstücke bekommen leichter Trocknungsrisse.

Laubholz ist gegenüber Nadelholz (abgesehen von der harzfreien Eibe) vorzuziehen. Vermutlich liegt das an dem hohen Harzgehalt von Nadelbäumen. In gewisser Weise ist das allerdings schon paradox zu nennen, denn Harz (Resin), vermischt mit dem Schleifpulver von Bernstein, ist für die Runenarbeit nahezu unentbehrlich geworden.

Das leider oftmals praktizierte Ritzen (oder gar Einbrennen) der Runen in die Stirnseite von Holzscheiben ist die „quick and dirty" – Methode. Die Runen stehen dabei im rechten Winkel zu den Holzfasern. Der Energiefluss wird dadurch stark gehemmt. Holz als Basismaterial für Runen sollte nie in Scheiben gesägt werden. Man schneidet Blöcke aus einem Holzstück und spaltet diese dann. So bekommt man eine Fläche, auf die man Runen parallel zu den Fasern ritzen kann. Bei gespaltetem Holz sieht man auch besser, ob die Fasern durch seitlich herauswachsende Äste abgelenkt und somit der Energiefluss beeinträchtigt wird.

Kernholz ist für unsere Zwecke am besten geeignet. Es enthält phenolische Inhaltsstoffe, die die Zellwände imprägnieren und dadurch die Dauerhaftigkeit des Holzes erhöhen. Meist sind diese Inhaltsstoffe auch farbig, dadurch ist die Unterscheidung von Kern- und Splintholz recht einfach.

Frisches Holz lässt sich erheblich leichter bearbeiten als getrocknetes Holz. Davon sollte man sich jedoch nicht verleiten lassen! Man fertigt sich einen wunderschönen Rohling, ritzt die Rune, weiht und bindet sie und dann bekommt das Holz Trocknungsrisse und leitet die Energie nicht mehr so gut. Besser, man macht es gleich ordentlich und verwendet nur trockenes Holz.

Schall in Holz
Der Energiefluss von Runen in Holz ist in etwa vergleichbar mit der Ausbreitung von Schall. Da es hierzu umfangreiche Erkenntnisse und belastbare Zahlen gibt, ziehen wir es einmal als Vergleich heran. Schallwellen pflanzen sich in einem gleichmäßigen

Medium nach allen Seiten mit einer materialabhängigen, bestimmten Geschwindigkeit gleichmäßig fort. Beim Übergang in ein anderes Material ändert sich die Schallgeschwindigkeit.

Allerdings ist die Schallgeschwindigkeit beim Holz nicht in allen Richtungen gleich. Schall breitet sich in Holz parallel zur Faser mit einer Geschwindigkeit von 4000 bis 6000 Metern pro Sekunde aus. Quer zur Faser liegt die Schallgeschwindigkeit in Holz hingegen nur bei 400 bis 2000 Metern pro Sekunde. Einflussparameter auf die Schallgeschwindigkeit sind Dichte, Elastizität, Faserlänge, Faserwinkel, Holzfeuchte, Holzfehler und mehr.

Wegen seiner guten akustischen Eigenschaften wird Holz im Musikinstrumentenbau eingesetzt. Andererseits ist es aber auch als Material für Schalldämmungen geeignet. Spanplatten mit einer Flächendichte von 15 bis 20 kg/m2 erreichen eine Schalldämmung von 24 bis 26 dB. Wir nutzen diese Erkenntnisse für die Auswahl von geeignetem Holz als Basiskörper für Runen.

In unseren Breiten gibt es vier klimatisch bedingte Wachstumsphasen:
- 1. Die Ruhephase von November bis Februar.
- 2. Die Mobilisierungsphase von März bis April.
- 3. Die Wachstumsphase von Mai bis Juli.
- 4. Die Depositionsphase von August bis Oktober.

Holz sollte bevorzugt in der Ruhephase gesammelt werden. Es sind dabei jedoch unbedingt die örtlichen Vorschriften zu beachten. Informationen, was man wo sammeln darf und was es eventuell kostet, bekommt man beim zuständigen Forstamt. Für Holz spricht, dass es sich relativ gut bearbeiten lässt, Energie hervorragend leitet und durch Feuer vernichtet werden kann. Dazu sieht es auch noch recht ansprechend aus.

Treibholz

Ein Sonderfall wegen des oftmals hohen Salzgehaltes ist Treibholz. Als Treibholz bezeichnet man Holz, das auf Wasser treibt oder durch Wind, Gezeiten, Strömung oder allgemeinen Seegang an das Ufer getrieben worden ist. Im Bereich der Arktis war Treibholz oft die einzige Quelle für Holz für Eskimos und andere Völker, die jenseits der arktischen Baumgrenze leben, bevor ein intensiverer Handelskontakt mit südlicheren Ländern entstand. In der germanischen Schöpfungsgeschichte wurden die ersten Menschen von Odin, Hönir und Lodur[35] aus Treibholz geschnitzt. Aus einer Esche schnitzten sie den Mann Ask und aus einer Ulme die Frau Embla.

In den seltensten Fällen wird man die Holzart bei Treibholz definitiv feststellen können. Da sich in dem Holz ein hoher Salzgehalt ablagert, wird der Energiefluss gehemmt und es ist meist als Material für Runen ungeeignet. Aber man erlebt durchaus Überraschungen! Am Ende bleibt einzig und allein die „Trial-and-Error-Methode". Völven nutzen z. B. Treibholz in Verbindung mit Aquamarin und/oder Bernstein und Runen für Liebeszauber.

Ehwaz (Pferd)
Phonetisch: E
Bedeutung: Bewegung, Transport
Klasse: dominant
Ehwaz ist das Pferd, das uns in neue Welten führt. Auf ihm reitend, können wir die Grenzen zwischen den Welten durchschreiten. Es eröffnet uns neue Horizonte und bringt uns sicher wieder zurück.
Anwendung: Hilfe bei der spirituellen Reise.
Meditation: Bei Ehwaz geht es nicht um den Transport von Waren und Gütern, sondern um den Transport von Energie. Sie hilft uns beim Reisen in andere Welten, indem sie unsere Energie über Grenzen hinweg trägt. Es geht bei ihr aber auch um die Energieübertragung zwischen Wesen. Menschen und auch Tieren.

Bei der Reise mit Raido bist du es, der den Weg bestimmt. Ehwaz macht dich auch darauf aufmerksam, wenn dein Weg in eine ungünstige Richtung führt. Wenn du auf die Zeichen achtest, dann gibt sie dir die Kraft, die Richtung zu ändern.

Mythologie | Mannaz

Die nordische Mythologie entstand in einer Zeit, als die Menschen noch nicht das Wissen hatten, um sich natürliche Vorgänge zu erklären. Wie hätte jemand, der sich Donner und Blitz nur als Äußerung eines Gottes vorstellt, auch den Urknall verstehen sollen? Wenn wir die Berichte aus der Mythologie also wörtlich nehmen, werden wir sie kaum verstehen können.

Lasst mich dazu ein Beispiel anführen: die Kinder von Loki und der Riesin Angrboda. Die Midgardschlange, der Fenriswolf und Hel, die Totengöttin; die drei germanischen Weltfeinde. In der Mythologie wird die Midgardschlange als eine die Welt umspannende Seeschlange beschrieben. Der Fenriswolf wird die Götter verschlingen und Hel ist die Totengöttin, in deren Reich die Seelen gequält werden.

Vielleicht werden wir eines Tages in der Tiefsee tatsächlich ein Wesen entdecken, welches der Beschreibung der Midgardschlange ähnelt. Aber es wird nicht die Midgardschlange sein! Die Midgardschlange ist kein Wesen, sie ist ein Symbol. Sie steht für Neid, Habgier und Missgunst der Menschen auf Midgard. Wenn Thor gegen die Midgardschlange kämpft, dann kämpft er für uns. Er ist der Beschützer Midgards und es ist sein Bestreben, uns in die Gemeinschaft der Welten als gleichberechtigte Partner zu integrieren. Bislang ist das noch nicht gelungen.

Ähnlich verhält es sich mit dem Fenriswolf. In der Mythologie reiten auf ihm die Hexen und er wird zu Ragnarök Odin verschlingen. Doch auch der Fenriswolf ist ein Symbol. Wenden wir uns von den Göttern ab, so wächst seine Macht und er wird sich von seinen Fesseln befreien können. Ehren wir die Götter (nicht zu verwechseln mit verehren!), so stärken wir die Fesseln. Er spiegelt also unser Verhältnis zu den Göttern und dessen Folgen wider. Auch Hel ist in unmittelbarem Bezug zu unserem Verhalten zu betrachten. Ihre Aufgabe ist sehr viel diffiziler als bei oberflächlicher Betrachtung zu verstehen.

Es macht keinen Sinn, jetzt jede einzelne Zeile der Edda zu erklären oder die Sagen und Legenden zu „übersetzen". Jeder muss seinen eigenen Weg zum Verständnis dazu finden. Ich möchte hier nur eine Anregung geben, wie man mit den Überlieferungen umgehen kann.

Ein weiteres Beispiel ist Loki, der vielseitigste und vielschichtigste aller Götter. In den Überlieferungen wird er zumeist als verschlagen, hinterhältig und verräterisch dargestellt. Ich sehe in Loki jedoch nicht den Täter, sondern ein Opfer, dem unser Mitgefühl gelten sollte. Im Folgenden möchte ich das darlegen und auch begründen.

Die Jötunen sind ein sehr altes und mächtiges Volk. Als Nachkommen des Urriesen Ymir lebten sie bereits vor der Geburt der Götter. Die Jötunen Fárbauti und Laufney sind die Eltern Lokis, er ist also von Geburt ein Jötun. Von seinem Leben bei den Jötunen ist jedoch kaum etwas bekannt. Odin wurde auf ihn aufmerksam, weil er sich einen Namen als kluger Taktiker und hervorragender Stratege machte und ganz allgemein als überaus intelligent bekannt war. Diese Eigenschaften wollte Odin sich zunutze machen. Sicher gab es aber auch noch andere Gründe für die Freundschaft zwischen Odin und Loki. Um Loki fest an die Asen zu binden, schloss Odin mit ihm Blutsbrüderschaft. Wir kennen das ja schon von den Walküren: Durch Blutsbrüderschaft machte Odin sie zu Asen. Was für die Walküren, die zuvor Geistwesen waren, ein Segen war, wurde für Loki jedoch zum Fluch. Von den Jötunen wurde er ausgestoßen. Sie waren es, die ihn nun als Verräter betrachteten. Die Asen dagegen nahmen ihn nie wirklich als einen der ihren auf. Seine Herkunft von den mit den Asen verfeindeten Jötunen machte das unmöglich.

Loki wurde in der grausamsten Bedeutung des Wortes entwurzelt. Einzig die Freundschaft mit Thor und die allen Widrigkeiten trotzende Liebe seiner Frau, der Asin Sigyn, geben ihm etwas Halt. Da Thor jedoch als eingeschworener Feind der Jötunen ständig gegen sie kämpft, hielt die Freundschaft nicht sehr lange. Man kann Loki jedoch nicht vorwerfen, dass er nicht versucht hätte, von den Asen anerkannt zu werden. Er erfand das Fischernetz und schenkte es den Menschen auf Midgard, deren Beschützer Thor ist. Als Gestaltwandler konnte er sich in eine Stute verwandeln und gebar so dem Hengst Svadilfari das achtbeinige Pferd Sleipnir, das er Odin schenkte. Durch seine Hilfe erlangte Thor den Hammer Mjölnir zurück, nachdem dieser von dem Riesen Thrym gestohlen wurde. In der Edda finden sich noch sehr viel mehr Beispiele für Lokis Taten. Einem als Jötun geborenem trugen die Asen jedoch mehr seine Streiche nach, als dass sie seine Verdienste anerkannten. Zumindest ist es so überliefert. Lokis innere Zerrissenheit und seine seelischen Qualen müssen unbeschreiblich gewesen sein. Sein Wunsch nach Zugehörigkeit und die immerwährende Ablehnung bewirkten letztendlich, dass er sich gegen die Asen wandte. Nach meiner Auffassung sollten wir uns weniger an den (christlich beeinflussten) Überlieferungen zu Lokis Charakter und Taten orientieren und stattdessen unser Bild von ihm neu überdenken.

Thor gehört zu den bekanntesten Göttern der nordischen und germanischen Götterwelt. Als Sohn des Allvaters Odin und Donnergott wird er zumeist als kriegerisch, teils sogar als streitsüchtig und gewalttätig beschrieben. Diese Darstellung ist jedoch sehr einseitig. Thor ist nicht nur der kämpferische Beschützer Midgards, sondern auch ein Wetter- und Vegetationsgott.

In der nordischen Götterwelt gibt es eine Asin, die als Erdgöttin Macht über den Boden, Pflanzen und Tiere ausübt. Ihr Name ist Jörd und sie ist Thors Mutter.
Als Beschützer Midgards ist Thor von Odin beauftragt, mittels Gewalt und Abschreckung Feinde fernzuhalten. Jörds Auftrag an Thor ist die Urbarmachung des Bodens und das Fördern von Fruchtbarkeit und Wachstum. Diese Kombination von bäuerlichen und kriegerischen Pflichten zeigt sich auch in Thors Insignien. Mjollnir (später Mjölnir), der Hammer Thors, wurde ursprünglich als Werkzeug und nicht als Waffe erschaffen. Die Zwerge (Schwarzalben) Sindri und Brokk fertigten ihn an, um Thor das Roden von Bäumen zu erleichtern. Als Waffe kann Thor Mjölnir nur einsetzen, wenn er seinen Eisenhandschuh Jarngreipr verwendet und beides kann er nur nutzen, wenn er zuvor den Kraftgürtel Megingiard anlegt, der ihm „doppelte Asenkraft" verleiht. Mjölnir ist somit sowohl Werkzeug als auch Kriegswaffe.

Ähnlich verhält es sich mit den Ziegenböcken Tanngnjostr (Zähneknisterer) und Tanngrisnir (Zähneknirscher), die Thors Streitwagen ziehen. Diese Tiere vereinen in sich die Kraft und Schnelligkeit von Pferden und die Wildheit von Auerochsen. Im Kampf gelingt es auch den stärksten Gegnern nicht, sie zu stoppen. Wer ihnen nicht aus dem Weg geht, wird niedergetrampelt.

Fruchtbarkeits- und besonders Vegetationsgötter unterliegen oftmals einem sich ständig wiederholenden Rhythmus von Leben, Tod und Auferstehung. Damit leiten sie die Vegetationsfolge, die Jahreszeiten und die ständige Folge von Werden und Vergehen. Thor kann es sich nicht leisten, einen großen Teil des Jahres nicht präsent zu sein, da er den dauerhaften Schutz Midrards sicherstellen muss. Den Teil des Vergehens und Auferstehens übernehmen daher symbolisch seine beiden Ziegenböcke. Werden sie geschlachtet, so muss streng darauf geachtet werden, dass das Fell und besonders die Knochen nicht beschädigt werden. Legt man beides neben ein Feuer, so erwachen die Böcke wieder zum Leben. Die Tradition des Julbock geht hierauf zurück.

Aus: Gylfaginning, Kapitel 44

Thor und Loki kamen des Abends zu einem Bauern und erhielten Nachtquartier von ihm. Vor dem Nachtessen packte Thor seine Böcke und schlachtete sie beide. Dann wurden sie enthäutet und für den Kessel zurechtgemacht. Und als sie gar gekocht waren, da setzte sich Thor mit seinem Gefährten zum Essen. Er lud den Bauern mit Frau und Kindern dazu ein; der Sohn des Bauern hieß Thjalfi, die Tochter Röskva. Da legte Thor die Bocksfelle vor dem Feuer auf den Boden und sagte, der Bauer und die Seinen sollten die Knochen auf die Felle werfen. Thjalfi, der Bauernsohn, faßte den Schenkelknochen des Bocks, spaltete ihn auf seinem Messer und brach ihn auseinander, um zu dem Mark zu gelangen. Thor übernachtete dort. Im Morgengrauen, vor Tage, stand er auf, kleidete sich an, nahm den Hammer Mjölnir, erhob ihn und weihte die Bocksfelle. Da standen die Böcke auf. Der eine aber lahmte am Hinterfuß. Thor bemerkte das und sagte, der Bauer oder seine Hausgenossen wären wohl mit den Knochen nicht schonend umgegangen; er wies darauf hin, dass der Schenkelknochen gebrochen war. Wir brauchen hierbei nicht lange zu verweilen: jeder kann sich selbst die Angst des Bauern vorstellen, als dieser sah, wie Thor seine Wimpern über die Augen senkte; und so wenig von den Augen zu sehen blieb, so meinte er doch zu Boden sinken zu müssen vor dem bloßen Blick des Gottes; dieser umspannte den Hammerschaft so fest mit den Händen, dass seine Knöchel weiß wurden. Der Bauer benahm sich, wie zu erwarten war, und ebenso die Seinen. Sie wehklagten laut, baten um Schonung und boten all ihre Habe als Buße an. Und als er ihre Angst sah, da verging ihm der Zorn, und besänftigt nahm er zum Ausgleich ihre Kinder an, Thjalfi und Röskva. Sie wurden zu seinem Dienst verpflichtet und begleiteten ihn seitdem immer.

Der Wächtergott Heimdall und der Donnergott Thor werden abwechselnd als „Stärkster der Asen" bezeichnet. Dieser Streit kann vermutlich nicht entschieden werden. Trägt Thor den Kraftgürtel Megingiard, so ist er Heimdall an Körperkraft überlegen. Trägt er ihn nicht, so ist Heimdall der Stärkere. Da Megingiard nur bei Thor seine Wirkung zeigt, wird jedoch als Teil von ihm betrachtet. Thor kann sehr aufbrausend und jähzornig sein. Als er von Utgardloki genarrt und gedemütigt wird, hat seine gewalttätige Reaktion die Entvölkerung Utgards zur Folge.

Aus: Gylfaginning, Kapitel 45–47

Als Thor mit Loki, Thialfi und Röskwa gen Utgard zog, begegneten sie Utgardloki zunächst in der Gestalt des Riesen Skrymir. Nachdem sie in dessen Halle angekommen waren, wurden Thor und seine Begleiter zu Wettkämpfen herausgefordert. Loki konnte im Wettessen nicht mit Logi mithalten. Thialfi wurde im Wettlauf von Hugi besiegt. Thor versuchte vergeblich ein Trinkhorn leer zu trinken, unterlag im Ringkampf gegen die Amme Elli und mühte sich vergeblich eine Katze hochzuheben.

Erst am nächsten Tag offenbarte Utgardloki dem zerknirschten Thor sein Blendwerk. Logi war das fressende Wildfeuer, das nicht nur die Speise im Trog, sondern auch sämtliche Knochen und den Trog selbst mit verzehrte. Hugi war der windschnelle Gedanke, den Thialfi nicht einholen konnte. Thors Trinkhorn war am anderen Ende mit dem Meer verbunden, weshalb es nicht geleert werden konnte. Die Amme Elli war das Alter, das noch niemand beugen konnte, und die auf dem Boden liegende Katze war nichts anderes als die Midgardschlange selbst.

Obwohl Thor die ihm auferlegten Prüfungen nicht meistern konnte, war Utgardloki erschrocken über dessen Stärke und offenbarte ihm, dass er seine Burg zukünftig mit Trug und Blendwerk versehen werde, damit Thor diese nie wieder finden würde. Thor erzürnte, als er hörte, wie er genarrt worden war, und hob seinen Hammer, um Utgardloki zu erschlagen. Aber sowohl dieser als auch dessen Burg verschwanden plötzlich vor Thors Augen und konnten auch nicht wiedergefunden werden.

Sieht man Thor nur als unbeherrschten Gewalttäter, wird man ihm jedoch nicht gerecht. Er ist ein Freund der Menschen, über die er wacht, sie jedoch nie bevormundet. Er geleitet Schiffe im Unwetter zum sicheren Hafen, schützt die Ernte und ist besonders den Kindern ein Freund und Lehrer. Dass Jörd, die Erdgöttin, auf Midgard kaum in Erscheinung tritt, liegt zu einem großen Teil daran, dass ihr Sohn Thor die Aufgaben als Vegetations-, Wetter- und Fruchtbarkeitsgott so gut und umfassend erfüllt.

Hel ist die Tochter der Riesin Angrboda und des Asen Loki. Sie selbst wird dem Geschlecht der Riesen zugeordnet. Zur Totengöttin wurde sie, weil die Asen sich vor Lokis Kindern (neben Hel noch der Fenriswolf und die Midgardschlange) fürchteten und Hel aus Asgard verbannten. Daraufhin gründete sie ihr eigenes Reich.

Der Legende nach holt Hel alle Menschen und Wesen zu sich, die den sogenannten Strohtod (Durch Alter oder Krankheit geschwächt auf dem Stroh liegend.) gestorben sind. Nach Walhall kommen nur die in der Schlacht gefallenen Krieger. Dabei handelt es sich nach albischen Berichten jedoch um eine Fehlinformation, die auf Odins Befehl hin von den Walküren verbreitet wurde.

Um der Ragnaröck (Schicksal der Götter) zu entgehen, sammelt Odin in Walhall die Einherjer, die „allein Kämpfenden" bzw. „ehrenvoll Gefallenen" um sich. Jedoch hat Odin nicht allein Anspruch auf die Einherjer. Die Anführerin der Walküren, die Wanengöttin Freyja, kann die Hälfte der Einherjer für sich einfordern.

Odin fand großen Gefallen an den kämpferischen Wikingern. Um mehr von ihnen als Einherjer in die Reihen seines Heeres zu bekommen, entwickelte er einen perfiden Plan. Die Walküren mussten unter ihnen den Glauben festigen, dass nur diejenigen nach Walhall gelangen, die ehrenvoll im Kampf fallen. Damit sollte die Bestimmung eines Jungen festgelegt werden: Kämpfen lernen, zum Mann werden, selbst Kinder zeugen und in der Schlacht fallen. Kinder, die ohne Vater aufwachsen mussten, wurden meist früher selbstständig. Odins Plan zielte also schlicht darauf ab, die Generationsfolge bei den Wikingern zu beschleunigen.

Odins Töchtern, den Walküren, käme es nie in den Sinn, sich einem direkten Befehl des Allvaters zu widersetzen. Ihr Bestreben war es jedoch schon lange, das Leben der Wikinger zu verbessern. Odins Plan gefiel ihnen gar nicht. Also suchten sie ein paar wenige, für ihr Vorhaben besonders geeignete Jungen und Mädchen aus und unterrichteten sie in den magischen Künsten. Dazu brachten sie ihnen spezielle Kampftechniken bei und schufen innerhalb weniger Jahre die Kaste der Berserker. Ihr Plan war es, durch die Berserker die Verluste der Wikinger in Kämpfen so weit zu reduzieren, dass Odins Plan damit unterlaufen würde. Das gelang ihnen auch. Dennoch hat sich der Glaube, dass nur die im Kampf ehrenvoll gefallenen Helden einen Platz in Walhall bekommen, bis in die heutige Zeit gehalten.

Wenn wir also jede Überlieferung wörtlich und kritiklos annehmen, werden wir die nordischen Götter und die Überlieferungen – wie auch immer sie beeinflusst wurden – kaum wirklich verstehen können. Doch helfen uns diese Kenntnisse beim Verständnis der Runen. Zweifellos kann man auch ohne sie mit Runen arbeiten. Ein wirklich echtes und tiefes Verständnis der Runen wird man ohne die Kenntnis ihre Verbindungen innerhalb der nordischen Mythologie jedoch nicht erlangen.

Mannaz (Mann, Mensch)
Phonetisch: M
Bedeutung: Familie, Gemeinschaft, Sippe
Klasse: neutral
Meditation: Mannaz steht für Tradition, Verbindung zu den Ahnen und den Menschen in unserem Umfeld, aber auch zur Natur und der spirituellen Welt und unserem Umgang damit. Mannaz vereinigt das Wissen vieler Generationen und macht es zugänglich.
Anwendung: Amulett gegen Trennungs- und Lösezauber. Für Anfänger nicht geeignet.

Meditation: Bei der Meditation mit dieser Rune geht es vorrangig um dich und die Menschen in deinem Umfeld. Es geht darum, dich selbst und deine Verbindung zu anderen Menschen zu erkennen. Dabei orientiert sich Mannaz an den Gemeinsamkeiten und sucht das Verbindende. Unterschiede werden nicht ignoriert, jedoch stehen sie auch nicht im Vordergrund. Vielmehr geht es um die Fähigkeit des Menschen, Fragen des Lebens zu stellen und Herausforderungen für und mit der Gemeinschaft anzunehmen. Mannaz ist ein Spiegel des Selbst, der dir hilft, dein Verhältnis zu den Menschen in deinem Umfeld zu reflektieren.

Runen und Religion | Laguz

An dieser Stelle möchte ich noch ganz kurz auf den Zusammenhang von Runen und Religion eingehen. Allgemein wird meist von nordischer Mythologie und nordischer Religion gesprochen. Wir sollten uns jedoch der Tatsache bewusst sein, dass die nordische Mythologie nicht mit der nordischen Religion gleichzusetzen ist. Auch gab es ein zusammenhängendes religiöses System, also eine Religion im modernen Sinn, in vorchristlicher Zeit nicht. Des besseren Verständnisses wegen werde ich aber dennoch weiterhin die bekannten Verallgemeinerungen benutzen.

Als moderne Runer sind wir heute von der nordischen, kontinental-germanischen und keltischen Mythologie und Religion beeinflusst. Selbst der sibirische und samische Schamanismus und später sogar Wicca und Paganismus übten Einfluss aus. Die eigentliche Runenarbeit hat sich dadurch nur unwesentlich verändert. Wir sind durch diese Einflüsse auch nicht zu Hexen oder Neuheiden geworden. Wir bleiben Runer mit unseren ganz eigenen, teils sehr individuellen Beziehungen zu Göttern und Wesen. Vorschriften und Regeln bezüglich einer Religion gibt es bei uns nicht.

Rituale

Aus den ältesten Aufzeichnungen sind das Odinsritual und das Ritual der Völva bekannt. Das Odinsritual war ursprünglich jährliche Pflicht für jeden Runer. Nach der Aufteilung in die vier Spezialisierungen blieb es Pflicht für die runischen Schamanen. Es ist ein Dank an den obersten nordischen Gott. Die Völva galt ursprünglich als die einzige Spezialisierung der Runer. Für sie galten besondere Ansprüche. So musste das Pflichtritual der Völva viermal jährlich durchgeführt werden. Dabei wird der Wanin Freyja für ihre Unterstützung gedankt, es werden ihr Opfer dargebracht und ihre weitere Unterstützung erbeten. Mit der Einteilung in die Spezialisierungen Schamane, Heiler und Krieger im 18. Jahrhundert wurden Pflichtrituale für Heiler und Krieger geschaffen. Auch diese sind den jeweiligen Göttern gewidmet. Weitere Rituale sind teils bereits seit dem 17. Jahrhundert bekannt. Es lässt sich jedoch nicht mehr klären, ob sie neu geschaffen bzw. übernommen wurden oder ob sie bereits früher bekannt waren. Bei allen diesen Ritualen werden bestimmte nordische Götter angesprochen. Das verpflichtet einen Runer jedoch nicht zum Heidentum oder einer anderen Religion.

Feste

In den ältesten Aufzeichnungen werden die Sonnenwenden und die Tagundnachtgleichen (Sonnenfeste) benannt. Neben den Feierlichkeiten waren sie hauptsächlich Termine für Ritualmagie. Die Mondfeste Imbolc, Beltaine, Lammas (Lughnasadh) und Samhain feiern wir erst seit Anfang des 20. Jahrhunderts.

Entwicklung

Der Umgang mit Runen, das Anfertigen von magischen und Ritualgegenständen, folgt festen Regeln. Durch neue Erkenntnisse wurden diese Regeln jedoch immer wieder angepasst. Grundsätzliche Änderungen gab es jedoch nicht. Im öffentlichen Auftreten leben wir im Hier und Jetzt. Wir fahren mit Auto, Fahrrad oder dem öffentlichen Nahverkehr zum Ritualplatz. Wir tragen Alltagskleidung und tun nicht so, als wären wir „alte Germanen". Wenn wir zu Ritualen besondere Kleidung tragen, dann weil es uns selbst angemessen erscheint. Die Opfergans kaufen wir auf dem Bauernmarkt oder zur Not auch beim Discounter. Im Umgang mit den Göttern halten wir es ähnlich, wie die Neuheiden: Wir knien nicht demütig, sondern stehen aufrecht und streiten mit ihnen, wer das letzte Stück Kuchen bekommt. Und manchmal gewinnen wir sogar.

Nicht verändert hat sich jedoch der Bereich der Ritualmagie. Sie folgt überlieferten, streng festgelegten Regeln und Abläufen, von denen nicht abgewichen werden darf. Ritualmagie wird auch heute noch exakt so praktiziert, wie vor Hunderten von Jahren. Manche Dinge ändern sich also, andere werden bewahrt und erhalten und das ist gut so.

Laguz (Wasser)
Phonetisch: L
Bedeutung: Intuition, Unterbewusstsein, verborgene Ängste
Klasse: neutral
Anwendung: Amulett gegen Unfälle und allgemein gegen unvorhersehbare negative Ereignisse. Als Talisman für Anfänger nicht geeignet.
Meditation: Die Meditation mit Laguz fühlt sich an wie eine Reise in einer Nussschale über den Ozean. Es gibt die ruhige See mit Sonnenschein, aber auch tosende Stürme und aus dunkler Tiefe herauf greifende Krakenarme und unbekannte Ungeheuer. Laguz führt uns tief in unser Unterbewusstsein und zeigt uns unsere urtümliche Angst vor dem Unbekannten. Sie gibt uns aber auch die Kraft, diese Ängste zu überwinden.

Mit Mannaz hat der Blick in die Tiefen deines Unterbewusstseins begonnen,

Laguz setzt diesen Weg fort. Diese Rune ist – ebenso wie das Wasser, für das sie steht – eine Urgewalt. Ihre Energie kann fließen, stillstehen, schäumen und brodeln oder auch toben. Nichts kann ihr widerstehen. Sie bringt dich dazu, deine eigene Energie in dir fließen zu lassen und intuitiv zu Erkenntnissen zu gelangen.

Runen und Rituale | Ingwaz

Rituale erleichtern unser Leben und auch das Zusammenleben mit anderen Menschen. Sie werden unter den verschiedensten Vorstellungen auf der ganzen Welt durchgeführt. Wir kennen sie schon von Kindheit an. Die Gute-Nacht-Geschichten vor dem Schlafengehen, das gemeinsame Sonntagsessen oder auch das gemeinsame Singen eines Geburtstagsliedes. Das Fernsehen überträgt Bilder von großen Menschengruppen, die in China gemeinsam Tai-Chi praktizieren. Gesellschaftliche Stellung, persönliche Ansichten oder Machtpositionen verlieren dabei ihre Bedeutung.

Zu bedeutenden Ereignissen durchgeführte traditionelle Handlungen gehören zu den klassischen Ritualen. Dabei kann es sich um ein Geburtstagsfest im engen Familienkreis oder auch um ein Treffen von hunderten Menschen am Feuer zu Ostara handeln. Rituale verbinden uns miteinander und stärken das Zusammengehörigkeitsgefühl. Gemeinsame Erlebnisse wirken durch Rituale intensiver; Gefühle wie Freude, Glück und Zufriedenheit können verstärkt empfunden werden.

In unserer christlich geprägten Welt ist der Zusammenhang von Ritualen mit dem Gott klar: Sie dienen seiner Huldigung und Verehrung. Gott hat die Gebote erlassen, die Menschen (seine Kinder) halten sich daran, und alles ist gut. Tun sie es nicht, so straft Gott sie mit seinem Zorn. Um das zu verhindern und ihn wieder wohlwollend zu stimmen, vollziehen die Sünder Rituale. Es wird ein Lamm geopfert; man kniet nieder, faltet die Hände, senkt den Kopf und betet. Der sonntägliche Kirchgang, die Heilige Messe, Gottesdienst, Liturgie und eine Reihe weiterer Riten gehören zum Christentum. Es liegt mir fern, dieses Vorgehen zu werten. Für gläubige Christen ist es gut und richtig so, und nur das zählt.

Die Vorstellung von „besänftigen", „günstig stimmen" und „Sühne tun" wird häufig auch auf den Sinn von runischen und heidnischen Ritualen übertragen. Um es mal streng wissenschaftlich zu formulieren: Das ist Papperlapapp! Im germanischen Heidentum gibt es keinen Gott im Sinne von „Herr und Gebieter". Es gibt „die Götter", die um Jahrmillionen älter sind als die Menschen der Erde. Sie sind nicht unsere Herren, wir nicht ihre Diener. Bestenfalls können wir uns als ihre Enkel ansehen. Unser Verhältnis zu und der Umgang mit ihnen ist freundschaftlich und familiär. Religion und Magie sind auch sehr verschiedene Dinge. Religiöse Rituale haben im Allgemeinen nichts mit Magie zu tun, magische Rituale wiederum sind nicht an eine Religion gebunden oder von ihr abhängig. Der Religionsphänomenologe Hans-Peter Hasenfratz[36] formulierte es einmal so: „Wenn eine rituelle Handlung ohne göttliches Zutun wirken soll, ist es Zauber (=Magie); wenn man glaubt, dass es Götter sind, die etwas bewirken, ist es Religion." An dieser Stelle trennen sich heidnische und runische Rituale. Heidnische Rituale sind an eine Religion, das Heidentum, gebunden. Runische Rituale können durchaus an die heidnische Religion gebunden sein, müssen es aber nicht. Das bedeutet eben auch, dass ein Runer nicht an eine Religion gebunden ist.

Tradition

Runische Rituale sind ebenso jahrhundertealte Tradition wie neuzeitliche Erfindung. Sie dienen nicht der Beschwörung von übernatürlichen Wesen, Göttern oder Geistern, die herbeigerufen werden, um dem Magier zu dienen. Durch runische Rituale werden die dem Runer innewohnenden Kräfte geweckt und gestärkt. „Bedient" sich ein Runer dabei heidnischer Praktiken und macht sie zum Bestandteil des runischen Rituals, so ist das eine persönliche, individuelle Entscheidung. Diesbezügliche Vorschriften gibt es nicht; ein unmittelbarer Zusammenhang von runischen Ritualen und Religion besteht nicht.

Etwas anders verhält es sich im Bereich der Ritualmagie. Dort wird mit genau festgelegten, unveränderlichen Ritualen gearbeitet, die oftmals einen sehr starken Bezug zum vorchristlichen Heidentum haben. Ihre Ursprünge stammen aus der Zeit vor unserer heutigen Zeitrechnung. Magische Rituale können individuell gestaltet werden, Ritualmagie nicht; sie folgt festgelegten Regeln.

Meine Empfehlung an dich ist, dir eigene, kleine Rituale für die Arbeit mit den Runen zu schaffen. Dabei gibt es keine Vorgaben oder Regeln. Jeder kann sich eigene Rituale nach ganz individuellen Vorstellungen und Vorlieben ausdenken. Sie erleichtern nicht nur die Arbeit, sondern verhelfen durch wiederkehrende Handlungen auch, zu einem leichteren Verständnis der Runen zu gelangen. Und alles, was hilft, ist zu begrüßen.

Ingwaz (Freyr)
Phonetisch: NG
Bedeutung: Balance, Fruchtbarkeit, Wachstum
Klasse: dominant
Erkenntnis über die Verbindung des Menschen zur Erde als Ernährerin. Verbindung und Wechselwirkung von spiritueller und realer Natur.
Anwendung: Ingwaz wird für Fruchtbarkeitszauber und Sexualmagie verwendet.
Meditation: Du gehst den dritten Schritt bei der Schattenarbeit mit einer Rune und siehst dich

größeren Herausforderungen gegenüber, als zuvor. Wachstum und Veränderung sind natürliche Teile des Lebens. Ingwaz weckt die innere Kraft und das Potenzial dafür. In jedem Menschen brennt das Feuer der Kreativität. Nicht geförderte Talente und Begabungen werden erkennbar und gibst du ihnen die Chance, sich zu entfalten, so unterstützt dich Ingwaz mit ihrer Kraft dabei. Sie kann Energien formen, transformieren und für dich manifestieren.

Als Rune der Fruchtbarkeit und des Wachstums ist sie auch ganz hervorragend für Sexualmagie geeignet. (Siehe Seite 135)

Runenschrift | Dagaz

In der Runenkunde wird oft von der Prämisse ausgegangen, dass es sich bei Runen um Schriftzeichen handelt. Manches spricht jedoch gegen eine Runenschrift.

Runenschrift in Geschichte und Mythologie

Die älteste Runenreihe, das sogenannte ältere Futhark, wurde anfangs vermutlich nur bei nordgermanischen Stämmen verwendet. Ab dem dritten Jahrhundert bis zum Ende der Völkerwanderung wurde sie dann auch von den Ost- und Westgermanen übernommen. Von den rund 6.500 bisher bekannten Runeninschriften sind nur ca. 350 mit den Zeichen des älteren Futhark geschrieben worden. Besonders die Wikinger und Nordmänner benutzen ab dem 4. Jahrhundert jüngere Versionen des Futhark als Schriftzeichen. Ist es also richtig, von einer Runenschrift zu sprechen? Der Kylverstein, ein Runenstein aus dem gotländischen Stånga, wurde 1903 gefunden und auf ca. 400 n. Ch. datiert. Auf ihm befindet sich die bislang älteste gefundene vollständige Runenreihe des älteren Futharks. Neben der Runenreihe befindet sich auf dem Stein das Palindrom „sueus" sowie ein Zeichen, welches möglicherweise aus mehreren Tiwaz und Laguz zusammengesetzt ist. Über die Bedeutung und den Zweck der Zeichen wurde und wird viel spekuliert, eine Klärung erscheint jedoch sehr unwahrscheinlich. Das Original steht im Historischen Museum in Stockholm.

Entwicklung einer Runenschrift

Alle Alphabete, die aus einem Ursprungsalphabet entwickelt wurden, passen sich in der Reihenfolge der Buchstaben diesem Ursprungsalphabet an. Die Reihenfolge der Zeichen im älteren Futhark ist eine vollkommen eigene und lässt keine Rückschlüsse auf ein Ursprungsalphabet zu. Aufgrund dieser speziellen Reihenfolge wird das Futhark auch als Runenreihe und nicht als Runenalphabet bezeichnet. Vorstufen, die auf eine eigenständige Entwicklung der Runen als Schriftzeichen hinweisen, existieren nicht. Man kann Vermutungen darüber anstellen, dass solche Vorstufen auf Material geschrieben oder geritzt wurden, welches sich mangels Haltbarkeit längst zersetzt hat oder dass diese Zeugnisse im Zuge der Christianisierung vernichtet wurden. Aber das bleibt Spekulation. Es scheint so, als wären die Runen als komplette Reihe von 24 Zeichen plötzlich da gewesen. Das ältere Futhark wurde auch nie in der Alltagskommunikation oder für Aufzeichnungen verwendet. Selbst der überwiegende Teil der Inschriften, die auf Runensteinen, Schmuck und Gebrauchsgegenständen gefunden wurden, ist in Zeichen angefertigt, die aus dem älteren Futhark entwickelt wurden.

Die angelsächsische Runenreihe (Futhork) wurde auf 33 Zeichen erweitert, die altnordische Runenreihe (das jüngere Futhark) auf 16 Zeichen gekürzt. Beide Runenreihen wurden als Schriftzeichen basierend auf dem älteren Futhark entwickelt. Hier ist die Bezeichnung Runenschrift eher angebracht.

Runenschrift oder Runenmagie?

Nun stellt sich also die Frage, warum die Menschen damals eine Reihe von 24 Schriftzeichen hätten entwickeln sollen, wenn sie nicht die Absicht hatten, damit zu schreiben? Und wie konnte sich das ältere Futhark so weit verbreiten, wenn es nicht zur Kommunikation verwendet wurde? Vieles deutet darauf hin, dass die Runen ursprünglich nicht als Schriftzeichen gedacht waren, sondern magischen Zwecken dienten. Auch die Bezeichnung Rune weist eher auf ein magisches, denn auf ein Schriftzeichen hin. Abgesehen vom altnordischen rún welches sowohl für Zauberzeichen als auch für Schriftzeichen steht, wird das altenglische rūn, das gotische rūna und auch das althochdeutsche rūna mit „Geheimnis" übersetzt. Alle diese Wortformen haben ihren Ursprung im urgermanischen rūnō, welches ebenfalls die Bedeutung Geheimnis hat.

Missbrauch von Runen

Die mysteriöse Herkunft der Runen erleichterte ihren Missbrauch in der Zeit des Nationalsozialismus. Die Entstehung der Runen wurde kurzerhand zu einer rein germanischen Leistung erklärt. Zeichen des angeblich seit Urzeiten von den sogenannten Ariogermanen verwendeten, tatsächlich aber im 19. Jahrhundert von Guido von List (1848–1919) erfundenen Armanen-Futhark, wurden als magische, völkische Symbole verwendet. Das Paradoxe dabei: Aus den magischen Zeichen des älteren Futhark wurden die Schriftzeichen des jüngeren Futhark entwickelt, die wiederum Grundlage für die angeblich magischen und okkulten Zeichen des Armanen-Futhark darstellten.

Leider wirkt dieser Missbrauch bis in die heutige Zeit nach. Rechtsextreme und neonazistische Kreise verwenden auch heute noch Runen und runenähnliche Zeichen als Symbole und Erkennungszeichen. In der breiten Öffentlichkeit wird jedoch kaum ein Unterschied zwischen dem Fantasieprodukt Armanen-Futhark und

„echten" Runen gemacht. Die Kenntnisse über Runen beschränken sich oftmals auf die „SS-Rune" oder die „Odal-Rune" und so werden Runen fälschlicherweise schnell mit Rechtsextremismus in Verbindung gebracht. Wir sollten uns darauf besinnen, dass die Runen ein unpolitischer Teil unseres Kulturerbes sind und sie nicht einer kleinen Gruppe mit brauner Gesinnung überlassen.

Dagaz (Tag)
Phonetisch: D (TH)
Bedeutung: Glück, Zufriedenheit, Erfolg
Klasse: neutral
Dagaz steht symbolisch für den Wechsel von Tag und Nacht. Sie vereint die Klarheit des Tages mit der Ungewissheit der Nacht. Dagaz ist die Rune der Extreme und ein Widerspruch an sich, aber auch die Auflösung des Widerspruchs.
Meditation: Dagaz symbolisiert Gegensätze, zeigt aber auch die Verbindung von Gegensätzen auf. Tag und Nacht, Licht und Dunkelheit, männliches und weibliches Prinzip, all das sind – im weitesten Sinne – Gegensätze, die jedoch nur miteinander existieren können. Auch unser Bewusstsein und das Unterbewusstsein stellen solch einen Gegensatz dar und können zu einer dauerhaften Verbindung gebracht werden.

Ich sage es nicht umsonst immer wieder: „Runenarbeit ist immer auch Schattenarbeit". Dagaz ist die vierte Rune in Folge, die dir dabei hilft und endlich einen Weg durch das Chaos aufzeigt. Sie lässt dich wachsen und reifen.

Irrungen und Wirrungen | Othala

Nach dem Zweiten Weltkrieg und dem damit einhergehenden Missbrauch durch die Nazis waren Runen so negativ vorbelastet, dass es in Deutschland kaum Menschen gab, die sich mit ihnen befassten. Zumindest wurde es nicht öffentlich zugegeben. So manches Wissen um die Runen ging dadurch verloren.

Im Zuge der Esoterikwelle in den 1970er Jahren wurden die Runen dann „wiederentdeckt". Da schriftliche Überlieferungen weitestgehend fehlten, wurde die Wirkung und der Umgang mit Runen oftmals durch vergleichende Experimente herausgefunden. Dabei kam es jedoch zu manchen Irrtümern und Fehlern. Nicht selten hat wohl auch Fantasie und verantwortungslose Angeberei dazu geführt, dass Praktiken als „überliefert" beschrieben wurden, die mit Runen und dem Umgang mit ihnen so gar nichts zu tun haben.

Runensänger

Ein passendes Beispiel für eine Fehlinterpretation durch die Übersetzung in die deutsche Sprache ist der Begriff „Runensänger". Die Bezeichnung Runensänger stammt aus der finnischen Volksdichtung. Diese Art der Dichtung ist vermutlich bereits vor 2500 bis 3000 Jahren entstanden.

Die finnische Volksdichtung wird in drei Hauptzweige eingeteilt: Epik, Lyrik und Beschwörungen. Die Beschwörungslieder stammen aus der vorchristlichen Magie. Durch Zaubersprüche versuchte man etwa die Heilung von Krankheiten oder Jagdglück zu beschwören. Diese Lieder wurden Runen (finnisch runo) genannt. Es gab wandernde Runensänger, die ein großes Repertoire an Liedern (Runen) auswendig vortragen konnten.

Die Runensänger sangen also Volkslieder, die in Finnland als Runen bezeichnet wurden. Runensänger bedeutet daher eigentlich „Sänger einer bestimmten Art von Volksliedern". Mit dem Singen von Runen im Sinne von Runen des Futhark hat das allerdings rein gar nichts zu tun. Dennoch hält sich diese Interpretation hartnäckig.

Losen

Die Praxis des Losens, also der Vorhersagung, Divination mittels Runen, geht auf eine Beschreibung des römischen Schriftstellers und Politikers Tacitus in seiner Germania zurück. Man sollte sich aber bewusst machen, dass Tacitus das war, was wir heute als Plagiator bezeichnen würden. Er war nachweislich selbst nie in Germanien. Seine Beschreibung des Losens stammt aus zweiter Hand; Tacitus hat den Inhalt der Germania aus verschiedenen Berichten zusammengesetzt und fantasievoll ergänzt.

So ganz ohne Berechtigung ist die Divination mit Runen jedoch nicht! Wir können Runen Dinge bewirken lassen, die Außenstehenden wie Wunder erscheinen mögen. Analysiert man ein solches Wunder, reduziert es sich auf das „gezielte Schubsen von Energien" und deren Auswirkungen. Doch selbst mithilfe der Runen können wir nicht die Zeit manipulieren. Konkret in die Zukunft zu schauen, ist daher schlichtweg unmöglich. Divination mit Runen hat ihre Berechtigung, aber nicht für Wahrsagerei und esoterische Zukunftsschau.

Der Wunsch nach Sicherheit ist in uns Menschen tief verwurzelt. Zu wissen, was die Zukunft uns bringt, gibt uns Sicherheit. Leider ruft das Heerscharen von Scharlatanen und Betrügern auf den Plan. Mit psychologischen Tricks und selbstsicherem Auftreten werden Millionen mit den Hoffnungen und Ängsten Ratsuchender verdient.

Ernsthafte Divination mit Runen hat absolut nichts mit Jahrmarkts-Wahrsagerei zu tun. Als Runer wenden wir die Divination an, um Erkenntnisse über das Gegenwärtige zu erlangen. Das hilft uns, es aus einer neuen Perspektive zu betrachten. Daraus wiederum können Wege in eine mögliche Zukunft erkannt werden. Insofern ist die Divination ein sehr wichtiges und wertvolles Instrument für unser eigenes Handeln. Zukunftsprognosen für andere Menschen zu erstellen, ist allerdings schon wieder eine ganz andere Sache.

Will man im Dunkel der Nacht etwas sehen, hat man verschiedene Möglichkeiten. Man kann eine Kerze entzünden, das Licht einschalten oder auch einfach auf den nächsten Tag warten. Was man sieht, wird durchaus von der Qualität der Lichtquelle beeinflusst. Entscheidend ist jedoch die Interpretation der Impulse, die an das Gehirn gesendet werden. Bei der Divination ist es vergleichbar. Man kann Tarotkarten, eine Kristallkugel oder Runen zur Hilfe nehmen. Das Ergebnis ist jedoch entscheidend von der Interpretation des durchführenden Magiers abhängig, nicht vom verwendeten Hilfsmittel. Die Runen sollte man dabei besser außen vor lassen.

Als Runer überlassen wir das Vorhersagen der Zukunft dann doch lieber den Hexen. So manche haben die Fähigkeit, Menschenkenntnis und Lebenserfahrung für hervorragende Voraussagen.

Runensteine

Runensteine sind aufrecht stehende Steine, die mit Runeninschriften versehen sind. Der Rökstenen beispielsweise ist 3,82 Meter hoch. Die Runeninschrift ist in altnordischer Sprache. Mit rund 750 Zeichen ist es die längste bekannte Runenschrift. Solche Steine haben nicht selten ein Gewicht von mehreren Tonnen.

Runenstäbe aus dem Material Stein anzufertigen macht nur in seltenen Fällen Sinn und gerade Anfänger sollten es tunlichst vermeiden. Die direkte Abstrahlung der Energie über den Stein führt oftmals zu Fehlern in der Interpretation. Dennoch werden Runenstäbe oft fälschlich als Runensteine bezeichnet.

Runenwasser

Aus der Steinheilkunde stammt die Praxis, Kristalle und Edelsteine in Wasser zu legen, damit dieses die heilende und belebende Wirkung aufnimmt. Vermutlich stammt daher die Idee, auf gleiche oder ähnliche Art etwas herzustellen, was dann als Runenwasser bezeichnet wird. Um es kurz zu machen: Das ist schlichtweg Unsinn.

Runen und Materialien

Im Internet finden sich manche Listen, in denen einzelne Runen bestimmten Bäumen, Farben, Edelsteinen, Blumen usw. zugeordnet werden. Nun trifft es z. B. durchaus zu, dass sich bestimmte Holzsorten besonders gut als Basismaterial für Runen eignen. Das ist jedoch immer abhängig vom Verwendungszweck, der Art der Weihe und ganz besonders vom Runer. Verallgemeinerungen sind dabei nicht angebracht, respektive nur in sehr grober Form und als Empfehlung sinnvoll.

Runenyoga

Immer wieder ein Brüller! Als Runengymnastik wurde es in den 1920er Jahren aus dem fernöstlichen Yoga und Elementen der völkischen Freikörperkultur entwickelt. Karl Spiesberger[37] versuchte es nach dem Krieg neu zu beleben, doch erst in den 1970er Jahren kam auch der amerikanische Okkultist Stephen Flowers[38] auf das Thema und löste durch seine Bücher eine weltweite Renaissance der Runemagie aus. Leider führte das auch zu einer Wiederbelebung des Runenyoga, da es fälschlicherweise als uralte Praxis beschrieben wurde, mittels der man Verbindung zu den Runen aufnehmen könne.

Vor vielen Jahren versuchte eine Gruppe, mich von den Vorteilen des Runenyoga zu überzeugen. Ich erinnere mich noch gut an ein junges Mädchen in einem Bikini aus Briefmarken, die sich ganz langsam von der Position Isa zur Position Uruz bewegte und dort verharrte. Dieser Anblick ist der einzige Grund, der aus meiner Erfahrung für Runenyoga spricht. Ansonsten ist es nur eine etwas alberne Art von Gymnastik und nicht für ernsthafte Runenarbeit geeignet.

Es gibt eine nahezu endlose Liste mit großen und kleinen Irrtümern und Fehlinterpretationen betreffend der Runenarbeit. Das Problem dabei ist, dass viele dieser Praktiken durchaus funktionieren. Nur ist eben nicht alles, was funktioniert, auch sinnvoll und manches kann sogar kontraproduktiv sein. Es hilft nur wachsam zu sein und vermeintlich bewährte Praktiken ebenso wie die eigene Wahrnehmung immer wieder zu hinterfragen.

Othala (Besitz)

Phonetisch: O
Bedeutung: Heimat, Erbe, Boden
Klasse: ausgleichend
Erkenntnis der materiellen, geistigen und emotionalen Wurzeln. Ursprung der Kraft der Runen.
Anwendung: Für Anfänger vorerst nur zur Meditation geeignet.
Meditation: Othala symbolisiert unsere eigene Identität, unsere Träume und Wünsche, Stärken und Schwächen. Sie schützt uns, fördert unsere Talente und die Verbundenheit mit Familie und Freunden.

Auf Othala kann man sich erst dann völlig einlassen, wenn man eine gute Verbindung zu den anderen Runen hat. Die vierundzwanzig Runen des älteren Futhark bilden einen Kreis, der die materielle, spirituelle und magische Welt umfasst. Einzelne Runen bieten uns schon viel, doch erst der Kreis stellt uns ein unendliches Potenzial an Wissen, Erkenntnissen und Kraft zur Verfügung.

Herzlichen Glückwunsch!

Othala schließt den Kreis der Runen zu Fehu. Du hast viel geleistet und kannst stolz darauf sein! Vierundzwanzig Runen zu besuchen und ihr Wesen zu ergründen, ist dann doch keine ganz so leichte Aufgabe. Jetzt heißt es dran bleiben und die neuen Freunde nicht zu vernachlässigen. Es gibt noch sehr viel zu entdecken und zu erfahren! Deine erste Reise mit und zu den Runen hast du beendet, doch sie ist nur der erste Schritt auf einer immerwährenden Reise. Eine Reise durch das Leben, zu und mit den Runen und nicht zuletzt auch zu dir selbst. Ich wünsche dir auf dieser Reise Glück und Erfolg!

Teil IV (Praxishilfen)

Der Ahnenteller

Wie der Name sagt, ist es ein Teller, der für die Ahnen gedacht und auch nur für sie reserviert ist. Er ist sowohl Ritual als auch Ritualgegenstand. Aus welchem Material er besteht und ob er selbst angefertigt, auf einem Flohmarkt gekauft oder im Internet bestellt wird, ist nicht wichtig. Vertraue auf dein Bauchgefühl. Wenn er sich richtig anfühlt, dann ist er es auch.

Dieser Teller (eine Schale ist auch geeignet) kann ganz nach Belieben gestaltet werden. Bemalt mit einem Weltenbaum, verziert durch Schnitzereien (keine Runen!) oder auch ergänzt durch einen Bilderrahmen mit Fotos kürzlich verstorbener. Was sich richtig anfühlt, ist auch richtig. Zu dem Teller gehört in jedem Fall eine Kerze oder Laterne. Wir benutzen häufig eine Petroleumlampe, die wir in der Ruine eines Pferdestalls gefunden und aufgehübscht haben. Erst viel später haben wir erfahren, dass sie tatsächlich einem unserer Vorfahren gehört hat. Ob nun eine Kerze direkt auf den Teller gestellt oder eine Laterne daneben aufgehängt wird, ist auch nicht wichtig. Die Flamme symbolisiert das Licht, das den Ahnen den Weg zu uns weisen soll. Wenn die Flamme brennt, erfüllt sie ihren Zweck.
Auf diesem Teller bieten wir den Ahnen Speisen an. Dazu müssen wir nicht nachforschen, was unsere Ahnen im Mittelalter für Speisen zu sich genommen haben. Dann würden wir ja nur diejenigen unserer Ahnen einladen wollen, die zu der entsprechenden Zeit gelebt haben. Wir müssen auch nicht ganz besonders feine Speisen zubereiten. Das, was bei uns auf den Tisch kommt, ist es, was wir teilen möchten. Der Teller soll auch nicht unter einem Berg von Speisen verschwinden; einige symbolische Stücke sind ausreichend. Es ist aber angebracht, den Teller schön herzurichten. Immerhin ist er für unsere Ehrengäste gedacht und sollte daher schon ansprechend aussehen.

Ist die Speise auf dem Teller angerichtet und das Licht entzündet, rufen wir die Ahnen an und laden sie zu uns ein. Sprich dazu die Vormütter und Vorväter an, die Vorfahren oder die Ahnen, aber nicht einzelne Personen, das wird nicht funktionieren. Wähle die Worte, die dir angemessen erscheinen, aber sprich mit den Ahnen so, wie mit deinen Freunden und Familien. Für schwülstiges Gelaber a la „Oh ihr Ahnen, ehret mich mit eurer Anwesenheit" gibt es kaum Verständnis. Dann schon lieber „Essen ist fertig"!

Die Einladung kann bedenkenlos mit der Bitte um Unterstützung, Beistand oder auch Unterweisung verbunden werden. Wir laden sie ja zu uns ein, weil wir etwas von ihnen wollen und sei es nur das Gefühl der Geborgenheit oder der Zusammengehörigkeit. Zu geben haben wir ihnen nichts als das Gedenken an sie und dazu müssen sie nicht extra zu uns kommen. Da es also ohnehin klar ist, dass wir eine Bitte an sie haben, sollten wir das auch gleich mit der Einladung klarstellen. Im Umgang mit Runen zählt nur Ehrlichkeit und Offenheit. Mit den Ahnen sollten wir das auf keinen Fall anders handhaben.

Dieses kleine Ritual kann in die Jahreskreisfeste eingebunden werden oder Bestandteil anderer Rituale sein. Es ist sehr hilfreich bei einer schamanischen Reise und kann ebenso bei der Runenmeditation und beim Ritzen und Weihen von Runen helfen. Die Verbindung zu unseren Ahnen gehört einfach zur Runenarbeit und wird sehr gut durch den Ahnenteller repräsentiert.

Ist das Fest oder Ritual, bei dem wir den Ahnenteller verwendet haben, beendet, bedanken wir uns bei den Ahnen für ihre Anwesenheit und für ihre Unterstützung. Die angebotenen Speisen werden im Anschluss entweder in ein fließendes Gewässer gegeben, in der Erde vergraben oder verbrannt.

Sollte es einmal vorkommen, dass Kinder oder Personen, die die Bedeutung des Ahnentellers nicht kennen, von den Speisen kosten, ist das kein Grund zur Panik. Erkläre ihnen einfach die Bedeutung und stelle dabei klar, dass solch ein Versehen kein unverzeihliches Sakrileg darstellt.

Einhaseln

Bei modernen Heiden, Hexen, Magiern und vielen anderen ist er weit verbreitet: Der Schutzkreis oder auch einfach Kreis. Er wird gezogen, um den Ritualplatz als geschützten Ort zu markieren. Nach dem Ritual wird der Kreis wieder geöffnet. Runer gehen mit dem Einhaseln in gewisser Weise noch einen Schritt weiter. Es wird nicht nur ein symbolischer, sondern auch ein materieller Schutz um den Ritualplatz herum errichtet. Zufällig vorbeikommende Zaungäste überschreiten eher einen in den Boden gezeichneten Kreis als einen abgesteckten Ring aus Haselzweigen. Und einen echten magischen Schutz, der ungebetene Gäste fernhält, sollte man vermeiden.

In der ursprünglichen Beschreibung gab es keine Hinweise zur Länge und Stärke der Haselstecken. Später wurden sie dann recht ungenau als „bis Mannshoch" beschrieben. Die Stärke soll so sein, dass man beim Umfassen mit der Spitze des Mittelfingers den Daumenballen berührt. Also 1–2 Meter lang und 3–5 Zentimeter Durchmesser, dann passt das schon.

Der Stecken wird nicht entrindet, jedoch werden alle Zweige entfernt. Nur am oberen Ende bleiben ein oder zwei seitliche Zweige erhalten. Auch hier gibt es keine konkreten Anweisungen, aber mit 5–25 Zentimetern Länge macht man nichts falsch. Ob man diese seitlichen Zweige länger oder kürzer schneidet, ist wohl eher eine Frage der Transportmöglichkeit. Diese Zweige dienen dazu, um Gegenstände daran aufzuhängen. Zu Samhain ein paar Ährengarben oder Gräser, zu einer Familienfeier bunte Bänder, zu anderen Anlässen Talismane oder Amulette.

Die Haselstecken werden „gesetzt". Das bedeutet, dass mit einem Messer Löcher in die Erde gebohrt werden und dann die Haselstecken hineingesetzt werden. Nicht in den Boden rammen und weiter zum nächsten, sondern mit Bedacht „setzen". Dazu wird der Stecken mit beiden Händen umfasst, in das Erdloch eingeführt und festgedrückt. Dabei soll er (laut oder in Gedanken) gebeten werden, den Ritualplatz gegen alle Störungen zu schützen. Vier Stecken reichen zur Not aus, sechs bis acht sind besser, bei zwölf ist die Grenze des Sinnvollen meist erreicht. Findet das Ritual an einem stehenden oder fließenden Gewässer statt, sollte der Bereich zum Wasser hin nicht eingehaselt werden. Wasser bildet einen natürlichen Schutz, ein zusätzlicher Schutz durch Haselstecken ist nicht sinnvoll.

Das Einhaseln ist ein in sich geschlossenes Ritual, welches sich hervorragend mit anderen Ritualen verbinden lässt. Es ist kein eigenes, zum Beispiel als „Aushaseln" benanntes Ritual bekannt oder vorgeschrieben. Die Haselstecken werden nach Gebrauch wieder eingesammelt und mitgenommen. Ich empfehle aber, wie folgt vorzugehen: Man stellt sich vor einem Stecken auf und umfasst ihn mit beiden Händen. Dann dankt man ihm (wieder laut oder in Gedanken, ganz nach eigenem Geschmack) für den Schutz und zieht ihn langsam aus der Erde.

Dabei sollte man darauf achten, ob der Stecken eventuell noch mit Energie aufgeladen ist. Zieht man ihn langsam heraus, so entweicht diese Energie in die Erde. Läuft man einfach den Kreis ab und rupft die Haselstecken wie Knüppel aus der Erde, so ist das einerseits respektlos gegenüber ihrer Arbeit zu unserem Schutz und andererseits kann man leicht eventuell vorhandene Energien (auch negative!) wild in der Gegend verteilen. Das muss ja nun wirklich nicht sein!

In einer der bekanntesten Isländersagas, der „Egils saga Skallagrímssonar" aus dem Anfang des 13. Jahrhunderts, heißt es dazu:

„Dort, wo das Gericht seinen Platz hatte, war ein ebenes Feld, und rund um das Feld waren Haselstangen gesteckt, und außen ringsum war eine Schnur gezogen; das nannte man die Weihebänder."

Holzarten

Im Folgenden möchte ich dir einige gängige einheimische Holzarten, die sich als Basismaterial für Runen eignen, etwas genauer beschreiben. Leider wird immer wieder eine Holzart einer bestimmten Rune zugeordnet. Berkana der Birke, Eihwaz der Eibe und so weiter. Legt man sich darauf fest, schränkt man sich jedoch selbst unnötig ein. Welches Holz man für welche Rune verwendet, hängt sehr viel mehr von dem gewünschten Verwendungszweck ab. So harmoniert Berkana mit Birkenholz tatsächlich ganz wunderbar, wenn es um Wachstum, Fruchtbarkeit oder Schutz geht. Doch Berkana ist auch eine sehr mächtige Kampfrune! Aber eben nicht unbedingt auf Birke. Es sollte in jedem einzelnen Fall geprüft werden, welches Holz man verwendet. Vorschriften sind dabei nicht sinnvoll.

Ahorn

Der Ahorn ist in den gemäßigten Klimazonen auf der Nordhalbkugel zu finden. Er ist schnellwüchsig und erreicht ein Alter von bis zu 150 Jahren. Die Bäume stehen einzeln oder in Gruppen in Gärten und Parks und werden auch zur Begrünung von Straßenböschungen und Dämmen angepflanzt. Die Blätter sind meist durch tiefe Buchten in fünf Lappen geteilt, die netzrissige Borke ist grau bis schwarzbraun.

Eigenschaften: Das Kern- und Splintholz sind fast gleichfarbig, weiß bis gelblich-weiß, mit einer schlichten Textur. Der Bergahorn ist die hellste der Holzarten und beinahe weiß, mit zunehmendem Alter des Holzes setzt dann aber ein deutliches Vergilben ein, wie bei allen Ahornarten. Der Spitzahorn bewegt sich farblich zwischen gelblichen und teilweise leicht grauen Tönen, während der Feldahorn überwiegend deutlich rötlichere Töne hat, an denen man ihn gut erkennt. Ahornholz ist mittelhart und relativ leicht, mit einer vergleichsweise hohen Festigkeit. Es ist elastisch, zäh, gut spaltbar und leicht zu bearbeiten, aber sehr anfällig für Pilzbefall. Frisches Ahornholz sollte aufrecht stehend vorgetrocknet werden, da es sich sonst leicht verfärbt.

Rohdichte Mittelwert: 610 kg/m³

Biegefestigkeit: 103 N/mm²

Sonstiges: Der Zucker-Ahorn ist über weite Teile des nordamerikanischen Ostens von Kanada bis in die südlichen USA verbreitet. Seine Laubblätter tragen wesentlich zu den als „Indian Summer" bekannten leuchtend roten Spätsommerwäldern von Teilen Nordamerikas bei. Aus dem Phloemsaft des Zucker-Ahorns wird der berühmte Ahornsirup hergestellt.

Birke

Die Birke ist in Europa heimisch. Größere, zusammenhängende Bestände findet man vornehmlich im Norden Europas. In Mitteleuropa wächst sie in kleinen Gruppen oder vereinzelt, in Südeuropa teilweise nur als Gebirgsholzart. Die Bäume werden ca. 20 bis 25 m hoch und bis zu 120 Jahre alt. Die Rinde ist weiß, mit schwarzen, tief gefurchten Längsrissen.

Eigenschaften: Birkenholz hat eine blassgelbe oder rötlichweiße bis hellbraune Farbe und in der Regel kein farbiges Kernholz. Es vergilbt nur wenig, dunkelt aber stark nach. Es ist mittelschwer, mittelhart, elastisch und zäh, biegsam, aber nicht gut zu spalten. Das Holz lässt sich gut trocknen, neigt aber zum Verwerfen. Länger anhaltende Feuchteeinwirkung führt zu unerwünschten Verfärbungen. Daher sollte es möglichst schnell vorgetrocknet werden. Birkenholz ist anfällig für Insekten- und Pilzbefall.

Rohdichte Mittelwert: 650 kg/m³

Biegefestigkeit: 134 N/mm²

Sonstiges: Die Birke gilt als Sinnbild des Frühlingserwachens und der Wiedergeburt. Aus Birkenrinde gewonnenes Birkenpech wurde bereits in der Altsteinzeit als Klebstoff verwendet. Später nutzte man den aus der Birkenrinde ausgekochten Birkenteer zum Abdichten von Fässern und auch Booten. Die Wikinger nutzten Birkenrinde auch als Papierersatz zum Beschreiben. Dünne Birkenrinde eignet sich auch als Verbandmittel, da einige Inhaltsstoffe, besonders Betulin, welches auch für die weiße Färbung verantwortlich ist, die Wundheilung fördern. Der Stab einer Völva wird aus Birkenholz gefertigt.

Buche, Rotbuche

Die Rotbuche kommt hauptsächlich in Mittel- und Westeuropa als Baum oder Strauch vor. In Deutschland ist sie der am weitesten verbreiteste Laubbaum und findet sich sowohl in Mischwäldern als auch in größeren reinen Beständen vor allem im Flachland und in den Mittelgebirgen. Die Bezeichnung „rot" bezieht sich auf die leicht rötliche Färbung des Holzes. Rotbuchen können bis zu 300 Jahre alt werden und erreichen eine Höhe von 30 bis 35, selten bis 45 Metern.

Eigenschaften: Buchen gehören zu den Kernholzbäumen. Splint- und Kernholz sind gleichermaßen blaßgelblich bis rötlichweiß, gedämpft rötlichbraun. Das Holz hat eine feinporige, gleichmäßige Struktur und keine auffällige Zeichnung. Das Holz der Buche ist mittelschwer bis schwer. Es ist sehr hart, zäh, wenig elastisch und besitzt eine gute Festigkeit. Trotz seiner großen Härte ist Buchenholz sehr gut spaltbar und bearbeitbar. Rotbuchenholz muss sehr langsam getrocknet werden, da es zu Verwerfungen neigt und schnell Risse bekommt.

Rohdichte Mittelwert: 690 kg/m³

Biegefestigkeit: 118 N/mm²

Sonstiges: In seiner Germania schreibt der römische Schriftsteller und Politiker Tacitus um 98 über die Germanen: „Auf Vorzeichen und Losorakel achtet niemand so viel wie sie. Das Verfahren beim Losen ist einfach. Sie schneiden von einem fruchttragenden Baum einen Zweig ab und zerteilen ihn in kleine Stücke; diese machen sie durch Zeichen kenntlich und streuen sie planlos und wie es der Zufall will auf ein weißes Laken." Aus diesen kleinen Stücken (= Stäben) und dem möglichen Material Buche wurden Buchenstäbe. Daher leitet sich vermutlich das Wort Buchstabe ab.

Buche, Hainbuche

Obwohl namentlich verwandt, gehören Hainbuche und Rotbuche verschiedenen botanischen Familien an. Die Hainbuche gehört der Familie der Haselnussgewächse (Carpinaceae) und wird oft auch der Familie der Birkengewächse (Betulaceae) zugerechnet. Sie ist in weiten Teilen Europas bis zum Kaukasus verbreitet und häufig in Mischwäldern, selten in reinen Beständen zu finden. Die Bäume werden zwischen 20 und 25 Meter hoch und bis zu 150 Jahre alt.

Eigenschaften: Die Hainbuche hat eine dunkelgraue, auch im Alter ziemlich glatte Rinde mit hellem Netzmuster. Das Holz ist von gleichmäßig heller, grauweißer bis gelblichweißer Färbung. Splint- und Kernholz unterscheiden sich nicht farblich. Die Jahresringe sind erkennbar, treten aber nicht deutlich hervor. Das Holz der Hainbuche ist das schwerste der einheimischen Baumarten. Es ist sehr dicht und hart, zäh und elastisch und wird auch als Eisenholz bezeichnet. Seine Bruchfestigkeit ist noch größer als die der Eiche. Trotz dieser Härte lässt es sich gut bearbeiten und mittelschwer spalten. Hainbuchenholz muss sehr langsam getrocknet werden, da es zu Verwerfungen neigt und schnell Risse bekommt. Unter Sonneneinwirkung neigt es zum Vergilben.

Rohdichte Mittelwert: 690 kg/m³

Biegefestigkeit: 114 N/mm²

Sonstiges: Die Hainbuche neigt zu Stockausschlag und ist dadurch das ideale Gehölz für die Anlage von Hecken. Schon zu alten Zeiten wurden Felder und Viehweiden mit dicht gepflanzten Hainbuchen abgegrenzt. Diese Anpflanzungen wurden als Hag bezeichnet, daher ist der Baum auch unter dem Namen Hagebuche bekannt.

Eberesche

Die Eberesche, auch als Vogelbeere oder Elsbeere bekannt, ist ein sommergrüner, mehrstämmiger Strauch oder Baum mit einer Wuchshöhe von fünf bis zehn Metern. Das Hauptverbreitungsgebiet liegt in den Mittelgebirgen. Ihre Rinde ist glatt und silbrig-grau, später schwärzlich und längsrissig.

Eigenschaften: Die Struktur des Ebereschenholzes wirkt schlicht, aber elegant. Der Faserverlauf ist sehr unregelmäßig, Jahresringe sind im Holz gut erkennbar. Ebereschenholz ist nur mäßig hart, dabei aber dicht und schwer. Zum Bearbeiten ist ein hoher Kraftaufwand und gehärtetes Werkzeuge nötig. Die Trocknung sollte langsam erfolgen, da eine hohe Neigung zur Rissbildung und zu Verwerfungen besteht. Das Kernholz älterer Ebereschen ist sehr hart und dauerhaft, vergleichbar mit Eichenkernholz. Das Splintholz ist elastisch-feinfasrig und eignet sich daher sehr gut zu Schnitzarbeiten.

Rohdichte Mittelwert: 750 kg/m³

Biegefestigkeit: 100 N/mm²

Sonstiges: In der germanischen Mythologie galt die Eberesche als Glück bringender Baum. Sie war den Germanen als Thor geweihter Baum heilig. In der Snorra-Edda (Skáldskaparmál 18) wird beschrieben, wie sich Thor an einem Ast der Eberesche aus dem Fluss Wimur zog.

Keltische Druiden glaubten, mit ihrer Anpflanzung Unheil von Orten verbannen zu können, Zauber und Hexen fernzuhalten.

Eibe

Nadelhölzer sind vermutlich wegen ihres Harzgehaltes für die Runenarbeit weniger gut geeignet als Laubhölzer. Mit Ausnahme der vollkommen harzlosen Eibe! Sie ist der älteste heimische Nadelbaum. In Europa ist die europäische Gemeine Eibe als immergrüner, bis zu 20 Meter hoher Baum am bekanntesten. Sie kann bis zu 2000 Jahre alt werden. Häufig wächst sie vom Grunde an mehrstämmig. Alle Teile des Baumes, mit Ausnahme des roten, fleischigen Samenmantels der Früchte, enthalten das Gift Taxin, das bei Mensch und Tier zu lebensgefährlichen Vergiftungen führen kann. Noch im Mittelalter war die Eibe weit verbreitet, heute ist sie eher selten. Das harte und elastische Holz war sehr begehrt für die Herstellung von Bögen und Armbrüsten.

Eigenschaften: Das zumeist schmale Splintholz ist gelblichweiß, das Kernholz rötlich bis rotbraun gefärbt. Es dunkelt stark nach. Eibenholz ist schwer, sehr hart und fest und dabei zäh und elastisch. Es ist witterungsfest und nicht anfällig für Pilz- und Insektenbefall. Aufgrund der Holzeigenschaften kann sich die Bearbeitung durchaus schwierig gestalten.

Rohdichte Mittelwert: 650 kg/m³

Biegefestigkeit: 85 N/mm²

Sonstiges: „Vor Eiben kann kein Zauber bleiben", sagt ein altes Sprichwort. Schutz und Abwehr sind die großen Stärken dieses Holzes. Der Energiefluss in Eibenholz ist sogar wesentlich stärker als in Bernstein. Trägt eine werdende Mutter ein Eibenamulett mit Bergerune, so wird das ungeborene Leben geschützt. Die Kampfstäbe runischer Krieger werden aus Eibenholz, alternativ aus Eichen- oder Hainbuchenholz angefertigt. Die Eibe besitzt eine einzigartige Fähigkeit zur Regeneration. Im Alter von mehreren Jahrhunderten werden Eibenstämme im Inneren hohl. In diesem Hohlraum bilden sich sogenannte Innenwurzeln, die zu Innenstämmen werden und nach und nach die Krone des Baumes regelrecht übernehmen.

Eiche

Unter dem Namen Eiche werden im deutschsprachigen Raum die zwei botanischen Arten Stieleiche und Traubeneiche zusammen gefasst. Da ihre Holzeigenschaften aber sehr ähnlich sind, wird nur von Eichenholz gesprochen. Die Stieleiche ist ein 20 bis 40 Meter hoher Baum und erreicht einen Stammdurchmesser bis drei Meter, im Freistand bis zu 8 Meter. Ihr Höchstalter liegt bei 500 bis 1000 Jahren, in Ausnahmefällen bis zu 1400 Jahren. Ihre Rinde ist in der Jugend glatt und schwach grau-grün glänzend, später wird eine dicke, tief längsrissige, graubraune Borke gebildet. Die Eiche gehört zu den europaweit wichtigsten Baumarten.

Eigenschaften: Das Holz der Eiche unterscheidet sich in Splint- und Kernholz. Der schmale Splint ist grauweiß, das Kernholz gelbbraun bis mittelbraun gefärbt und dunkelt stark nach. Eichenholz ist schwer, hart und dennoch elastisch. Es trocknet sehr langsam, lässt sich gut spalten und bearbeiten. Eichenholz verzieht sich kaum und ist sehr resistent gegen Umwelteinflüsse.

Rohdichte Mittelwert: 690 kg/m³

Biegefestigkeit: 92 N/mm²

Sonstiges: Die Germanen weihten die Eiche ihrem Gott Donar. Alte und ehrwürdige Exemplare standen als sogenannte Donareichen unter ihrem besonderen Schutz. Bis heute gilt die Eiche in vielen Kulturen Europas als Sinnbild für Standhaftigkeit, Weisheit, Treue und Heldentum. Eicheln und Eichenlaub zieren Münzen, Wappen und Rangabzeichen. Die Rinde, das Laub und die Früchte der Eiche sind sehr gerbstoffhaltig und wurden daher in der Ledergerberei eingesetzt.

Erle

Die Erle gehört zur Familie der Birkengewächse und ist in vielen Gebieten auf der Nordhalbkugel heimisch. Schwarzerlen erreichen eine Höhe von ungefähr 30 m und ein Lebensalter von 100 bis 120 Jahren. Weißerlen werden nur ca. 10 bis 15 m hoch und kaum älter als 50 Jahre. Erlen, vor allem die Schwarzerlen, wachsen vornehmlich entlang der Ufer von Gewässern und an besonders feuchten Standorten.

Eigenschaften: Erlenholz ist mittelschwer bis leicht und weich, sehr gut zu spalten und zu bearbeiten. Seine Struktur ist gleichmäßig und mit geraden Fasern. Es ist wenig fest und kaum elastisch, in etwa vergleichbar mit dem Holz der Linde. Beim Trocknen neigt es kaum zum Reißen oder Verwerfen. Splintholz und Kernholz der Erle unterscheiden sich nicht. Das Holz ist rötlichweiß oder rötlichgelb bis rötlich gefärbt und dunkelt unter Lichteinwirkung nach. Die Jahresringe sind mäßig stark ausgeprägt.

Rohdichte Mittelwert: 550 kg/m³

Biegefestigkeit: 92 N/mm²

Sonstiges: Frisch geschlagenes Schwarzerlenholz färbt sich deutlich rot. Dieses „bluten" und weil Erlen oft auf sumpfigen, unwegsamen Standorten wachsen, verlieh ihnen eine besondere mythologische Bedeutung. Man fürchtete das rothaarige Erlenweib, welches als Verkörperung der Erle angesehen wurde und betrachtete die Erle als den Baum des Teufels. Nach dem Prinzip des Gegenzaubers sollte Erle also speziell für Amulette geeignet sein. Tatsächlich eignet es sich jedoch noch besser für Talismane und neben Hasel und Linde ist es die beste Wahl für einen Laidon.

Esche

Eschen kommen in ganz Europa und bis zum Kaukasus und Kleinasien vor. Die einheimische gemeine Esche gehört der Gattung Fraxinus aus der Familie der Ölbaumgewächse an. Sie ist ein sommergrüner, bis 40 Meter hoher Baum mit grauer, längsrissiger und breit gerippter Rinde. Die gemeine Esche wird etwa 250 bis 300 Jahre alt und kann Stämme von 1 m Dicke bilden. Sie ist einer der hochwüchsigsten Laubbäume der heimischen Flora.

Eigenschaften: Kern- und Splintholz sind in der Regel gleichfarbig weißlich bis gelblich oder weißrötlich gefärbt. Teilweise bildet sich ein hell- bis dunkelbrauner Farbkern heraus, der sog. Braunkern. Eschenholz ist schwer und zugleich hart. Seine sehr guten Festigkeitseigenschaften sind durchaus mit denen des Eichenholzes vergleichbar. Es ist zäh und von hoher Elastizität, wie kaum ein anderes Holz. Esche lässt sich gut spalten und bearbeiten.

Rohdichte Mittelwert: 690 kg/m³

Biegefestigkeit: 112 N/mm²

Sonstiges: Bereits zu uralter Zeit stellte man aus Eschenholz Lanzen, Speere und Pfeile her. Selbst die griechische Mythologie schwärmt von seinem Nutzen als Waffenholz. So soll Achilles den trojanischen Helden Hektor mit einem Eschenspeer besiegt haben.

Hasel

Der gemeine Hasel ist ein sommergrüner, vom Grund an meist vielstämmiger, 2–6 m hoher Strauch, der in Mitteleuropa vom Norddeutschen Tiefland bis zu 1400 m Höhe in den Alpen vorkommt. Er gehört zur Familie der Birkengewächse und erreicht ein Alter von 80 bis 100 Jahren. In seltenen Fällen wächst er als Baum und wird dann bis zu zehn Meter hoch. Hasel bildet keine Borke aus. Das Abschlussgewebe auch auf alten Zweigen ist eine glatte, glänzend graubraune Rinde.

Eigenschaften: Das Holz ist mäßig hart und zäh und besitzt eine rötlich-weiße Farbe, wobei zwischen Splint- und Kernholz kein Unterschied besteht. Es ist sehr leicht zu spalten und zu bearbeiten.

Rohdichte Mittelwert: 610 kg/m³

Biegefestigkeit: 127 N/mm²

Sonstiges: Im Volksglauben gilt ein Zweig der Haselnuss als Zauber und Unheil abwehrendes Mittel. Er eignet sich hervorragend zur Anfertigung von Laidon,

Taekhan und Schamanenstab. Mit einer Wünschelrute aus einer Haselzweiggabel lassen sich Wasseradern, Erzgänge und verborgene Schätze finden. In der Sexualsymbolik gilt die Haselnuss als Sinnbild der Wolllust und der Fruchtbarkeit, der Haselstrauch selbst als beliebter Ort der außerehelichen Liebe. Daher rührt die Redewendung „in die Haseln gehen". Und trägt diese Liebe noch Früchte, so sind die Kinder eben „aus der Hasel entsprungen". Holz, Rinde, Blätter und Blüten des Haselstrauches eignen sich sehr gut zum Räuchern.

Holzapfel

Der Holzapfel wächst als sommergrüner, bis zu 10 m hoher Baum, überwiegend jedoch als großer Strauch mit einer Höhe von 3 bis 5 Metern, mit dichter Krone. Äste und Zweige weisen mehr oder minder verdornende Kurztriebe auf. Er besitzt eine graubraune, längsrissige Schuppenborke. In Deutschland gilt der Holzapfel als bereits stark gefährdete Baumart. Die Wildart ist nicht immer deutlich von verwilderten Kultursorten zu unterscheiden.

Eigenschaften: Das Holz des Wildapfels hat eine geringe Stabilität. Es lässt sich leicht spalten und bearbeiten. Besonders für den runischen Heiler ist das Holz interessant. Verschiedene Skarja wirken im Holz des Holzapfels nachhaltiger als in jedem anderen Holz.

Rohdichte Mittelwert: k.A.

Biegefestigkeit: k.A.

Sonstiges: Kaum eine heimische Frucht kann sich mit der Symbolkraft des Apfels messen. In der griechischen Mythologie war der Fruchtbarkeitsgott Dionysos Schöpfer des Apfelbaumes. Er widmete ihn Aphrodite als Sinnbild ihrer Schönheit und Liebe. Eris, die Göttin der Zwietracht, nutzte die Frucht dagegen als Zankapfel, um Streit zu säen. Den Christen gilt der Apfel als Symbol der Unkeuschheit, Versuchung und Erbsünde. Als Paradies galt bereits den Kelten das Apfelland Avalon. Den Germanen war die Frucht das Zeichen der Mutterbrust und nährenden Liebe. In Form des Reichsapfels diente er den gekrönten Herrschern als Weltsymbol und Teil der Insignien ihrer Macht. Das Spektrum der Apfelsymbolik reicht somit von Vollkommenheit und Liebe über Begierde und Macht zu Streit und Sünde.

Kastanie

Die Rosskastanie war bereits vor der letzten Eiszeit in Mitteleuropa heimisch, wurde dann aber erst im 16. Jahrhundert wieder angesiedelt. Die Bäume werden etwa 150 bis 200 Jahre alt und erreichen im Allgemeinen eine Höhe zwischen 20 und 25 Metern. Der Stammdurchmesser bewegt sich üblicherweise zwischen 50 und 150 cm, einzelne Exemplare erreichen auch Durchmesser von über 3 Metern. Die Borke ist graubraun, grobrissig und schuppig.

Eigenschaften: Kern- und Splintholz sind gelblich-weiß bis rötlich-weiß, auch braune Tönung kommen vor. Das Holz ist mittelschwer und weich. Beim Trocknen reißt und wirft es nur mäßig. Es lässt sich leicht bearbeiten. Beim Spalten muss man jedoch etwas vorsichtiger vorgehen. Wegen des relativ starken Drehwuchses lässt sich der Spaltverlauf manchmal schwer vorhersehen.

Rohdichte Mittelwert: 550 kg/m³

Biegefestigkeit: 64 N/mm²

Sonstiges: Kastanien können eine enorme Hitze entwickeln. Wo Kastanien lagern, erhöht sich die Raumtemperatur spürbar. Vielleicht stammt daher der alte Volksglaube, dass man zur Vermeidung von Gicht oder Rheumatismus eine Kastanie in der Hosentasche mit sich tragen oder etliche unters Bett legen soll.

Linde

Linden wachsen einzeln oder gruppenweise in Mischwäldern in der Ebene ebenso wie in den unteren Stufen des Gebirges. Als Straßen- und Parkbaum wird überwiegend die Sommerlinde, zunehmend auch die Hybride aus Sommer- und Winterlinde, die Holländische Linde gepflanzt. Winterlinden erreichen im Bestand eine Höhe von 25 bis 30 Metern, Sommerlinden sogar 40 Meter. Frei stehend bildet die Linde breite Kronen aus und wächst weniger stark in die Höhe. Dabei können die Bäume einige hundert Jahre alt werden. Einzelnen Bäumen wird ein Alter von 1000 Jahren zugeschrieben.

Eigenschaften: Die Linden zählen zu den Reifholzbäumen und haben ein helles Kernholz, das sich farblich nicht vom Splintholz unterscheidet. Das Holz ist hellfarbig, weißlich bis gelblich und hat häufig einen rötlichen oder bräunlichen Einschlag und zeigt einen matten Glanz. Seltener ist es grünlich gestreift oder gefleckt. Das Holz aller drei genannten Lindenarten ist vergleichbar und auch mikroskopisch kaum sicher zu unterscheiden. Die Jahresringe sind nur undeutlich erkennbar, dementsprechend sind die Längsflächen nur sehr leicht gestreift oder gefladert. Unter Einwirkung von Sonnenlicht vergilbt Lindenholz. Es ist leicht bis mittelschwer, weich und zäh. Seine Struktur ist fein und dicht, es verfügt aber über keine guten Festigkeitseigenschaften. Nach dem Trocknen besitzt das Holz ein gutes Stehvermögen und lässt sich leicht und gut in allen Richtungen bearbeiten und spalten.

Rohdichte Mittelwert: 490–530 kg/m³

Biegefestigkeit 90–106 N/mm²

Sonstiges: Traditionell markieren große Lindenbäume wichtige Orte und Versammlungsstätten, wie etwa den Dorfplatz. Unter Linden wurde früher getanzt oder Gericht gehalten. Bei den Germanen galt die Linde als heiliger Baum. Vor der Einführung von Leinen und Hanf (also vermutlich bis zur Spätantike) verwendete man in Mitteleuropa die Fasern des weichen Lindenholzes zur Herstellung von Seilen, Matten, Taschen und Kleidung.

Nussbaum

Der Walnussbaum wird bis etwa 30 Meter hoch, mit kugeliger, breiter Krone. Die Rinde ist anfangs glatt, später tief rissig, grau. Die unteren Äste sind stark und geschwungen, kleinere Äste und Zweige sind sehr zahlreich und meist gebogen. Die Blütezeit reicht von Mai bis Juni. Ursprünglich war der Walnussbaum nur im Balkan beheimatet, jetzt ist er in weiten Teilen Europas heimisch.

Eigenschaften: Europäischer Nussbaum ist härter und schwerer als amerikanischer und kanadischer Nussbaum. Das Holz ist mäßig dicht, fest, zäh und biegsam. Der hellgraue Splint ist nur wenige Zentimeter dick, das mattbraune bis schwarzbraune Kernholz wird von unterschiedlich breiten, dunkleren Adern durchzogen. Zur Trocknung kann Nussbaum als Stamm so lange im Freien liegen bleiben, bis sich die Rinde löst. Das Holz verzieht und verwirft sich kaum, braucht aber recht lange zur Trocknung. Die Bearbeitung ist trotz der Härte relativ leicht. Nussbaum ist widerstandsfähig gegen Pilzbefall, aber nur mäßig beständig gegen Insektenbefall.

Rohdichte Mittelwert: 680 kg/m³

Biegefestigkeit: 119–147 N/mm²

Sonstiges: Nussbaumholz zählt schon seit Jahrhunderten zu den besonders edlen Möbelhölzern.

Pappel

Pappeln wachsen sehr rasch und erreichen je nach Art zwischen 25 und 40 Meter Höhe. Zitterpappeln werden etwa 100 bis 150 Jahre alt, Schwarzpappel und Silberpappel können mehrere hundert Jahre alt werden. Die Rinde bleibt lange glatt und weißlich-grau, erst später reißt sie rautenförmig auf.

Eigenschaften: Die Holzeigenschaften der Pappelarten unterscheiden sich nicht nennenswert. Pappelholz ist sehr leicht und weich, splitterfest und sehr leicht spaltbar. Es lässt sich gut trocknen und neigt nicht zum Reißen oder Werfen. Die Schwarzpappel und deren Kreuzungen gehören zu den Kernholzbäumen, d. h. ihr Kern- und Splintholz sind unterschiedlich in der Färbung. Der Kern der Schwarzpappel ist in frischem Zustand von einer hellbraunen bis grünlichen Farbe und wird mit der Trocknung zu einem helleren Rotbraun. Bei den Silber- und Graupappeln ist der Kern von rötlichgelber bis gelblichbrauner Farbe. Das breite Splintholz ist bei allen Arten grauweiß bis gelblichweiß. Bei der Zitterpappel sind das Splint- und Kernholz gleichfarbig grau- bis gelblichweiß.

Rohdichte Mittelwert: 470 kg/m³

Biegefestigkeit: 76 N/mm²

Sonstiges: Der Lebensbaum Pappel symbolisiert nach dem keltischen Baumkreis Sensibilität und Verständnis. Symbolisch stellt er einen zuverlässigen Gefährten an der Seite des Menschen durch das Leben dar. Er soll durch die Kraft der Natur in allen Lebenslagen Halt und Orientierung geben.

Platane

Breitkroniger, sommergrüner, bis 35 m hoher Straßen- und Alleebaum. Die Herkunft ist unklar, vermutlich handelt es sich um einen Bastard zwischen Morgenländischer und Amerikanischer (Westlicher) Platane. Die Rinde ist gelb bis graubraun und löst sich in größeren Lappen ab, die Blüten der Gewöhnlichen Platane erscheinen mit den Blättern. Die Früchte bleiben den Winter über am Baum, bis die Fruchtstandsachsen zerfasern und die Früchte zu Boden fallen.

Eigenschaften: Platanenholz ist klein- und zerstreutporig, weist aber auffällige Markstrahlen auf, die meist eine rötliche Färbung aufweisen und damit das Holzbild stark beeinflussen. Die Jahresringe sind ebenfalls sehr deutlich ausgeprägt. Die relativ starke Maserung wirkt recht dekorativ. Das Kernholz ist rötlich-braun bis hin zu dunkleren Brauntönen. Es dunkelt mit der Zeit geringfügig nach. Der Splint ist immer weißlich, manchmal mit sehr schwachen Rot- oder Brauntönen. Er behält seine Farbe. Das Holz der Platane ist hart, sehr zäh und schwer zu bearbeiten. Die Trocknung kann problematisch sein und erfordert wegen des starken Schwindverhalten Sorgfalt und Vorsicht. Platanenholz ist kaum resistent gegen Pilz- und Insektenbefall.

Rohdichte Mittelwert: 600 kg/m³

Biegefestigkeit: 104 N/mm²

Sonstiges: Die Platane des Hippokrates auf der griechischen Insel Kos soll mit geschätzten 2000–2500 Jahren der älteste Baum Europas sein. Eben hier soll der Arzt Hippokrates seine Schüler unterrichtet haben. Vermutlich handelt es sich bei dem heutigen Baum jedoch um einen ca. 500 Jahre alten Ableger. Die Rinde der Platane wird bei Mondfesten verwendet, um Wünsche und Hoffnungen an das Wasser des Lebens zu übergeben.

Robinie

Die Gemeine Robinie wurde im 17. Jahrhundert nach Europa eingeführt und hat seitdem eine große Verbreitung gefunden. Robinien sind schnellwüchsig und erreichen im Bestand eine Höhe von bis zu 30 Metern. Als Straßenbaum werden sie nur etwa 20 Meter groß. Ihr maximales Lebensalter wird mit 100 oder mehr Jahren angegeben. Wegen ihres ausgeprägten Wurzelsystems ist sie gut geeignet zur Befestigung von Geröllhalden oder Straßenböschungen. Die Robinie wird aufgrund ihrer Unempfindlichkeit gegenüber Luftverschmutzungen zunehmend häufiger in Innenstädten gepflanzt. Die ganze Pflanze, besonders die Früchte und die tieffrissige, graubraune Rinde sind stark giftig.

Eigenschaften: Die Robinie gehört zu den Kernholzbäumen. Der nur sehr schmale Splint ist von gelblichweißer bis hellgelber oder grünlichgelber Farbe. Das Kernholz ist gelblichgrün bis grünlichbraun oder hellbraun. Die Jahresringe treten durch die auffallend großen Poren des Frühholzes deutlich hervor. Robinienholz ist eines der schwersten einheimischen Hölzer. Es ist sehr hart und zäh und weist sehr gute Festigkeitseigenschaften auf. Es schwindet wenig und verfügt in trockenem Zustand über ein gutes Standvermögen. Das Holz der Robinie trocknet langsam. Es reißt und verzieht sich gerne. Die Bearbeitung ist gut mit allen Werkzeugen möglich.

Rohdichte Mittelwert: 730 kg/m³

Biegefestigkeit: 135 N/mm²

Sonstiges: In Mythologie und Volksglauben hat die Robinie kaum eine Bedeutung.

Stechpalme

Die Europäische Stechpalme ist ein immergrüner, bis 5 Meter hoher Strauch, wächst aber auch als bis zu 15 Meter hoher Baum mit kegelförmiger Krone und kann bis zu 300 Jahre alt werden. Junge Zweige sind grün und dicht behaart, verkahlen jedoch, wenn sie älter werden. Auch die Rinde des Stamms bleibt lange grün und bildet erst spät eine dünne schwarzgraue Borke. Die Stämme der Baumform können Durchmesser von bis zu 50 Zentimeter erreichen.

Eigenschaften: Die Textur ist fein und wirkt sehr gleichmäßig. Splint und Kern sind nicht voneinander unterscheidbar. Das sehr harte, schwerspaltige Holz hat anfangs eine fast weiße bis weiß-grünliche Färbung, dunkelt später dann aber zu einem grauen bis grau-weißen Ton nach. Das Holz ist dicht und zäh, außerdem sehr feinfaserig. Es hat durchweg gute technische Eigenschaften und bietet eine entsprechend dem Gewicht recht gute Festigkeit. Generell ist es gut glätt- und auch polierbar. Die Trocknung muss sehr umsichtig erfolgen, es neigt zum Reißen und Werfen. Stechpalmenholz weist hohe Schwindwerte auf, ist nicht witterungsbeständig, und auch nicht resistent gegen Pilz- und Insektenbefall.

Rohdichte Mittelwert: 730 kg/m³

Biegefestigkeit: k.A.

Sonstiges: Als immergrüne Pflanze und damit als Inbegriff von Wiedergeburt und ewigem Leben geht der Mythos um die Stechpalme bereits auf die vorchristlichen Kelten, Römer und Germanen zurück.

Ulme

Der sommergrüne, bis 40 m hoher Baum ist vor allem im Bereich der großen Fluss- und Stromtäler in Europa bis zum Kaukasus zu finden. Von der Ebene bis in Höhenlagen von 500 m. Im allgemeinen Sprachgebrauch spricht man beim Baum eher von der Ulme, beim Holz eher von Rüster. In Mitteleuropa sind die Feld-, Berg- und Flatterulme heimisch. Am häufigsten vertreten ist die Bergulme, die bis auf die sehr südlichen und sehr nördlichen Regionen über ganz Europa verbreitet ist. Das sog. Ulmensterben führte seit den 20er Jahren zu einer starken Verringerung der Bestände und zu einem stark rückläufigen forstwirtschaftlichen Anbau. Ursache sind zwei Pilzarten, die das lebende Splintholz befallen und so zum Tod des Baumes führen. Weder durch Züchtungen noch durch geeignete Pflanzenschutzmittel konnte dem Schwund dieser wertvollen Holzart bisher wirksam entgegengewirkt werden.

Eigenschaften: Splint- und Kernholz unterscheiden sich deutlich. Der Splint ist meist gelblichweiß, der Kern je nach Ulmenart unterschiedlich dunkel. Von lebendiger, deutlich dunklerer brauner Färbung sind Feld- und Bergulme. Das Kernholz der Flatterulme ist dagegen von blasserer, hellgrauer bis gelbbrauner Erscheinung. Das Holz der Ulme ist hart und schwer. Es ist fest, dabei relativ elastisch und zäh. Es schwindet nur gering. Nach der Trocknung weist es ein gutes Stehvermögen auf. Das Holz ist durch die hohe Festigkeit etwas erschwert zu bearbeiten. Es ist leicht zu messern, gut zu drechseln, aber schlecht zu spalten.

Rohdichte Mittelwert: 670 kg/m³

Biegefestigkeit: 65-110 N/mm²

Sonstiges: Die Feld-Ulme ist die von Ulmensterben am stärksten betroffene Art. Ein Pilz, „Ceratocystis ulmi", verursacht in den Gefäßen des Holzes Verstopfungen der Leitungsbahnen, sodass es zu einer Unterbrechung der Wasserversorgung kommt und Zweige absterben. Dieser Pilz wird durch Ulmensplintkäfer der Gattung „Scolytus" auf gesunde Bäume übertragen. Alte Feld-Ulmen sind kaum noch zu finden. Lediglich aus Wurzelsprossen hervorgegangene Jungbäume findet man noch, bis auch sie, nach beginnender Borkenbildung, infiziert werden. Die Feld-Ulme bastardiert leicht mit der Berg-Ulme.

Weide

Vorkommen in Mitteleuropa vor allem im Tiefland und in den Stromtälern bis 900 m Höhe. Sommergrüner, bis ca. 25 m hoher Baum mit steil aufgerichteten Ästen. Die Borke/Rinde ist graubraun und sehr tiefrissig. Die Silberweide wird bis zu 200 Jahre alt und bildet oft bis zu 1 m dicke Stämme. Ältere Bäume sind innen oftmals hohl.

Eigenschaften: Das Holz verschiedener Weidenarten ist optisch nicht voneinander zu unterscheiden und gleicht sich auch in den physikalischen Eigenschaften; auch dem Pappelholz ähnelt es sehr stark. Es ist grobfaserig und sehr weich, wenig elastisch und wenig fest, zugleich jedoch sehr leicht. Die Schwindung ist mäßig und es ist sehr anfällig gegenüber Pilzen und Insektenbefall. Weiden zählen zu den Kernholzbäumen mit Farbkernbildung. Die Splintholzzone ist in der Regel breit und weißlich bis gelblich-weiß, der Kern ist hellbräunlich bis rötlichbraun. Die Jahrringe sind auffällig breit und gut gegeneinander abgesetzt.

Rohdichte Mittelwert: 560 kg/m³

Biegefestigkeit: 31-37 N/mm²

Sonstiges: Die Germanen sahen die Weide als Sitz der großen Gottheiten. Weiden-äste werden auch heute noch in der Korbbinderei verwendet. Die Bäume bevorzugen einen feuchten Standort. Man findet man sie vor allem an Bächen und Flussufern oder auch in der Nähe von Teichen.

Kraftorte

Ein Kraftort fällt häufig durch sein markantes Erscheinungsbild auf. Nun müssen das nicht immer riesige Gebilde, wie zum Beispiel die bis zu vierzig Meter hohen Externsteine im Teutoburger Wald, sein. Oftmals ist es auch eine kleine Quelle, ein halb überwachsener Grenzstein oder ein verstecktes Plätzchen am Meer. Manche Kraftorte sind auf den ersten Blick sogar recht unscheinbar. Entscheidend ist ihre Fähigkeit, Energie zu bündeln und/oder zu sammeln.

Es hat tatsächlich bereits mehrere Versuche gegeben, die Energie an Kraftorten mit naturwissenschaftlichen Methoden zu messen. Alle mir bekannten direkten Messungen kamen zu dem gleichen Ergebnis: Eine besondere Energie ist am Kraftorten nicht feststellbar. Nun verhält es sich mit der Energie der Kraftorte aber ähnlich, wie mit Runenmagie: Sie verträgt sich nicht mit elektrischer Energie. Die außergewöhnliche Energie der Runen oder eines Kraftortes mit elektronischen Geräten messen zu wollen, ist daher ungefähr so sinnvoll, wie ein brennendes Holzscheit ins Wasser zu werfen und die Fische zu bitten, das Feuer zu analysieren. Sie würden übereinstimmend zu dem Ergebnis kommen, dass es so etwas wie Feuer gar nicht gibt.

Direkte Messungen helfen also offensichtlich nicht weiter. Bei indirekten Messungen sieht das dagegen schon etwas anders aus! Bei Messungen der Herzfrequenz von Probanden hat man festgestellt, dass diese an Kraftorten mit Wasser steigt und an solchen mit Steinen und Felsformationen sinkt. Nun sind diese Ergebnisse zwar nicht repräsentativ, zeigen jedoch einen Weg auf, mit dem sich die Wirkung dieser Orte auch naturwissenschaftlich belegen lässt.

Noch deutlicher werden die Ergebnisse, wenn man die Wechselwirkung von direkt nicht messbarer Energie auf Menschen untereinander untersucht. Forscher der dänischen „Aarhus Universitet" sind dabei zu erstaunlichen Erkenntnissen gelangt.

Alljährlich zu Litha, der Sommersonnenwende, wird in dem spanischen Dorf San Pedro Manrique ein Ritual zelebriert, welches schon aus vorchristlicher Zeit stammt. In einem eigens dafür gebauten Amphitheater finden Feierlichkeiten statt, deren Höhepunkt die sogenannten Feuerläufer sind. Diese Männer laufen barfuß über bis zu dreißig Zentimeter aufgehäufte, glühende Eichenkohle und tragen dabei noch eine weitere Person auf den Schultern. Dabei handelt es sich keineswegs um ein kleines Feuerchen! Die Männer müssen im Schnitt sechs bis acht Schritte machen, um die Feuerstelle zu überqueren. Während des Rituals vorgenommene Messungen haben ergeben, dass die Glut unter ihren Füßen eine Temperatur von bis zu 600 Grad Celsius erreicht.

Einige Feuerläufer selbst, aber auch Zuschauer wurden mit verschiedenen Messmethoden während des Rituals überwacht. Bei den Zuschauern handelte es sich sowohl um Verwandte der Feuerläufer, als auch um Gäste, die nicht mit ihnen verwandt waren. Das verblüffende Ergebnis: Die Herzschlagrate der Feuerläufer und ihrer Verwandten und Freunde glich sich im Laufe des Rituals immer mehr an, bis sie letztendlich nahezu synchron war. (Quelle: Universität Aarhus, Dänemark)

Ähnliche Ergebnisse sind auch von gemeinsamen Ritualen an anderen Kraftorten bekannt. Auch dann, wenn die Teilnehmer nicht zur gleichen Zeit dieselben Bewegungen, Rhythmen oder Gesänge praktizieren, wovon Wissenschaftler bislang ausgegangen sind. Indirekte Messungen, die sich auf die Auswirkungen konzentrieren, statt mit ungeeigneten Mitteln die Ursache erforschen zu wollen, bringen also eher Ergebnisse.

Aus den praktischen Erfahrungen von magisch arbeitenden Personen und den Ergebnissen der wissenschaftlichen Untersuchungen lassen sich zwei grundsätzliche Schlussfolgerungen ziehen. Zum einen sind gemeinsam begangene Rituale wirkungsvoller als die Arbeit „im stillen Kämmerlein" und zum anderen kann die Existenz von besonderen Energien und deren Wirkung auf Menschen an Kraftorten kaum noch geleugnet werden.

Mondholz

Alle paar Jahre – besonders kurz vor Weihnachten – geistert der Begriff „Mondholz" durch die Medien. Meist geht es dabei um Weihnachtsbäume, die angeblich ihre Nadeln nicht bzw. später als andere Bäume verlieren. Forstwirtschaftliche Betriebe springen auf diesen Zug auf und preisen „nicht faulendes", „nicht entflammbares" und „schwundfreies" Holz an. Die Kritik an Mondholz nimmt zu, denn zumeist können die vollmundigen Versprechungen nicht gehalten werden.

Was ist nun aber überhaupt Mondholz und was hat es damit auf sich? Vereinfacht versteht man darunter das Holz von Bäumen, die zu einer bestimmten Mondphase gefällt werden. Diesem Holz werden besondere Qualitäten in Bezug auf seine Haltbarkeit, Härte, Widerstandsfähigkeit, Feuerbeständigkeit usw. zugeschrieben. Jährlich wird der forstwirtschaftliche Mondkalender veröffentlicht, um die günstigsten Termine für den Holzeinschlag zu bestimmen. Wie so oft in solchen Fällen kommen wissenschaftliche Untersuchungen zu sehr unterschiedlichen Ergebnissen. Teils wird zum Beispiel eine deutliche Zu- und Abnahme des Stammdurchmessers bei zu- und abnehmendem Mond ermittelt, was ein Hinweis auf Schwankungen der Holzdichte sein kann. Andere Untersuchungen widersprechen dem allerdings. Mondholz ist ca. 30 % teurer als herkömmliches Holz. Es ist daher nicht auszuschließen, dass der Wunsch des Auftraggebers das Ergebnis der Untersuchung beeinflusst. Belegt ist jedoch, dass Schornsteine und Kamine aus Mondholz gebaut wurden, welches sich zwar schwarz färbte, jedoch nicht brannte. Für magische Arbeiten nutzen wir ebenfalls Mondholz, auch wenn wir diese

Bezeichnung erst Ende des 19. Jahrhunderts übernommen haben. Die gewünschten Eigenschaften dieses Mondholzes haben jedoch weniger mit Härte und Haltbarkeit zu tun. Uns geht es vielmehr um die magischen und heilenden Kräfte. An Mondholz werden sehr hohe Ansprüche gestellt. So wird zum Beispiel nur Holz von Bäumen verwendet, die auch für Heilzwecke genutzt werden. Ich möchte das einmal am Beispiel der Birke verdeutlichen.

Gerade in Nord- und Mitteleuropa ist die Birke sehr weit verbreitet. Als Lebensbaum und Fruchtbarkeitssymbol war sie bei den germanischen Stämmen der Wanin[39] Freyja[40] geweiht. Die Kelten verehrten sie als den Baum der Göttin Brigid[41]. Als Symbol des Reinen und der Fruchtbarkeit wurden Birkenstämme zu Frühlingsbeginn in den Dörfern aufgestellt und geschmückt. Diese Tradition ist auch heute noch als Maibaum bekannt. Birkenzweige sollten als Schutz vor bösem Zauber und Hexerei dienen.

Kaum ein Teil der Birke wurde nicht in der Volksmedizin genutzt. Die weiche Rinde junger Birken eignet sich hervorragend als Verband bei blutenden Wunden und Insektenstichen. Das in ihr enthaltene Betulin fördert die Wundheilung und lindert Schmerzen und Juckreiz. Im Gegensatz zu den Blättern der meisten einheimischen Bäume sind die der Birke für den Menschen genießbar und haben einen hohen Vitamin-C-Gehalt. Sie werden frisch als Salat gegessen oder getrocknet für die Zubereitung von Tee verwendet. Ihre Inhaltsstoffe haben eine harntreibende und antibiotische Wirkung. Als Tinktur, Öl und Salbe fördern sie die Durchblutung. Aus Birkenholz wird der kalorienarme Birkenzucker gewonnen. Birkensaft galt schon bei den Germanen als Schönheitstrunk und Potenzmittel, kann aber auch zu Wein, Met und Likör weiterverarbeitet werden.

Bevor von einer Birke Mondholz gewonnen werden kann, soll man den Baum über mindestens vier Jahre beobachten. Zwei- bis dreimal im Monat muss er aufgesucht werden, mindestens jedoch kurz vor jedem Neumond und nach jedem Sturm. Dabei wird geprüft, ob der Baum Anzeichen einer Krankheit, Pilz- oder Schädlingsbefall aufweist. Manchmal muss man helfend eingreifen, zumeist reguliert der Baum dies selbst. Schwarzer Ausfluss am Stamm, der eine feste Kruste bildet, ist jedoch ein ernstes Anzeichen abnehmender Lebenskraft. Von solchen Bäumen darf kein Mondholz mehr geerntet werden!

Nach jedem Sturm wird überprüft, ob Äste gebrochen oder der Baum anderweitig beschädigt wurde. Abgebrochene Astenden werden mit einer Säge glatt geschnitten und mit Baumwachs oder alternativ auch Bienenwachs versiegelt. Angebrochene Äste können manchmal auch geschient und so gerettet werden. Die Selbstheilungs-kräfte der Birke sind sehr stark.

Sind Äste abgebrochen oder so stark beschädigt, dass sie abgesägt werden müssen, so nimmt man wenigstens einen Teil davon mit. Sie werden auf Länge geschnitten, in dünne Scheiben gespalten, getrocknet und verräuchert. Anhand der

Stärke und Intensität der dabei freigesetzten Energie kann man Rückschlüsse auf die Qualität des Holzes ziehen. Dazu bedarf es einiger Übung. Das Holz soll einen frischen, waldigen Duft verströmen und die Räucherung eine belebende und reinigende Wirkung haben.

Von Mitte April bis Mitte Juni sollte man den Baum in den Tagen vor einem Neumond häufiger besuchen. Mit dem Austreiben der Laubblätter bilden sich auch die Blütenstände voll aus, die Bäume treiben neue Zweige und stehen voll „im Saft". Legt man die Hände oder eine Wange an den Baum, so spürt man, wie der Birkensaft direkt unter der Rinde durch das Splintholz fließt. An einem Tag jedoch hält der Baum inne. Wie ein Kraftsportler, der seine Muskeln „aufpumpt" und eine bestimmte Pose mehrere Sekunden lang hält. Alle Kraft wird dazu verwendet, den Birkensaft bis in die Spitzen der Zweige, hin zu den Blütenständen zu pressen. Das Holz darunter verdichtet sich und nimmt an Härte zu. Das dauert mehrere Stunden bis zu einem Tag und geschieht nur einmal im Jahr kurz vor einem Neumond. Der genaue Zeitpunkt variiert von Baum zu Baum. Örtliche Gegebenheiten, Bodenbeschaffenheit, Klima, Höhenlage, Konzentration der eingelagerten Mineralien und vieles mehr haben Einfluss auf den exakten Zeitpunkt. Selbst bei nah beieinander stehenden Bäumen kann er um einige Stunden bis zu mehreren Tagen voneinander abweichen. Jedoch darf nur in diesem Zeitraum von einem gesunden Baum geerntetes Holz als Mondholz bezeichnet werden. Auch darf von diesem Baum niemals Birkenwasser entnommen worden sein oder zu einem anderen Zeitpunkt Holz geerntet werden.

Die Ernte folgt einem vorgeschriebenen Ritual. Zuerst wird der Baum im Abstand von mehreren Metern umschritten, dabei werden die Waldgeister angerufen und besänftigt.

Ihr Geister des Waldes, heißt mich willkommen
Werdet Zeugen meines Versprechens:
Allein durch Freyjas Güte
Nehme ich dieses Geschenk
Und gebe es zurück
Noch vor Ablauf des Jahres

Vor der Ernte des Astes wird ein Gebet an Freyja gerichtet.

Freyja, Göttin der Fruchtbarkeit und des Frühlings
Dir sage ich Dank für die Wiederkehr des Lebens
Jeder Teil dieses Zweiges soll verwendet werden
Allein dir zu Ehren

Freyja, Göttin der Liebe und des Glücks
Dir sage ich Dank für deine Güte
Du beschenkst uns selbst in der Zeit deiner größten Trauer
Nun bitte ich dich um diese Gabe in der Zeit des Frühlings

Freyja, Göttin des Zaubers
Dir sage ich Dank für deine Macht
Lass sie fließen durch meine Hand
Auf dass der Zauber nicht gebrochen werde

Erst dann wird einer der unteren Äste von der Birke abgetrennt. Die Schnittfläche am Baum wird versiegelt und der Ast bei Bedarf schon vor Ort in transportable Stücke zerlegt. Mehr als ein Ast pro Baum darf nicht entnommen werden. Die nächste Ernte von demselben Baum erfolgt frühestens nach Ablauf von weiteren vier Jahren. Man kann jedoch jedes Jahr von mehreren Bäumen Äste ernten. Die Äste werden mit den Spitzen nach unten zum Trocknen aufgehängt. Die zuunterst hängenden Spitzen werden um ca. fünfzehn bis zwanzig Zentimeter gekürzt, damit der Birkensaft abfließen kann. Einige dieser Spitzen werden verwendet, um Setzlinge heranzuziehen. Erst mit Auspflanzen eines Setzlings ist das Versprechen an die Waldgeister erfüllt, das Geschenk zurückzugeben.

Mondholz der Birke wird für verschiedene Amulette und Liebeszauber verwendet. Fertigt eine Völva ihren Stab aus dem Mondholz einer Birke, so wohnt diesem eine besondere Kraft inne. Gleiches gilt für die Heilerstäbe.

Runen und Tränen

Tränen sind etwas ganz Natürliches, alle Landlebewesen produzieren sie. Aber nur wir Menschen weinen, wenn uns etwas tief berührt. Weinen aus Empathie ist eine rein menschliche Eigenschaft. Reflektorische Tränen entstehen durch Fremdeinwirkung, wie etwa beim Zwiebelschneiden; basale Tränen befeuchten und reinigen das Auge. Alle Tränen bestehen aus Elektrolyten, Wasser und Proteinen, doch die Konzentration ist unterschiedlich. Emotionale Tränen enthalten mehr Stresshormone als andere Tränen. Auch wenn die Konzentration nicht sehr hoch ist, so wirken sie doch Stress abbauend, erleichternd und beruhigend.

Evolutionär betrachtet ist Weinen ein Kommunikationsmittel. Es signalisiert Hilflosigkeit, Schmerz, Angst oder Empathie und soll ein unterstützendes Verhalten bei Mitmenschen auslösen. Seine Hauptfunktion besteht also darin, soziale Bindungen und gegenseitiges prosoziales Verhalten zu fördern. Als soziale Beziehung bezeichnet man in der Soziologie eine Beziehung von zwei Personen oder Gruppen, bei denen ihr Denken, Handeln oder Fühlen gegenseitig aufeinander bezogen ist.

Nun kann man Runen kaum als Personen bezeichnen, auch wenn es manchmal durchaus den Anschein erweckt, als hätten sie einen eigenen Willen. Dennoch lässt sich das zuvor Gesagte sehr gut auf unsere Beziehung zu ihnen übertragen. Runen kommunizieren mit uns, indem sie unsere Gefühle ansprechen und Emotionen auslösen. Es macht also Sinn, ihnen mit Emotionen zu antworten, um eine besonders intensive Verbindung herzustellen. Im Kapitel „Der Erlenstab" ab Seite 43 habe ich schon dazu aufgefordert: „Heul ihn an, Rotz ihn an, Schrei ihn an …", denn nichts überträgt Emotionen so gut wie Tränen. Nutzen wir sie also, um unsere Verbindung zu den Runen aufzubauen und zu festigen. Bei der Meditation, beim Erlenstab, bei der Anfertigung eines Runesets. Das sogenannte „Einfärben" – besser gesagt das Vollschmieren – der Runen mit Blut mag sich ja deutlich heroischer anfühlen, ist im Vergleich zum Auftropfen von Tränen aber eher wirkungslos.

Sexualmagie

Sexualmagie ist keine Form von Sex, sondern eine Form von Magie. Sie hat eigentlich nicht das Ziel, die Qualität des sexuellen Erlebens zu verbessern, sondern Sexualität als magische Quelle zu nutzen. Allerdings tritt ersteres als angenehme Nebenerscheinung auch schnell in den Vordergrund. Völven praktizierten Sexual-magie schon vor Hunderten von Jahren. Die Technik des „Venus Butterfly", wie sie in dem 1988 erschienenen Buch „The One Hour Orgasm" beschrieben wird, kennen wir schon aus sehr alten Überlieferungen. Auch ein Gleitmittel (Öl) aus aphrodisierend wirkenden Pflanzen war ihnen bekannt.
Überraschenderweise wurden die Regeln für praktische Sexualmagie in privaten Aufzeichnungen schon vor langer Zeit sehr moderat beschrieben. Gleichge-schlechtlicher Sex und Onanie z. B. wurde als normal betrachtet, als das Strafgesetzbuch noch eine ganz andere Haltung dazu hatte. Die ethischen Grenzen beschränken sich auf vier Punkte. Über die wird dafür aber auch keine Diskussion geduldet.

- **Einvernehmlichkeit**: Das muss nicht groß erklärt werden. Nichts passiert ohne die Einwilligung des/der anderen Partner. Zu beachten ist jedoch, dass Einvernehmlichkeit auch bedeutet, dass allen Beteiligten klar ist, dass es nicht um Sex, sondern um Sexualmagie geht.
- **Sicherheit**: Sicherheit bedeutet, auf alles zu verzichten, was Körper oder Seele schädigen kann.
- **Übereinkunft**: Einvernehmlichkeit kann im laufenden Prozess durch

Zustimmung oder Ablehnung hergestellt werden. Dadurch bleibt Spontanität möglich. Übereinkunft wird durch ein vorangehendes Gespräch geschaffen. Dabei werden grundlegende Fragen wie z. B. Verhüten ja oder nein, Öffentlichkeit ja oder nein usw. geklärt.

- **Befreiung**: Um erfolgreich Sexualmagie zu praktizieren, ist es erforderlich, sich Grenzen bewusst zu machen und sie zu hinterfragen. Betrachtet man z. B. Sex mit Verhütung als Sünde, kann man es gleich sein lassen. Das bedeutet nicht, dass man alle Grenzen sprengen muss, aber der Sinn des magischen Handelns liegt immer in der Erweiterung der Möglichkeiten eines bestimmten Menschen. Die Grenzen eines anderen sind jedoch immer zu respektieren.

Ursprung

Freyjas Halsschmuck, der Brisingenschmuck[42], wurde von den Schwarzalben Alfrigg, Dvalin, Berling und Grervier gefertigt. Der Preis dafür war eine Liebesnacht mit jedem der vier Zwerge. Freyja, die Lehrerin des Zaubers (seiðr), zahlte diesen Preis. Ich habe schon mal halb scherzhaft behauptet, dies wäre die Geburtsstunde der Edelprostitution. Es ist jedoch viel mehr ein Hinweis auf praktizierte Sexualmagie. Freyja ist auch die Göttin der Fruchtbarkeit, des Frühlings, des Glücks, der Liebe und der Ehe und die Anführerin der jungfräulichen Walküren. Sie lehrt und leitet auch die Völven. Reichlich viele Aufgaben für eine einzelne Frau, auch wenn sie eine Wanin ist. Aber ist es nicht letztendlich eine einzige Aufgabe?

Sexuelle Selbstbestimmung ist für Freyja etwas völlig Normales. In der Lokasenna, den „Schmähreden Lokis" wirft dieser ihr vor, mit jedem Gott und jeder mythologischen Gestalt Sex gehabt zu haben. Bemerkenswert ist jedoch, dass dieses Verhalten Freyjas ansonsten nicht kritisiert wird und sie auch in patriarchalischen Gesellschaften nicht nur von Frauen verehrt wurde. Aus meiner Sicht lässt all dies den Schluss zu, dass Freyja keine Nymphomanin war, sondern Sex als magisches Mittel nutzte. Eben Sexualmagie praktizierte.

Assoziationen

Die sogenannten „Weltreligionen" erlauben sexuelle Vereinigung nur in der Ehe. Abgesehen vom Islam wird dies in letzter Zeit jedoch immer mehr gelockert; es hält sich ja eh kaum jemand daran. Um das Verbot des außerehelichen Sex zu untermauern wurden den Menschen Bilder in die Köpfe gesetzt. Die „Verführerin", im Allgemeinen eine mit dem Teufel verbündete Hexe, war die Schuldige. Das ist typisch für patriarchalische Gesellschaften: Der Kerl geht fremd, ist dann aber das arme Opfer, denn Schuld hat ja sein One-Night-Stand, der dann vielleicht noch auf dem Scheiterhaufen landet. Die Verführerin zeigte sich als wunderschöne, sinnliche Frau, die sich nach dem Akt in eine bucklige, alte Hexe verwandelte. Tolle Vorstellung!

Es gibt wohl nahezu unendlich viele weitere Assoziationen, die uns den Spaß am Sex verderben sollen. Wer Sexualmagie betreiben will, sollte sich derartige persönliche, religiöse und kulturelle Konditionierungen bewusst machen und sie – wenn möglich – überwinden.

Stabile Binderunen

Als stabile Binderunen bezeichnen wir solche Binderunen, die in ihrer Wirkung sicher zu kopieren sind. Die Wirkung von Binderunen ist noch mehr als die einzelner Runen von den individuellen Fähigkeiten aber auch den Zielen des jeweiligen Runers abhängig. Fertigt ein Runer eine Binderune an, ist es für einen anderen Runer im Allgemeinen nicht möglich, diese Binderune zu kopieren. Die Wirkung wird immer mehr oder weniger stark abweichen. Stabile Binderunen dagegen sind kopierbar, ihre Wirkung ist stets gleich. Eine der ältesten bekannten stabilen Binderunen ist die sogenannte Bergerune.

Bergerune aus Uruz (gewendet), Mannaz und Berkana
Konzept: Amulett zum Schutz des ungeborenen Lebens. Die Bergerune ist auch als Geburtsrune oder Skula bekannt. Der Name leitet sich von dem germanischen Wort bergō bzw. bergaz ab, welches Schutz bedeutet.
Uruz: Urkraft der Erde, Verbindung zu den Ahnen. Uruz ist die formgebende Kraft für die Energie von Runen. Sie stellt eine Verbindung zu den Kraftlinien der Erde her. Negative Energien werden abgeleitet, positive Energie wird zugeführt.

Mannaz: Familie, Gemeinschaft, Sippe. Mannaz steht für Tradition, Verbindung zu den Ahnen und den Menschen in unserem Umfeld aber auch zur Natur und der spirituellen Welt und unserem Umgang damit. Sie vereinigt das Wissen vieler Generationen und macht es zugänglich.

Berkana: Fruchtbarkeit, Wachstum, Heim. Berkana symbolisiert die Kraft der Mutter Erde, die in sich junges Mädchen, Mutter und alte, weise Frau vereinigt.

Die unmittelbare Verbindung von Uruz, Mannaz und Berkana richtet ihre Kraft immer auf ein Ziel: Den Schutz der werdenden Mutter und des ungeborenen Lebens. Dieses Amulett sollte nur während der Schwangerschaft getragen werden. Da seine Kraft bei Gebrauch stetig wächst, sollte es nach der Entbindung an eine andere werdende Mutter weitergegeben werden.

Runen ritze keiner
Rät' er nicht, wie's steht drum!
Manches Sinn schon, mein ich,
Wirren Manns Stab irrte.
Zehn der Zauberrunen
Ziemten schlecht dem Kiemen:
Leichtsinn leider machte
Lang des Mädchens Krankheit.

Egils saga Kap. 73. In der Übersetzung von Felix Niedner Kap. 72.

Bild: Cover der ersten Ausgabe von „Runenheilung"

Anmerkungen zur 1. Ausgabe von „Runenheilung"

Nach dem Erscheinen von „Runenheilung" gab es einige Enttäuschungen bezüglich des Inhaltes. Die Frage, wo denn die Liste mit Runen und den durch sie heilbaren Krankheiten wäre, wurde immer wieder gestellt. Nun, es ist ganz einfach: Eine solche Liste gibt es nicht. Oder besser gesagt, es sollte sie nicht geben. Die Vorstellung, Rune X könne zur Heilung von Husten, Schnupfen und Heiserkeit genutzt werden und Rune Y zur Behandlung von Leberschäden usw., ist unsinnig. Jede Rune kann bei der Behandlung verschiedener Krankheiten eingesetzt werden. Welche Rune von einem Heiler ausgewählt wird, ist von sehr vielen Einflüssen abhängig.

Ähnlich verhält es sich mit dem Thema Fernheilung. Auch darauf bin ich in der ersten Ausgabe nicht eingegangen und es wurde mehrfach kritisiert, dass ich ein so wichtiges Thema nicht behandelt habe. Da hierzu im Allgemeinen wohl ein bedeutsamer Aspekt vernachlässigt wird, greife ich es nun doch noch auf. Gleiches gilt für das Thema Selbstheilung.

In diesem Buch werden die Werkzeuge sowie die Vorgehensweisen der runischen Heiler so beschrieben, wie sie seit Generationen überliefert wurden. Und ähnlich wie im Kapitel „Irrungen und Wirrungen" in „Deine RunenReise" gehe ich in dieser Ausgabe auch auf solche Themen ein, bei denen es in der Öffentlichkeit einige Unklarheiten gibt. So ist unter anderem das Kapitel „Auswahl der Runen" ab Seite 146 komplett neu. Linda Krader war so freundlich, es „in nett" zu formulieren.

Auch wenn meine Standpunkte der landläufigen Meinung widersprechen oder manch einen Leser gar provozieren, ist dieses Buch nun mal für diejenigen geschrieben, die das nötige Verantwortungsgefühl für die ernsthafte Arbeit mit Runen aufbringen. Meine Kenntnisse beruhen auf jahrhundertealten Überlieferungen und mehr als einem halben Jahrhundert eigener Erfahrungen in der praktischen Runenarbeit. Manches kann aber auch ich nicht erklären, ohne zu spekulieren. Zum Beispiel kann ich nicht erklären, *warum* ein Meltan so wirkt, wie er wirkt. Mir bleibt dann nur anzuführen, dass „die Erfahrung uns lehrt", ihn so und nicht anders einzusetzen, eben weil er wirkt, wie er wirkt. Die Antwort auf das „warum" muss ich manchmal einfach schuldig bleiben.

Was ich aber mit absoluter Sicherheit weiß ist, dass es bei der Runenarbeit und ganz besonders bei der Runenheilung keine Abkürzungen gibt. Man *muss* die hier vorgestellten Werkzeuge verwenden, man *muss* die Energiepunkte des menschlichen Körpers kennen und sicher finden, man *muss* Fleiß, Arbeit und sehr viel Zeit investieren, um runischer Heiler werden zu können.

Rewa Kasor
Hamburg, im Sommer 2024

Was ist Runenheilung?

Unter dem Begriff „Runenheilung" verstehen wir das energetische Heilen mit Hilfe von Runen. In der Praxis und dem offiziell zugelassenen Sprachgebrauch bedeutet das, die Selbstheilungskräfte eines Menschen (oder Tieres) zu aktivieren und/oder zu stärken. Nun weiß, wer als Runenheiler tätig ist, dass man mit Hilfe von Runen erheblich mehr machen kann, als nur die Selbstheilungskräfte zu unterstützen. In diesem Zusammenhang jedoch von Heilung zu sprechen, ist nicht wenig riskant. Die schulmedizinische Lobby hat ein großes wirtschaftliches Interesse daran, alternative Heilmethoden zu verunglimpfen. Wer also mit Hilfe von Runen als Heiler tätig sein will, sollte sich sehr gründlich mit der aktuellen Rechtsprechung befassen. In diesem Buch wird daher nicht über die Heilung einzelner Krankheiten berichtet. Es geht hier einzig um die praktische Anwendung von Runen und speziellen Hilfsmitteln und darum, wie sie bei der Unterstützung der eigenen Selbstheilungskräfte angewendet werden können. Was damit sonst noch so bewirkt werden kann, merkt man dann aber sehr schnell bei der praktischen Anwendung.

Kenntnisse über die natürliche Regenerationsfähigkeit des menschlichen Körpers waren auch unseren Vorfahren hinlänglich bekannt. Was wir heute oft als Heilströmen bezeichnen, wurde schon vor Jahrhunderten praktiziert und wird oftmals sogar ganz unbewusst vorgenommen. Runenheilung ist eine Erweiterung dieser Praktiken, bei denen gezielt Energie auf den menschlichen Körper übertragen wird. Auch bei Menschen, die in unterschiedlichen Kulturen aufwachsen und unterschiedliche Gestik und Mimik erlernen, spricht der Körper eine alte, kulturübergreifende Sprache. Ganz instinktiv lutschen Säuglinge aller Welt an ihrem Daumen, um den Bauch zu beruhigen oder um besser einschlafen zu können. Fühlen Kinder sich belastet und wissen sich nicht besser auszudrücken, hören wir zuallererst: „Mama, ich hab Bauchweh!", egal ob es sich um Stress, Sorgen oder ein angeschlagenes Immunsystem handelt. Auch die Erwachsenen „drücken sich die Daumen", wenn sie sich Kraft geben und die Sorgen beruhigen wollen. Unser Daumen erdet uns und ist eng mit dem Magen, aber auch der Milz verbunden, die uns nicht nur starke Nerven, sondern auch die sprichwörtliche „dicke Haut" verleiht.

Sogar wir selbst profitieren von dem instinktiven Wissen der Kleinsten, die mit ihren zarten Fingerchen am liebsten den Zeigefinger ihrer frisch gebackenen Eltern umklammern und ihnen auf diese Weise die Ängste nehmen. Später in der Schule lernen wir, dass es unhöflich sei, den müden Kopf auf die Hand sinken zu lassen. Uns ist nicht mehr bewusst, wie intelligent sich unser Körper auf diese einfache Weise eine Energiespritze verabreichen kann, die den Traubenzucker leicht ersetzen könnte. Wird der Kopf schwer und voll, sinkt er in die Hand, die dabei auf einem Energiepunkt unter dem Jochbein ruht, welcher uns hilft wieder wach zu werden und den Kopf frei zu machen. Wer hat sich als Kind nicht schon mal mit dem Po auf seine Hände gesetzt und die Seele nach einem anstrengenden Tag baumeln lassen? Sind wir verspannt, greifen wir uns ganz automatisch in den Nacken und schmerzt unser Kopf, legen wir die Hände an die Schläfen. Das Verschränken der Arme verleiht uns nicht nur durch die reine Gestik Autorität, sondern auch neue Kraft über die Energiepunkte, wenn wir die Ellbogen berühren. Steigt beim Kaffeeklatsch unser Puls durch das Koffein oder durch die innere Aufregung, legen wir gern eine Hand über das Handgelenk und harmonisieren ganz unbewusst über den Herzstrom unseren Puls. Ob wir nun nach einem langen Spaziergang am Rücken unsere Hände auf den Beckenkamm stützen oder bei einer komplizierten Denkaufgabe unsere Fingerspitzen über die Augenbrauen legen – wir berühren auf diese Weise täglich verschiedene Energiepunkte, regen unseren Energiefluss an und setzen unserem Körper Impulse zur Regeneration. Nicht nur körperliche, sondern auch geistige und seelische Belastungen werden gelindert. Die Energietore sind vergleichbar mit Kanaldeckeln in dem Kanalsystem unseres Straßenbaus. Sie ermöglichen uns einen leichten Zugriff auf unser Energiesystem und geben uns die Möglichkeit, Blockaden auf eine Weise aufzulösen, die wir nicht extra erst erlernen müssen. Wir bedienen uns jeden Tag an einer Fülle von einfachen Hausmitteln, die es uns ermöglichen, Strapazen und Stress unseres Alltags besser zu bewältigen.

Heute finden wir dieses alte Wissen kompliziert verpackt in Kursen zu diversen energetischen Behandlungskonzepten. Eines dieser Konzepte, welches verhältnismäßig leicht selbst zu erlernen ist, ist das japanische Heilströmen (Jin Shin Jutsu). Das Heilströmen wurde jedoch nicht nur in Japan entdeckt. Heiler und Schamanen, aber auch Hebammen auf der ganzen Welt haben sich die gleichen Grundlagen und Energiepunkte zunutze gemacht, so auch bereits die alten Nordvölker.

Da wir von unbewussten Berührungen sprechen, die in jedem Kulturkreis bekannt sind, ist es schwer zu sagen, wer das Rad zuerst erfunden hat und für uns auch nicht bedeutsam. Ein runischer Heiler bedient sich jedoch dieser Energiepunkte und sollte zunächst ohne spezielle Werkzeuge im Heilströmen Erfahrungen sammeln.

Woher kommen die runischen Heiler?

Nach dem Ende des Dreißigjährigen Krieges (1618 bis 1648) erlebten die Naturwissenschaften einen starken Aufschwung. Dadurch sahen sich die Runengelehrten der damaligen Zeit neuen Herausforderungen gegenüber. Zunehmend ließen sich Wirkungen der Runen, die oftmals noch einem göttlichen Willen zugeschrieben wurden, durch Erkenntnisse in Medizin, Astronomie und Physik erklären. Besonders die rasante Entwicklung der Medizin im 17. und 18. Jahrhundert hatte zur Folge, dass Runengelehrte nicht mehr automatisch als Heiler tätig waren. Runische Heiler wurden zu der zweiten Spezialisierung nach den Völven. Zeitnah und unter dem

Einfluss wissenschaftlicher Forschung im Rahmen der Völkerkunde etablierte sich der Begriff Schamane. Seit Ende des 18. Jahrhunderts sind die Spezialisierungen Schamane, Heiler, Krieger und Völva bekannt.

Um eine eindeutige Identifizierung des Tätigkeitsbereiches zu ermöglichen, bezeichnen sich die Generalisten unter uns heute als Runer. Die Spezialisten benutzen die Bezeichnungen runische Schamanen, runische Heiler, runische Krieger und Völven. Die in diesem Buch beschriebenen Praktiken runischer Heiler basieren hauptsächlich auf privaten Aufzeichnungen, die Mitte des 17. Jahrhunderts im Krieg verloren gegangene Niederschriften ersetzten.

Der Vollständigkeit halber sei auch noch auf die sogenannten runischen Berserker[43] hingewiesen. Nach mittelalterlichen Quellen wird ein im Rausch kämpfender Krieger, der keinen Schmerz mehr fühlt und keine Wunden wahrnimmt, als Berserker bezeichnet. Umstritten ist, wie sich die Berserker in einen Rauschzustand versetzt haben. Vermutet werden sensorische Reize, wie sie z. B. durch Trommeln, Gesang und Tanz ausgelöst werden können, aber auch natürliche Rauschmittel oder diverse Kombinationen. Die runischen Berserker der heutigen Zeit versetzen sich in den erforderlichen Zustand durch Meditation mit einer Kombination verschiedener Runen. In diesem Zustand sind sie in der Lage, bei anderen Menschen tief vergrabene, starke seelische Erschütterungen wahrzunehmen. Durch eine Kombination der sensiblen Vorgehensweise eines Heilers und der Aggressivität und rücksichtslosen Vorgehensweise der sprichwörtlichen Berserker können sie solche Traumata auf sich selbst übertragen und stufenweise oder intervallartig abbauen. Der willentlich herbeigeführte vorübergehende Zustand der Schmerzunempfindlichkeit (körperlich wie auch seelisch) schützt den runischen Berserker zwar vor einem Schock beim Zugriff auf ein Trauma, nicht jedoch beim Abbau desselben. Seelische und körperliche Schmerzen ohne erkennbare Ursache, Verzweiflung und Depression bis hin zu Suizidgedanken können die Folge sein. Mögliche oder besser gesagt wohl eher wahrscheinliche Langzeit- bzw. Spätfolgen dieser Tätigkeit können wir nur vermuten, da es keine entsprechenden Untersuchungen dazu gibt.

Der Weg des runischen Berserkers sollte daher Menschen vorbehalten bleiben, die trotz entsprechender Ausbildung und überdurchschnittlich guten Kenntnissen der Runenmagie das Risiko der Selbstverletzung bewusst in Kauf zu nehmen bereit sind. Die Energie der Runen verhält sich wie andere Energien auch: Sie strebt nach Harmonie. So sollte auch die Runenarbeit verstanden werden. Der runische Berserker greift jedoch in diese Harmonisierung ein. Er konzentriert sich nur auf die Beseitigung der Wirkung und lässt die Ursache dabei außer Acht. Auch wenn dies für seinen Patienten sehr hilfreich ist, die negativen Folgen dieser Vorgehensweise muss der runische Berserker tragen.

Heilkunst oder Religion?

In den Überlieferungen wird die Runenheilung häufig im Zusammenhang mit der nordischen Göttin Eir[44] beschrieben. In der nordischen Mythologie ist Eir die Göttin der Heilkunde und der Heilung. Sie gehört zu den Asen, dem herrschenden Göttergeschlecht, und gilt als die Göttin der runischen Heiler.

Die hier beschriebenen Praktiken runischer Heiler sind nicht zwingend an einen heidnischen Glauben gebunden. Sie funktionieren unabhängig davon, ob man nun an nordische Götter glaubt oder nicht. So gesehen handelt es sich also um Heilkunst. Es wird jedoch auch von einem Ritual berichtet, welches jährlich durchgeführt werden soll und als Pflichtritual der runischen Heiler angesehen wird. Für diejenigen, welche sich in der heidnischen Tradition runischer Heiler zu Hause fühlen, folgt hier das Pflichtritual.

Eir, die heilsame Gärtnerin
Pflichtritual für runische Heiler

Das Pflichtritual runischer Heiler wird zur Blütezeit der „reinen Blume", dem Schneeglöckchen, durchgeführt. Dazu werden mehrere große Horste wild-wachsender Schneeglöckchen geteilt und an neuen Standorten eingepflanzt. Schneeglöckchen verkraften das Umpflanzen in diesem Zustand ohne Weiteres, solange die Wurzeln nicht beschädigt werden. Durch das Teilen und Umpflanzen wird die Bildung von Tochterzwiebeln angeregt. Weiterhin werden von den im Vorjahr umgesetzten Pflanzen Blüten für einen Strauß geerntet. Dabei wird nur der Blütenschaft geschnitten und darauf geachtet, dass die Blätter nicht beschädigt werden. Schneeglöckchen brauchen diese Blätter, um für den Austrieb im nächsten Jahr die nötigen Nährstoffe zu bilden. Das Schneeglöckchen gilt als Sinnbild für die keusche Jugendliebe. Sowohl Blüten als auch Blätter und Zwiebeln werden von runischen Heilern und Völven für Tränke und Salben verwendet.

Wichtiger Hinweis: Alle Wildarten des Schneeglöckchens stehen seit 1973 unter Artenschutz. Wer dieses Ritual vollziehen will, sollte das Vorgehen vorher unbedingt mit der zuständigen Behörde abklären.

Das eigentliche Ritual findet am darauffolgenden Morgen bei Sonnenaufgang an einem Bach oder Fluss statt. Dazu werden der Strauß Schneeglöckchen, ein Stück Borke und die Heilerstäbe benötigt. Optional kann auch noch ein Geschenk für die Asin Eir, die Göttin der runischen Heiler, mitgebracht werden. Dazu bietet sich ein schöner Stein, ein Kristall oder ein Schmuckstück an. Bernstein sollte für dieses Pflichtritual nicht verwendet werden, sondern als Geschenk der Göttin Freyja vorbehalten bleiben. Zu Beginn des Rituals werden Hände und Gesicht gereinigt.

Dann folgt ein Dankgebet an Eir, die Göttin der runischen Heiler. Dieses Dankgebet sollte mit eigenen Worten gesprochen werden. Die folgenden Zeilen können dazu als Beispiel dienen:

Eir, göttliche Ärztin
Dir will ich heil sagen
Glücklich sind die, die deiner Obhut anvertraut
Mit dem Wohl deiner Hände stärkst du die Verwundeten
So will auch ich Licht und Heilung in die Seelen der Menschen tragen

Eir, Herrin über Leben und Tod
Dir will ich heil sagen
Mit deiner Klarsicht und Weisheit triffst du
die schwersten Entscheidungen
So will auch ich diese Verantwortung tragen,
im höchsten Wohle der Seelen zu handeln

Eir, heilsame Gärtnerin
Dir will ich heil sagen
Deine Berührung an unserem Wesen schließt sich
um unseren innersten Samen und versenkt ihn
in die reiche wartende Erde
So will auch ich meine Hände um die Herzen der Menschen schließen
und ihnen ihren eigenen Reichtum bewusst machen

In die Borke wird ein Loch gebohrt, sodass der Strauß Schneeglöckchen hinein-gesteckt werden kann. Die Borke sollte groß genug sein, um mit dem darin steckenden Strauß und eventuell noch einem Geschenk darauf schwimmen zu können. Der runische Heiler geht mit nackten Füßen in das Wasser und lässt die Borke mit dem Strauß Schneeglöckchen als Geschenk an Eir schwimmen. Dann nimmt er die Heilerstäbe in die Hand und bittet Eir um ihren Beistand für seine Arbeit. Auch hier sollen die folgenden Worte als Beispiel dienen.

Eir, Asin der Heilung
Dir will ich heil und Dank sagen
Schließe deine Hände um mich und meine Heilerstäbe,
damit ich deine Kraft und Weisheit an die Menschen
weiter tragen kann. Lehre mich zu unterscheiden,
welche Samen in deinem Licht wachsen können
und welche nicht.

145

Ohne Runen geht es nicht!

Wie auch immer man zu nordischer Mythologie, heidnischem Glauben oder naturspirituellem Arbeiten stehen mag: Ohne Kenntnisse um die Kraft der Runen ist Runenheilung nicht möglich. Diese Kenntnisse und Erfahrungen werden hier vorausgesetzt.

Wichtig ist jedoch zu wissen, dass die Einteilung der Runen des älteren Futhark in die drei Aettir bei der Runenheilung kaum eine Rolle spielt. Auch die überlieferte Bedeutung der einzelnen Runen (z. B. Teiwaz = Pflicht, Stärke, Verantwortung) kann vernachlässigt werden. Jede Rune kann – unabhängig von den o.g. Kriterien – bei der Heilung eingesetzt werden. Da aber oftmals mehr als nur eine einzelne Rune zum Einsatz kommt, sind die Runenklassen (dominant, neutral und ausgleichend) von umso größerer Bedeutung. Die Klassen beschreiben das Verhältnis der Runen untereinander. Speziell bei der Erstellung von Binderunen, aber auch bei Runenkombinationen, muss sehr auf diese Wechselwirkung geachtet werden. Welche Runen für welche Anwendungen infrage kommen, wird mit den Heilerstäben ermittelt. Ob diese Runen dann aber als Kombination oder als Binderune gestaltet werden, entscheidet der Heiler. Dabei gilt für Kombinationen die Faustregel, dass eine Rune der Klasse ausgleichend möglichst über Runen der Klassen dominant, jedoch unter Runen der Klasse neutral gesetzt werden soll. Für Binderunen, wie sie am häufigsten bei der Runenheilung verwendet werden, gelten aber wiederum andere Regeln. Hier kommt es in erster Linie darauf an, mehrere Runen so miteinander zu verbinden, dass sie als Einheit ihre Wirkung entfalten.

Auswahl der Runen

Welche Rune wirkt bei welcher Diagnose?

Diese Frage wird häufig gestellt, verbunden mit dem Wunsch nach einer Liste, die Symptomen passende Runen zuordnet. Abgesehen davon, dass in Deutschland eine medizinische Diagnose ohnehin nur von einem Arzt, Psychiater, Psychologen oder Neurologen mit Approbation gestellt werden darf: Das funktioniert genauso wenig, wie alle Menschen mit Bauchschmerz mit demselben Bauchschmerzmittel zu kurieren. Versucht man die Wirkung einer Rune zu pauschalisieren, trifft man auf nämlich auf einige Herausforderungen.

Jede Rune geht mit jedem Runer eine sehr persönliche Verbindung ein. Versuchen zwei Runer mit derselben Rune dieselbe Wirkung zu erzielen, werden in den allermeisten Fällen zwei verschiedene Wirkungen dabei herauskommen. Oder andersherum: ähnliche Effekte werden von verschiedenen Runern mit unter-schiedlichen Runen erreicht. Wenn ein Runer zu einer bestimmten Rune eine besonders starke Verbindung hat, kann er damit Dinge anstellen, die andere Runer mit anderen Runen machen oder auf diese Weise überhaupt nicht hinbekommen. Das muss nicht besser oder schlechter sein, aber die Wirkung ist am Ende sehr unterschiedlich.

Hinzu kommt: Technisch gesehen kann jede Rune helfen – und das bei jedem Problem. Sehen wir uns das Beispiel mit dem Bauchschmerz genauer an. Bauchschmerz kann jeder bekommen, also welche Rune hilft dagegen? Die öffentliche Diskussion könnte so aussehen:

Person A: „Uruz macht den Bauch wieder stark und erdet."
Person B: „Algiz legt einen Schutzfilm über die Magenschleimhaut."
Person C: „Ich würde das mit Laguz machen, die bringt den Magen-Darm-Trakt wieder in den Fluss."
Person D: „Thurisaz schmettert die Eindringlinge (Viren, Bakterien und Co) raus."
Person E: „Davon kriegt man doch noch mehr Bauchweh! Berkana hilft besser bei Infektionen."
Person F: „Da wäre Nauthiz wirkungsvoller."
Person G: „Habt ihr schon daran gedacht, dass Kenaz die schwachen Zellen mit neuem Licht flutet?"
Person H: „Isa beruhigt den Magenkrampf."
Person I: „Probier doch mal diese Binderune …"

Stopp! Runenheilung ist keine Spielfläche für Versuch und Irrtum und Menschen sind keine Versuchskaninchen! Die Diskussion zeigt allerdings etwas Wesentliches auf: Man kann Runen nicht aus dem Kopf heraus und nach Schema F wählen. Und „Bauchschmerz" ist keine genaue Diagnose. Ist die Magenschleimhaut gereizt? Liegt eine Infektion vor? Sind es Koliken oder nervlich bedingte Bauchkrämpfe? Lebensmittelvergiftung, Fremdkörper … alles ist möglich und jeder Mensch ist noch dazu anders veranlagt. Jeder tendiert zu einer spezifischen Art von Bauchschmerz und ohne diese Veranlagung zu kennen, kann man mit dem Verstand nur auf gut Glück die passende Bauchschmerzpflanze oder Rune auswählen. Ist eine Diagnose so unspezifisch wie „Bauchschmerzen", bleibt die Runenarbeit genauso unspezifisch. Über Energie spenden und Erden mit Uruz oder die Stärkung des Immunsystems sollte es nicht hinausführen. Versucht man „runische Präzisionsarbeit" ohne sich vorher ein möglichst umfassendes Bild verschafft zu haben, kann das ordentlich in die Hose gehen.

Beispiel: Herbert leidet unter starken Nackenverspannungen und hat schon dutzende Massagen versucht, die alle nicht wirklich lange geholfen haben. Nun sucht er nach einer Rune, die da helfen könnte und mit Hilfe eines „Runenexperten" gelingt es endlich, die hohe Muskelspannung im Nacken drastisch zu senken. Er freut sich, dass die Muskeln für den Moment endlich mal richtig locker lassen und streckt sich genüsslich – und erleidet einen Bandscheibenvorfall in der Halswirbelsäule, weil die harte Muskulatur, die die ganze Zeit einen verschobenen Wirbel gestützt hatte, jetzt nicht mehr kräftig genug kompensiert.

Oder eine Bauchschmerzgeschichte, die sich tatsächlich so ereignet hat: Ein 2-jähriges Kind windet sich mit Schmerzen am Boden. Zunächst macht es den Anschein nach Wachstumsschmerzen, doch ein wenig später erbricht sich das Kind. Die Kinderärztin diagnostiziert einen Virus und rät dazu, weiter zu warten. Die Mutter bemerkt jedoch, dass auch der Stuhlgang ausbleibt und dem Kind nach einiger deutlich die Lebenskraft schwindet. Sie konsultiert eine andere Ärztin, die im Ultraschall einen Darmverschluss feststellt und das Kind als Notfall ins Krankenhaus überweist. Dort wird es operiert, weil zwei einzeln verschluckte Magneten eine Darmschlinge zusammen gezogen und ein Loch hineingeschlagen hatten. Hier hätten die Beispiele C, D oder I aus der obigen Diskussion die Situation lebensbedrohlich eskalieren können. Die Mutter des Kindes hatte allerdings während der ganzen Zeit runische Heilerstäbe zur Hand. Sie war in der Situation zwar nicht in der Lage, in einer schamanischen Reise die tatsächliche Ursache zu erahnen, aber die Heilerstäbe „drehten sich laut und im Kreis" und gaben zumindest Hinweise darauf, dass die ersten Diagnosen nicht stimmig waren. Bis auf die lebensspendende Kraft von Uruz konnten die Runen für den Augenblick nicht klar erfasst werden. Die Mutter nahm jedoch das warnende Durcheinander ihrer „wild fuchtelnden" Heilerstäbe ernst und unternahm die notwendigen Schritte. Auch nach der Operation hat sie nicht sofort zu den Runen gegriffen, denn sie wusste: Der Körper braucht nach so einem Schock erstmal eine Zeit, um sich selbst zu regulieren. In dieser Zeit ist einfach die heilsame menschliche Zuwendung gefragt. In diese wichtige Selbstregulation bei Schockzuständen, Unfällen und Operationen sollte man energetisch nicht eingreifen.

Zugegeben, das sind extreme Beispiele. In den meisten Fällen wird es so nicht laufen, es wird nur einfach keine Besserung eintreten. Auch mit „heilenden Händen" kann man nur wenig falsch machen. Der Körper nimmt überwiegend nur, was er braucht, und transportiert es dorthin, wo er es braucht. Wer allerdings extra Runen ritzt und sie energetisch anwendet, also runische „Präzisionswerkzeuge" erschafft, der trägt eine große Verantwortung und sollte wissen, was er tut. Bei einem talentierten Runer ist es vergleichbar mit der Anwendung von Medikamenten oder einer Operation. Gibt man das falsche Medikament oder „entfernt" die falschen Dinge, dann kann man auch in den besten Absichten Schaden anrichten. Glücklicherweise ist aber auch das nicht so einfach, denn in einer Notsituation schützt sich der Körper selbst und es gibt einen Widerstand, den der Heiler überwinden müsste, um mit der falschen Rune Energie in den Körper zu zwingen.

Ein Heiler sollte empathisch genug sein, diesen Widerstand zu spüren und nicht zu überschreiten. „Viel hilft viel" und der Vorschlaghammer sind hier fehl am Platz und haben beim Strömen mit Runen nichts zu suchen.

Wir halten also fest: Runentipps kann man allerhöchstens sehr allgemein geben. Das gilt auch für Runenamulette, die man einer Allgemeinheit anbietet.

Teil II (Werkzeuge runischer Heiler)

Es sind vier spezielle Werkzeuge überliefert, wie sie nur von den runischen Heilern verwendet wurden. Die Heilerstäbe, die Skarja, der Taekhan und der Meltan. Das germanische Wort takan (auch tēkan bzw. tǣkan) bedeutet anfassen, berühren. Das germanische Wort skarjan bedeutet abteilen, verteilen. Vermutlich liegen hier die Ursprünge für die Bezeichnungen Taekhan und Skarja. Das altgermanische Wort maltjan, von dem der Meltan vermutlich seinen Namen hat, bedeutet auflösen.

Heilerstäbe

Runenheilung ohne Heilerstäbe ist wie Akupunktur ohne Nadeln oder meinetwegen auch wie Zahnarzt ohne Bohrer: ganz nett, aber an das grundlegende Problem kommt man nicht heran. Wie bei einem normalen Runenset werden 24 Stäbe angefertigt, die sich jedoch in Aussehen und Funktion von einem Runenset ein wenig unterscheiden. Heilerstäbe sind in etwa so lang und dick wie ein Bleistift, aber doppelt so breit. Am „oberen" Ende wird die Rune geritzt, die danach rituell geweiht und gebunden wird. Erst wenn alle 24 Stäbe beisammen sind, können sie verwendet werden. Hat der Heiler seinen Schützling kennengelernt und eine Anamnese aufgenommen, zieht er sich mit den Heilerstäben zurück und befragt sie zum weiteren Vorgehen. Aufgabe der Stäbe ist es, dem Heiler mitzuteilen, welche Runen sich für die Heilung der festgestellten Symptome anbieten. Dazu umfasst der Heiler alle Stäbe am unteren Ende mit beiden Händen, horcht in sie hinein und legt nach und nach die nicht benötigten Stäbe beiseite. Die zwei oder drei Runen, die übrig bleiben, sind diejenigen, die sich am deutlichsten bemerkbar gemacht haben. Aus diesen Runen wird die Skarja entwickelt – die Binderune, die auf den Taekhan oder Meltan geritzt wird.

Da die Heilerstäbe unbedingt miteinander vergleichbar sein müssen, um untereinander gut kommunizieren zu können, müssen sie aus derselben Baumart, besser noch aus demselben Baum oder Ast, geschnitzt sein. Pappel oder Birke sind für Heilerstäbe besonders gut geeignet. Geht ein Stab kaputt, wird nicht der einzelne

Stab, sondern das ganze Set ersetzt, da die harmonische Kommunikation der Heilerstäbe untereinander sonst nicht mehr gewährleistet werden kann. Dementsprechend ist es auch wichtig, die Weihe der einzelnen Stäbe unter den gleichen Bedingungen durchzuführen. Wird das Holz vor der Weihe eine längere Zeit getrocknet, ist es ratsam, es zusammen mit Bernstein zu lagern, um es vor EM-Feldern[45] zu schützen. Nach der Weihe ist dieser Schutz automatisch durch die Rune gegeben.

Hat man als Runer bereits einige Erfahrungen mit Materialkombinationen gesammelt, kann die Wirkung der Heilerstäbe verstärkt werden, indem man einen zusätzlichen Bernstein und ein kleines Stück Aventurinquarz mit einem Resin-Bernsteinpulver-Gemisch oder Birkenpech einklebt (der Bernstein sollte ca. doppelt so groß sein wie der Aventurinquarz).

Wie die Taekhan und Meltan unterliegen auch die Heilerstäbe einer großen Verantwortung. Nur der Heiler selbst darf sie berühren. Nur so kann sichergestellt werden, dass die Heilerstäbe nicht durch fremde Absichten oder Emotionen verändert werden.

Abgesehen von den Taekhan, die recht robust sind, sind die Werkzeuge der Heiler mühsam anzufertigen und geht einmal etwas daneben, hat man gleich doppelte Arbeit. Vierundzwanzig Heilerstäbe anzufertigen ist nicht die Welt, aber vierundzwanzig rituelle Weihen durchzuführen ist schon etwas aufwändig. Wird dann auch nur ein einziger dieser Stäbe beschädigt, muss man alle neu anfertigen. Es gibt aber einen Trick, mit dem man dieses Problem umgehen kann: Das Material für die Heilerstäbe wird von einem Baum genommen. Man fertigt sich vierundzwanzig Rohlinge an. Trocknen, auf Länge schneiden, Glätten, wo es erforderlich ist, Entrinden, wo es erforderlich ist. Zusätzlich fertigt man sich eine beliebige Anzahl weiterer Rohlinge an, die ebenso vorbereitet werden. Alle Rohlinge werden immer zusammen aufbewahrt. In ein Tuch gewickelt, in einem Lederbeutel, in einem Holzkästchen, ganz wie es für den Heiler passt. Gemeinsam mit einem Bernstein. Empfehlenswert ist ein Bernstein mit Energierune ohne rituelle Weihe (was automatisch Gebrauchsweihe bedeutet) darauf.

Soll ein zusätzlicher Bernstein und/oder Kraftstein verwendet werden, werden alle Rohlinge jetzt damit versehen. Sind alle Rohlinge vorbereitet, beginnt das Ritzen. Vierundzwanzig Stäbe mit je einer Rune. In die restlichen Stäbe wird eine senkrechte oder eine schräge Linie geritzt. Auf keinen Fall beides, auf keinen Fall mehr als eine Linie! Es wird immer wie folgt vorgegangen: Das Kästchen mit den Rohlingen wird geöffnet und der Bernstein wird entnommen. Behaltet ihn in der Hand und dankt ihm und der Energierune für den Schutz, den sie den Heilerstäben spenden. Dann legt den Bernstein zurück. Nicht beiseitelegen, immer zurück zu den Rohlingen! Danach wird ein Rohling entnommen und geritzt. Der Rohling wird zurückgelegt und der nächste entnommen und geritzt. Auch hier: Nicht beiseitelegen, immer zurück zu den anderen Rohlingen! Es ist egal, ob alle Rohlinge in einem Rutsch geritzt oder ob mehrtägige Pausen eingelegt werden. Wichtig ist jedoch, dass immer wie beschrieben vorgegangen wird. Wenn ein Rohling zum Ritzen entnommen wird, behält ihn der Heiler in der Hand und legt ihn auf gar keinen Fall ab! Man kann den Rohling beim Ritzen auf einer stabilen Unterlage abstützen, lässt ihn aber auf gar keinen Fall aus der Hand. Der Rohling hat immer entweder mit dem Heiler oder mit den anderen Rohlingen Kontakt.

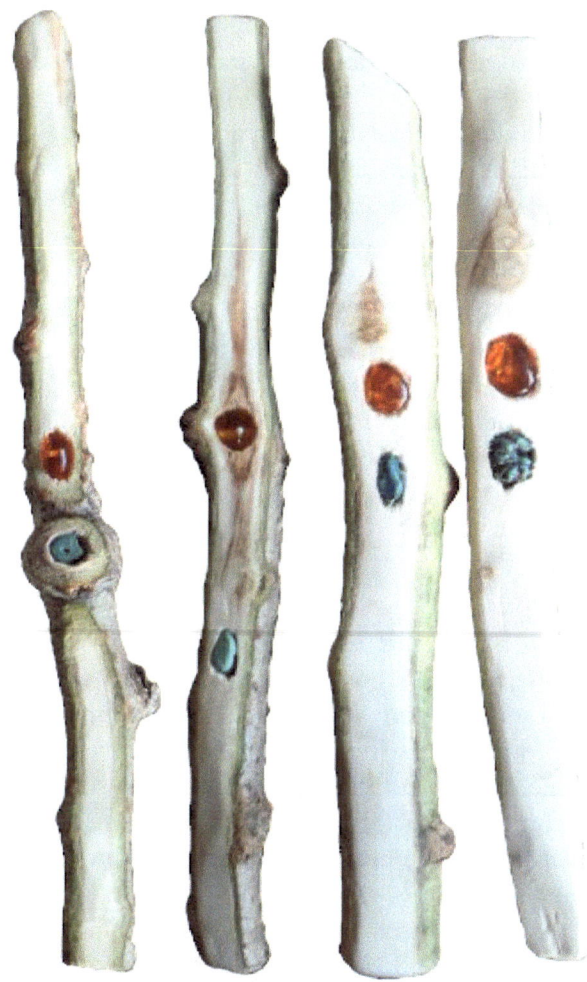

Bild: Rohlinge. Da die Runen ihre Wirkung nicht nur im Holz, sondern in der Materialkombination entfalten, ist es erforderlich, Bernstein und Kraftsteine vor der rituellen Weihe mit dem Holz zu verbinden.

Die erste Weihe erfolgt erst dann, wenn alle Rohlinge entweder mit einer der Runen (24 Rohlinge) oder einer einzelnen Linie (beliebig viele Rohlinge) geritzt wurden. Dabei wird ähnlich wie beim Ritzen vorgegangen. Es werden alle Rohlinge zur Weihe mitgenommen. Zuerst wird der Bernstein entnommen und ihm und der Energierune gedankt. Der Bernstein kommt zurück zu den Rohlingen. Dann wird ein Rohling entnommen und die komplette rituelle Weihe durchgeführt.

Seit die Rohlinge zugeschnitten wurden, ist dies also der erste Moment, bei dem der Rohling keinen physischen Kontakt zu den anderen Rohlingen oder dem Heiler hat. Umso wichtiger ist die mentale Verbindung des Heilers zur Rune während der rituellen Weihe. Vermutlich wird die Verbindung dadurch sogar stärker als sonst. Ist die Weihe komplett vollzogen, wird der Heilerstab zurück zu den Rohlingen gelegt. Frühestens dann wird der nächste Rohling für die Weihe entnommen. Nach erfolgreicher Weihe kann der Heilerstab auch mal einzeln abgelegt werden. Das sollte aber die Ausnahme sein! Im Normalfall liegen die Heilerstäbe auch nach der Weihe immer beieinander und zusammen mit den Rohlingen.

Diese Vorgehensweise mag etwas umständlich erscheinen, ist jedoch sehr sinnvoll. Wird jetzt einer der Heilerstäbe beschädigt, muss kein komplettes Set neu angefertigt werden. Zuerst wird der beschädigte Stab getilgt und dann von den vorhandenen Rohlingen (denen mit einer geritzten Linie) ein passender gewählt, die Linie zu der entsprechenden Rune erweitert, diese geweiht und das Set ist wieder komplett. Ebenso, wenn eine Weihe mal nicht klappen sollte. Wichtig und unbedingt zu beachten ist dabei die Reihenfolge: Erst tilgen, bevor dann neu geritzt wird.

Skarja

Ursprünglich wurde als Skarja nur eine Binderune oder eine Runenkombination bezeichnet. Es hat sich jedoch eingebürgert, auch einzelne Runen, sofern sie auf einem Meltan oder Taekhan von runischen Heilern eingesetzt werden, so zu bezeichnen. Da auch durch einzelne Runen Energie „verteilt" wird, macht das durchaus Sinn. Einzelne Runen und Runenkombinationen sind bei der Runenheilung jedoch eher die Ausnahme. Zumeist wird mit Binderunen gearbeitet. Diese sind nicht zwingend wirkungsvoller, die gewünschte Art der Wirkung kann jedoch sehr viel konkreter erreicht werden, was bei einer Heiltätigkeit sehr wichtig sein kann. Unter Binderunen verstehen wir zwei oder mehrere Runen, die beim Ritzen deckungsgleiche Linien haben und/oder sich an einem oder mehreren Punkten berühren. Leider werden beim Entwerfen von Binderunen oft Fehler gemacht. Wichtig ist, dass eine solche Verbindung von zwei oder mehr Runen eine Binderune ergibt, die eine Wirkung erzielt. Diese Wirkung kann erheblich von der einzelner Runen, welche die Binderune bilden, abweichen. Da sich grundsätzlich alle Runen untereinander kombinieren lassen, ist eine Beschreibung sämtlicher Möglichkeiten und Varianten schlichtweg unmöglich. Es hilft nur zu üben, Erfahrungen zu sammeln und auch mal ein wenig zu experimentieren.

Binderunen

Beispiel 1 (Bergerune)

Bei diesem Beispiel sind die Stäbe, die senkrechten Linien, deckungsgleich. In dieser Binderune aus Uruz (gewendet), Mannaz und Berkana gehört Uruz in die Gruppe der dominanten Runen. Mannaz und Berkana verhalten sich in der Verbindung neutral. Nach dieser Aussage könnte man zu dem Schluss kommen, dass Uruz in dieser Verbindung „das Sagen" hat. Dem ist jedoch nicht so. Uruz ist die formgebende Kraft für die Energie von Runen. Sie liefert in dieser Verbindung die Power. Wird eine Rune als Wenderune (vertikal gespiegelt) verwendet, bedeutet das nicht automatisch, dass sich ihre Wirkung ins Gegenteil verkehrt. Vielmehr gibt es dem Runer die Möglichkeit, ihre Wirkung bzw. Wirkrichtung zu manipulieren. Dadurch lassen sich auch fast unendlich viele, teils sehr feine Nuancen in der gewünschten Wirkungsweise umsetzen. In diesem Fall wird durch das Wenden von Uruz nicht die Wirkung verändert, sondern die Dominanz ihrer Wirkung verringert. Sie wird Mannaz und Berkana gleichgestellt. Die an sich neutralen Runen Mannaz und Berkana stärken einander und richten in dieser Verbindung ihre Wirkung auf ein gemeinsames Ziel. Dadurch entsteht die fast schon paradox zu nennende Situation, dass Mannaz und Berkana gegenüber Uruz in ihrer Wirkung dominant sind.

Beispiel 2, Variante 1

In diesem Beispiel, der Verbindung von Teiwaz und Othala, haben die beiden Varianten sehr unterschiedliche Wirkungen. Hier gibt es keine deckungsgleichen Linien, dafür jedoch zwei Schnittpunkte. Othala ist in dieser Verbindung Teiwaz gegenüber untergeordnet. Die ohnehin dominante Wirkung von Teiwaz „bedient" sich zusätzlich der Kraft von Othala.

Beispiel 2, Variante 2

Auch hier handelt es sich um eine Binderune aus Teiwaz und Othala. Diesmal jedoch mit deckungsgleichen Linien und einem Schnittpunkt. In dieser Variante ist Othala Teiwaz regelrecht „übergestülpt". Die ausgleichende Eigenschaft von Othala bewirkt in diesem Fall, dass sich die Kräfte beider Runen gleichberechtigt verbinden.

Ein weiterer Punkt, der bei der Erstellung von Binderunen beachtet werden muss, ist die Symbolik. Die vierundzwanzig Symbole, die wir für die bildliche Darstellung der Runen nutzen, sind schlicht und haben einen hohen Wiedererkennungswert. Ihre Form erleichtert uns das Arbeiten mit ihnen. So sollte möglichst auch eine Binderune aussehen. Je „eleganter" sie gestaltet ist, umso leichter lässt sie sich handhaben.

Beispiel 3

Diese Binderune ist ein Beispiel dafür, wie man es nicht machen sollte. Raido fällt hier sofort ins Auge, ist jedoch nicht in der Binderune enthalten. Tatsächlich handelt es sich um eine Binderune aus Laguz, Nauthiz und Gebo. Die ungünstige Anordnung der einzelnen Runen ist jedoch sehr irreführend. Ein runischer Heiler wird im Laufe der Zeit eine nicht unbeträchtliche Menge an Taekhan ansammeln. Wird die Symbolik der Binderunen nicht beachtet, kann dies im schlimmsten Fall zu Fehlern bei der Auswahl des richtigen Werkzeuges führen.

Beispiel 4

Dieses Bild zeigt eine Binderune aus Algiz und Othala. Die sich kreuzenden Linien machen jede Bemühung des Runers zunichte.

Beispiel 5

Noch deutlicher zeigt es dieses Bild. Eine solche „Binderune" sollte unbedingt in Holz geritzt werden, dann hat sie wenigstens noch einen Heizwert.

Vorsicht ist auch bei um 90° gekippten Runen geboten! Sie eignen sich zwar sehr gut für symbolhafte Binderunen, sind für Heiler jedoch ein absolutes No-Go! Der quer liegende Stab verhindert einen gleichmäßigen Energiefluss für die gesamte Binderune. Erinnern wir uns noch einmal an das Ritzen von Runen: Die senkrechten Linien werden immer faserparallel geritzt!

Auch wenn man es mit deckungsgleichen Linien übertreibt, gibt es Probleme. So zeigt Beispiel 6 eine Binderune aus Isa, Berkana und Kenaz. Um festzustellen, ob es sich um eine Binderune oder nur um Berkana handelt, muss die Wirkung der Rune geprüft werden. Dazu kommt, dass durch die unterschiedliche Größe der Runen (Kenaz ist nur halb so groß wie Berkana und Isa) die Symbolik nicht gewahrt wird. Es wäre für einen Heiler unverantwortlich, mit einer solchen Nicht-Binderune zu arbeiten.

Beispiel 6

Das Problem hierbei ist auch, dass man keine zwei derartigen Binderunen dazu bringen kann, auf auch nur annähernd gleiche Art zu wirken. Isa und Kenaz sind hier jeweils zu einhundert Prozent deckungsgleich mit Berkana. Schon die Weihe an sich wird zu einer echten Herausforderung, das Ergebnis ist praktisch nicht vorhersehbar.

Deckungsgleiche Linien oder Berührungspunkte sind sehr wichtig und für Binderunen zwingend erforderlich. Sich kreuzende Linien dagegen sind sehr problematisch. Der Energiefluss wird dadurch noch mehr beeinträchtigt als zum Beispiel durch Trocknungsrisse im Holz. Das gilt auch für parallele Linien, die zu dicht nebeneinander liegen. Andererseits ist jedoch die direkte Verbindung der Symbole unabdingbar. Eine sichere Möglichkeit zur Gestaltung von Binderunen ist die Verlängerung der Stäbe, die mehr Vor- als Nachteile bringt.

Beispiel 7

Das Bild zeigt eine Binderune aus Mannaz und Othala. Hier ist die Verlängerung der senkrechten Linien – der Stäbe – nicht weiter problematisch, doch könnten sie unten auch um ¼ der Länge gekürzt werden. Durch die Verlängerung sind die beiden Runen jedoch an zwei weiteren Punkten miteinander verbunden, was sich positiv auswirkt.

Beispiel 8

Auch hier wirken Mannaz (mit verlängerten Stäben) und Othala gemeinsam. Bei diesem Beispiel handelt es sich jedoch nicht um eine Binderune, sondern um eine Runenkombination.

Das Erstellen von Binderunen unter Berücksichtigung der Runenklassen sowie der oben angegebenen Regeln mag auf den ersten Blick sehr kompliziert erscheinen. Mit ein klein wenig Erfahrung ist es jedoch gar nicht so schwierig. Zur Übung ist es hilfreich, einige Binderunen nach rein symbolischen Gesichtspunkten zeichnerisch zu entwerfen, ohne sich dabei um die Wirkung Gedanken zu machen.

Taekhan

Mit einem Taekhan übertragen wir die Heilenergie einer Skarja direkt auf den Patienten. Die Heilarbeit beginnt hier schon bei den Vorbereitungen, in denen der Heiler sich Gedanken über den Patienten macht, den Taekhan anfertigt und die Energie durch die entsprechenden Runen in sich aufnimmt, um sie dann bei der Behandlung an seinen Schützling weiterzugeben.

Auch die Holzwahl ist entscheidend, es sollte zur Diagnose und dem Patienten passen und sich richtig gut anfühlen. Man kann und sollte im Vorfeld ruhig schon etwas Zeit mit dem Holz verbringen. Man lässt das Holz und seine Form auf sich wirken und findet einen Kompromiss zwischen der eigenen Vorstellung (welche Form man für das Holz vorgesehen hat) und der Form, die das Holz selbst vorgibt.

Bild: Taekhan aus Eibenholz mit einem eingearbeiteten Stück „Wood Amber". Der Bernstein ist an der Grenze zwischen Splint- und Kernholz positioniert, was den gleichmäßigen Energiefluss unterstützt.

Für einen Taekhan sucht man sich ein Stück Holz (am besten ohne Äste und Astlöcher), dessen Länge und Durchmesser etwas mehr als die der eigenen Handfläche entspricht. Wenn das Holz noch frisch ist, sägt man lieber ein längeres

157

Stück ab und lässt es richtig gut trocknen, bevor man es auf die doppelte Länge des Durchmessers stutzt. Der fertige Taekhan darf keine Trocknungsrisse haben! Je nach Holz kann das Trocknen bei dieser Holzstärke mehrere Monate in Anspruch nehmen. Ein runischer Heiler legt sich also am besten in der Ruhephase der Bäume einen ordentlichen Holzvorrat an, damit er für verschiedene Anwendungen die freie Auswahl hat.

Um die Skarja später korrekt zu ritzen, markieren wir am Holz „oben" und „unten". Das Holz wird gespalten, als wollten wir ein Brett daraus machen (ca. 5–7 cm dick) und zu einer leicht gestreckten Halbkugel mit balliger Kontaktfläche gearbeitet, die die Hand des Heilers ausfüllt.

Aufgrund der relativ geringen Dichte von trockenem Holz sollte ein Taekhan nie kleiner als die Hälfte einer Faust angefertigt werden. Diese Mindestmasse ist erforderlich, um den Heiler vor einem „Rückschlagen" von Energie beim Lösen von Blockaden zu schützen.

Der Taekhan wird so gefertigt, dass auch die im Kernholz enthaltenen ätherische Öle des Holzes freigesetzt werden und wirken können. Die Wahl der Form bleibt der Handlichkeit und dem Geschmack überlassen und kann leicht variiert werden. Als ergonomisch geformte „Computermaus" liegt der Taekhan gut in der Hand und kann zusätzlich mit einem Lederband über dem Handrücken befestigt werden.

Die Oberseite des Taekhan, auf der die Handfläche des Heilers aufliegt, wird etwas eben geschliffen. Hier wird die Skarja geritzt – die Binderune, die der Heiler für die Behandlung ermittelt. Zu beachten gilt: Legt man das Holz mit der flachen Seite auf den Tisch, verläuft seine Maserung parallel zum Tisch. Die „Wurzel" des Holzes zeigt zum Handballen des Heilers, der „Wipfel" des Holzes zeigt zu den Fingerspitzen. Die Skarja wird entsprechend richtig herum auf die Oberseite des Taekhan geritzt.

Wer möchte, kann passende Mulden für die einzelnen Finger in das Holz einarbeiten. Der Taekhan muss sorgfältig gearbeitet und sehr glatt geschliffen werden; wir arbeiten mit der glatten Unterseite direkt auf der Haut des Patienten. Sämtliche Ecken und Kanten des Taekhan werden abgerundet, sodass auch die Kontaktfläche nicht ganz eben, sondern etwas ballig wird. Mit zunehmender Erfahrung des Heilers können auch Bernstein und Heilsteine in das Holz eingearbeitet werden. Möchte man sie nicht nur hinein klemmen, kommen Birkenpech oder ein Resin-Bernsteinpulver-Gemisch als Klebstoff infrage. Zu beachten ist allerdings, dass Heilsteine (Bernstein ausgenommen) den Taekhan auf ein spezielles Gebiet beschränken. Die Weihe eines Taekhan kann wie die traditionelle Weihe der Runenstäbe rituell durchgeführt werden, beschränkt den Taekhan damit aber ebenfalls auf die in der Weihe festgelegte Einsatzmöglichkeit. Für einen fortgeschrittenen runischen Heiler ist daher die Gebrauchsweihe eher empfehlenswert. Der Heiler wächst mit seinem Werkzeug, verbindet sich schon beim

Ritzen mit der Skarja und aktiviert die Rune durch die Benutzung und sein Können. Heiler und Taekhan wachsen durch die gemeinsam gesammelte Erfahrung. Blut oder Tränen, wie sie von Runern zum Binden genutzt werden, haben auf einem Taekhan jedoch nichts verloren!

Anmerkung aus der Praxis: Heiler, die bereits auf anderem Gebiet Heilerfahrung gemacht haben, werden vielleicht daran zweifeln, ob ein extra gefertigtes Heilerwerkzeug überhaupt notwendig ist. Schließlich funktioniert das Heilen auch ohne Taekhan, sowohl mit als auch ohne Runenmeditation. Ich war daher am Anfang etwas skeptisch, konnte aber schon nach dem ersten Versuch schmunzeln, denn ausprobieren und überraschen lassen ist definitiv den Versuch wert! Mit oder ohne Taekhan macht für mich einen ganz deutlichen Unterschied. Es ist aber dringend davon abzuraten, einen eigens gefertigten Taekhan an sich selbst auszuprobieren oder für sich selbst einen Taekhan zu fertigen!

Und das Wichtigste zum Schluss: Ein Heiler gibt NIEMALS seine Werkzeuge aus der Hand! Weder seine Patienten noch andere Personen sollten den Taekhan jemals auch nur mit der Fingerspitze berühren. Solange ich als Heiler den Taekhan benutze und Energie hindurch zu dem Patienten fließen lasse, kann dem Taekhan durch Berührungen mit dem Patienten nichts passieren. Sobald ich den Taekhan nicht mehr benutze, ist es aber nicht auszuschließen, dass jemand anderes seine (wenn auch nur unbewussten!) Absichten, Emotionen oder Gefühle auf ihn überträgt. Damit kann ich nicht mehr verantworten, den Taekhan am Patienten zu benutzen, da ich nicht weiß, inwiefern er sich verändert hat.

Meltan

Der Meltan ist ein sehr vielseitiges Werkzeug, welches von Schamanen und Heilern gleichermaßen genutzt wird. In so mancher Hinsicht unterscheidet er sich maßgeblich von allen anderen Werkzeugen. Er besteht immer aus Holz, wird immer aus einer Astgabel gefertigt, hat immer eine annähernd ovale Form und die oben-unten-Regel gilt nicht. Diese Regel besagt, dass eine Rune in Holz immer so geritzt wird, dass sie nach oben, also zum Baumwipfel und nicht zu den Wurzeln zeigt. Beim Meltan fließt die Energie in beide Richtungen, deshalb ist oben und unten auch egal. Die Rune muss jedoch wie üblich faserparallel geritzt werden. Die Energie fließt dabei an dem Astloch vorbei, wird also nicht nach irgendwo abgeleitet. In den Jahresringen des Astloches entsteht dabei ein Energiewirbel. Bis zu diesem Punkt kann ich alles als gesicherte Erkenntnisse bezeichnen. Warum dieser Wirbel solch eine tolle Wirkung hat, kann ich nicht erklären, ohne zu spekulieren. Vermutlich entsteht eine Art Sog, der das Ableiten von Energie aus dem Körper unterstützt.

Das Bild zeigt das gleiche Stück Holz in drei Bearbeitungsschritten. An dem Rohling oben sind die Trocknungsrisse im Seitenast gut zu erkennen. Kleine Risse in diesem Bereich unterstützen die Wirkung; Risse im Bereich der Rune machen das Material untauglich. Die mittlere Abbildung zeigt das Material aus der gleichen Perspektive nach dem ersten Schnitt. 1 und 2 sind die Bereiche, in denen eine Rune faserparallel geritzt werden kann. 3 zeigt die Position der Wachstumsringe. Dort darf nicht geritzt werden! Das untere Bild zeigt die optimale Position der Binderune auf diesem Meltan. Die Energie wird um den Wirbel herum, aber auch direkt hineingeleitet. Auch Position zwei wäre in diesem Beispiel für eine Rune geeignet, dann sollte die obere Fläche jedoch noch etwas mehr abgeschliffen werden. Unbedingt ist darauf zu achten, dass das Holz keine Risse oder andere Beschädigungen aufweist.

Bei der Runenheilung ist der Meltan eine Art Hilfswerkzeug, welches zumeist zusätzlich zum Taekhan eingesetzt wird. Gefertigt wird er aus einer Astgabel, bei der ein Ende die Weiterführung des Astes aus Richtung des Baumstammes darstellt (wenig Abweichung von einer geraden Linie) und das andere Ende in einem Winkel von 45° bis 90° abzweigt. Der Seitenast sollte dabei nicht zu dünn sein. Er wird direkt am Stamm abgesägt. Damit ist die Größe und Form festgelegt; sie entspricht in etwa der Schnittfläche. Die Dicke des Materials steht zur Länge des Meltan im Verhältnis von ca. 1:5. Es wird also parallel zum ersten Schnitt ein weiterer Schnitt durchgeführt, sodass man eine Holzscheibe erhält. Diese sollte vorerst ein paar Millimeter dicker sein, weil sie noch glatt geschliffen wird. Auch sämtliche Kanten werden mit feinem Schleifpapier abgerundet.

Ein Meltan funktioniert nur mit einzelnen Runen oder Binerunen. Runenkombinationen sind nicht möglich, es kommt dann nur eine Rune zur Wirkung. Anders als beim Taekhan wird die Rune rituell geweiht und kann sogar gebunden werden. Dann darf der Meltan jedoch nur für den Patienten genutzt werden, für den er angefertigt wurde. In gewisser Weise funktioniert ein Meltan so ähnlich wie ein Steinkreis. Dabei werden Kombinationen von jeweils drei Runen aus je einer der drei Klassen auf acht Steine geritzt. Bei entsprechender Weihe entsteht innerhalb eines solchen Steinkreises ein energiefreier Raum. Ähnlich, wie dieser Steinkreis Energie entzieht, arbeitet auch ein Meltan und löst dabei Energieblockaden auf.

Werden Meltan zu Heilzwecken eingesetzt, hält man sie einfach über einen Energiepunkt. Wird er wie Metall von einem Magneten angezogen, ist es für den Energiepunkt die richtige Rune. Klebt er regelrecht an dem Energiepunkt fest, ist er noch bei der Arbeit. Bei einer Geburt sollte man Meltan jedoch besser nicht einsetzen, sie unterdrücken die Wehen! Ein Meltan kann aber auch als Anhänger getragen werden, als sogenannter Handschmeichler in der Tasche, und wirkt selbst dann noch, wenn man ihn auf dem Nachttisch liegen hat. Schamanen verwenden ihn als Schutz gegen Stress und Burnout ebenso wie zur Wundheilung. Auf eine Wunde aufgelegt (auch über einem Verband) fördert er die Wundheilung und verringert die Narbenbildung. Heiler legen Meltan auf einen Energiepunkt und lassen ihn dort wirken, während sie andere Energiepunkte bearbeiten. Dabei können auch mehrere Meltan mit gleichen oder verschiedenen Runen aufgelegt werden.

Meltan sind die Mimosen unter den Heilerwerkzeugen. Sie sind die Elfen, die über dem Wasser tanzen und beim winzigsten Lufthauch verschwinden. Wenn da was bröselt, sind sie weg. Wird ein Meltan feucht, trocknet wieder und verzieht sich dabei ganz leicht, ist er im Eimer. Beim winzigsten Trocknungsriss ist er im Eimer. Guckt man ihn schief an, ist er im Eimer. Dabei gilt: Je kleiner ein Meltan, umso empfindlicher ist er. Dennoch sollten Meltan zwischen fünf und maximal fünfzehn Zentimeter lang sein. Größere Werkzeuge wirken zu schnell auf den Körper ein, was fast immer zu einer gravierenden Erstverschlechterung führt. Ein Meltan wird immer so aufgelegt, dass die Rune vom Körper des Patienten weg zeigt. So werden Energien abgeleitet und Blockaden gelöst. Zeigt die Rune zum Patienten hin, wird unkontrolliert Energie zugeführt, was leider recht schnell zu unerwünschten Nebenwirkungen führen kann.

Teil III (Heilströmen)

Ich möchte hier ausdrücklich betonen, dass die Beschreibungen der Anwendungen in diesem Buch nicht als ein Abraten von ärztlichen Maßnahmen verstanden werden sollen. Beim energetischen Heilen mit Runen handelt es sich nicht um eine Therapiemaßnahme im ärztlichen Sinn. Runenheilung kann die ärztliche Therapie ergänzen, jedoch nicht ersetzen!

Heilströmen mit der Hand

Für das einfache Heilströmen benötigt man keine besonderen Fähigkeiten oder Vorkenntnisse. Es genügt, die Hand auf einen Energiepunkt zu legen und einfach abzuwarten. Ist man sich unsicher, wo sich die Punkte befinden, legt man einfach die gesamte Handfläche auf den Bereich und kann damit den Punkt kaum verfehlen. Genaugenommen handelt es sich bei den von uns verwendeten Energiepunkten auch weniger um kleine Punkte, sondern vielmehr um Energietore von der Größe einer Handfläche. Sie wirken im Zentrum stärker als am Rand, wodurch man die Intensität des Energieflusses zusätzlich steuern kann. Dazu gibt es auch noch zahlreiche kleinere Energiepunkte, wie sie sich beispielsweise die Akupunktur zunutze macht, die für unsere Arbeit jedoch nicht ausschlaggebend sind. Der Einfachheit halber richten wir uns hier nach den 26 Energietoren, die im Jin Shin Jyutsu oder im Impuls-Strömen beschrieben werden und wie sie auch unseren alten Aufzeichnungen zu entnehmen sind.

Lässt man die Hand eine Weile auf einem Energietor ruhen, spürt man nach und nach ein Pulsieren. Meistens sind drei Minuten ausreichend, es gibt jedoch Tore, die so blockiert sind, dass es deutlich länger dauern kann. Spürt man das Pulsieren an der Handfläche, kann man mit etwas Übung das Zentrum des Energietores ausmachen und das Strömen verstärken, indem man gezielt die Fingerspitzen darauf legt. Aus den Fingerspitzen fließen starke Energien, die das Strömen intensivieren. Mit zunehmender Übung stellt man dann fest, dass auch die eigenen Gedanken, Gefühle und der Wille das Strömen verändern. Man wartet nicht mehr nur ab, bis das Pulsieren zu spüren ist, sondern führt es aktiv herbei, indem man bewusst die eigene Energie auf das Energietor lenkt.

An dieser Stelle ist es wichtig zu wissen, dass es nicht wir selbst sind, die heilen. Wir geben auch nicht unsere eigene Lebensenergie her. Wer das tut, ist schnell ausgebrannt und heilt niemanden mehr. Vielmehr sind wir Vermittler, die auf eine viel größere Energie zugreifen, sie durch uns hindurchströmen lassen, mit Hilfe der Runen modifizieren und auf den Patienten übertragen. Auch wir selbst werden dadurch immer ein klein wenig mit geheilt.

Beim Strömen arbeiten wir immer mit beiden Händen und einer guten Portion Bauchgefühl. Es gibt verschiedene Möglichkeiten, die Strömungspunkte und Hände zu kombinieren:

- Die Hände strömen das gleiche Energietor auf der jeweils rechten und linken Körperseite.
- Die Hände werden übereinander gelegt und strömen intensiv dasselbe Energietor auf einer Seite.
- Die Hände werden auf zwei verschiedene Energietore gelegt und stellen einen bestimmten aufsteigenden oder absteigenden Strömungsverlauf her.

Besonders hilfreich ist es zu visualisieren, wie wir Energie einatmen und sie mit einer langen Ausatmung den Arm hinab in unsere Fingerspitzen strömen lassen. Mit der Zeit entwickelt man selbst eine immer stärkere Energie und kann das Pulsieren bei sich oder anderen innerhalb von Sekunden herbeiführen. Besonders hartnäckige Blockaden aufzulösen, kann allerdings auch eine Stunde in Anspruch nehmen.

Folgende Übung bietet eine gute Starthilfe, um der eigenen Lebenskraft einmal „Hallo" zu sagen: Lasse dir angenehm warmes Wasser in ein Waschbecken oder die Badewanne einlaufen und füge etwas Badeschaum hinzu. Gehst du baden, schließe kurz die Augen, atme tief durch, fühle die Wärme und lasse bewusst los. Lässt du dir ein Waschbecken einlaufen, hole dir einen Stuhl, setz dich bequem an das Becken, tauche deine Hände in das warme Wasser und entspanne dich. Spüre, wie die Wärme mit jedem Atemzug an deinen Händen über die Arme hinauf in den Körper fließt und sich ausbreitet. Nun nimm eine gute Handvoll Badeschaum in jede Hand und führe die Hände ganz langsam zusammen, bis der Schaum in beiden Händen miteinander verschmilzt. Nähere die Hände einander jetzt langsam weiter an, bis du einen Widerstand zwischen ihnen spürst. Verharre hier und federe mit den Händen ein wenig nach, bis der Widerstand immer deutlicher wird. Nimm wahr, ob du noch etwas anderes fühlst. Kribbelt der Schaum an deinen Händen, werden die Hände wärmer? Meist reicht ein Abstand von 2 bis 8 cm, um zwischen den Händen die Energie deutlich wahrzunehmen.

Du denkst, es wäre nur der Schaum, der einen physischen Widerstand bietet? Bald wirst du feststellen, dass du das Gleiche auch ohne den Schaum fühlen kannst. Nun nimm etwas Badeschaum und wandere mit ihm, mit einer Hand deinen Arm hinauf. Versuche immer wieder, den Widerstand zwischen deiner Hand und dem Arm zu erfühlen. Wenn du auf diese Weise die Energie erfühlen lernst, kann es vorkommen, dass du ohne Berührung zunächst ein besseres Gespür entwickelst als mit direktem Kontakt. Bei einer Berührung muss unser Körper die Informationen unserer Tastrezeptoren verarbeiten und oftmals drücken wir umso fester, wenn wir nichts fühlen können. Dieser feste Druck auf die Tastrezeptoren kann das Gespür am

Anfang so trüben, dass die Rezeptoren unempfindlich werden und man erst recht weniger wahrnimmt.

Legen wir die Hände auf die Energietore, gewinnen wir schon nach kurzer Zeit Eindrücke über die Befindlichkeit unseres Patienten. So kann man unterschiedliche Aussagen treffen:

- Das Energietor kribbelt oder „brizzelt" leicht: Es aktiviert sich. Unbestimmte, unregelmäßige und manchmal sehr vage Eindrücke sammeln sich an deiner Hand. Du hast das Gefühl, hier könnte etwas zu spüren sein, bist dir aber nicht sicher? Hier hilft nur Beharrlichkeit. Durch wiederholtes, leichtes, sanftes Strömen lenkst du Energie auf diesen Punkt.

- Du spürst ein starkes hartes Pochen („es klopft wie verrückt"): zu viel Energie hat sich in einem Punkt angestaut und muss abgeleitet oder beruhigt werden. Entweder stellt man mit der anderen Hand einen ableitenden Strom her, oder man glättet mit entsprechenden Impulsen die Wogen. Manchmal haben diese Punkte auch den Anschluss zum Strom verloren und müssen wieder „angeschlossen" werden. Ein geeigneter Taekhan kann an solchen Punkten besonders leicht tief sitzende Probleme an die Oberfläche bringen.

- Du spürst überhaupt nichts und fragst dich, ob du mit der Hand an der falschen Stelle bist? Dieses Energietor ist geschlossen. Hier hilft nur Strömen, Strömen, Strömen oder der passende Taekhan mit Durchschlagskraft. Ohne Taekhan kann es Minuten bis Stunden dauern, ein solches Energietor zu öffnen. In diesem Fall hilft es, mit der Hand mehr Druck auf den Punkt zu geben. Hat man den passenden Taekhan nicht zur Hand, kann es viel Willenskraft und einen starken, hartnäckigen Energiefluss des Heilers erfordern, das blockierte Tor „aufzubrechen". Die elegantere Lösung wäre hier der passende Organstrom, der diesen Bereich löst. Hier ist das Wissen und das Bauchgefühl des Heilers gefragt. Manchmal reicht es auch, mit der anderen Hand einen zuführenden, also aktivierenden Strom über einen geeigneten Energiepunkt zu erzeugen. Nicht immer ist der entsprechende Energiepunkt auf der anderen Körperseite die Lösung.

Um das richtige Gefühl dafür zu bekommen, halte doch einmal deine Hände (ohne Berührung) über den Kopf eines Mitmenschen, der gerade über Kopfschmerzen klagt. Finde mit deinen Händen heraus, wo genau sich die Schmerzen am Kopf befinden. Nicht nur deine Mitmenschen werden überrascht sein. Nutze jede Gelegenheit, um das Gespür deiner Hände zu trainieren und vergleiche, wie sich Körperteile anfühlen, wenn sie schmerzen oder wenn es ihnen gut geht. Der Unterschied ist gravierend und Übung macht den Meister!

Das waren Beispiele dafür, wie sich Energie an einem bestimmten Punkt äußern kann. Doch wie soll es sich nun eigentlich richtig anfühlen? Wenn du ein klares, weiches und an beiden Händen rhythmisch gleichmäßiges Pulsieren spürst, hast du alles richtig gemacht und kannst zum nächsten Griff übergehen. Zahlreiche Techniken können helfen, Energie besser spüren und lenken zu lernen. Je sensibler die eigene Körperwahrnehmung, umso eindringlicher nimmt man die eigenen oder fremden Blockaden und Energieflüsse wahr. Qigong oder Yoga können eine gute Basis für ein solches Gespür schaffen und bieten uns gleichzeitig die Möglichkeit, eigene Verkrampfungen zu lösen. Steht man steif an der Behandlungsliege oder tauchen in der statischen Haltung beim Strömen Schmerzen am eigenen Körper auf, ist auch die Übertragung der Energie auf unseren Schützling behindert.

Bevor man anderen helfen will, horcht man am besten in sich selbst hinein. Auch ein Blick zu den Runen kann sich lohnen! Sieht man genau hin, merkt man, dass sie sich auch beim Strömen ohne Taekhan in einer Behandlung einfinden. Sie können den Heiler beim Strömen unterstützen oder ihm etwas über den Patienten verraten.

Heilströmen mit dem Taekhan

Die Behandlung mit einem Taekhan sollte nie leichtfertig durchgeführt werden. Der Heiler stellt zunächst fest, auf welche Energietore zugegriffen werden muss. Mithilfe der Heilerstäbe wird die helfende Binderune ermittelt. Für einen unerfahrenen Runenheiler empfiehlt sich zunächst auch eine einzelne Rune. Mit Uruz kann man hier kaum etwas falsch machen. Daraufhin wird entschieden, ob speziell ein Taekhan für die Behandlung angefertigt wird oder die Kräfte bzw. Teilkräfte eines oder mehrerer bestehender Taekhan verwendet werden können. Ob ein Meltan ebenfalls zum Einsatz kommt, bleibt noch offen.

Der Heiler hat die Pflicht, sich während der Vorbereitungen voll und ganz auf den Patienten zu fokussieren, selbst wenn die Vorbereitungen mehrere Tage andauern. Wird ein Taekhan angefertigt, ist man sich ruhig und besonnen der Verantwortung seiner eigenen inneren Haltung zu dem Patienten bewusst. Auch Gedanken an andere Behandlungen und Personen sind bei der Anfertigung des Taekhan nicht erwünscht. Egal ob ein neuer Taekhan gefertigt wird oder nicht, hält der Heiler vor seinem Einsatz Zwiesprache mit dem Taekhan und stimmt sich und sein Werkzeug auf die Behandlung ein.

Bei der Behandlung selbst wird der Taekhan auf bestimmte Energiepunkte des Patienten gelegt, während die andere Hand üblicherweise den entsprechenden Punkt an der anderen Körperseite strömt. Wer Erfahrung im Energieströmen hat, kann dem Taekhan auch Energie von einem anderen Punkt aus zuleiten oder umgekehrt Energie von ihm in andere Körperbereiche ableiten.

Damit ist es allerdings nicht getan: Der Heiler konzentriert sich in der Behandlung voll und ganz auf die Skarja und lässt Energie fließen. Er bestimmt, ob die

Behandlung als langsames laues Lüftchen oder als reißender Strom stattfinden soll. Er lenkt die Intensität der Behandlung und achtet dabei auch konsequent auf die Reaktionen des Patienten. Dabei sind Überraschungen vorprogrammiert und besonders für die ersten Versuche empfiehlt es sich, eine Sitzgelegenheit in Reichweite zu haben. Die Behandlung ist für den Heiler durchaus anstrengend und kann körperliche Begleiterscheinungen mit sich ziehen.

Wichtig ist es, den Taekhan nach der Behandlung nicht gleich wegzulegen, sondern noch ein paar Minuten in der Hand zu behalten. In dieser Zeit erhält man eine Menge Energie von ihm zurück, weswegen man sich diesen Moment auch nicht nehmen lassen sollte.

Einsatz des Meltan

Unabhängig davon, ob man nur mit der Hand oder mit dem Teakhan strömt, kann zusätzlich ein Meltan zur Anwendung kommen. Besonders dann, wenn man einen auf- oder absteigenden Strömungsverlauf herbeiführen möchte, legt man einen passenden Meltan auf den Energiepunkt, der mit dem aktuell zu behandelnden Energiepunkt korrespondiert. Da ein Meltan sozusagen „automatisch" funktioniert, kann man sich so voll auf die Behandlung mit Hand oder Teakhan konzentrieren. Einen Meltan sollte man erst dann zusätzlich zur Behandlung mit dem Taekhan einsetzen, wenn man erste Erfahrungen nur mit dem Taekhan gesammelt hat.

Der Mittelstrom

Wir unterscheiden zwischen den sechsundzwanzig „normalen" Energietoren, die paarweise auf der rechten und linken Körperseite angelegt sind und den neun großen Energietoren, die sich mittig am Körper befinden und die als Mittelstrom bezeichnet werden. Eine komplexe Behandlung beginnt grundsätzlich mit dem Mittelstrom und ohne Hilfe eines Taekhan. Dabei werden die neun rot markierten Mitteltore von oben nach unten per Hand geströmt, indem die Fingerspitzen der rechten Hand auf den höchsten Punkt M1 gelegt werden. Die Punkte M2 bis M8 werden dann nacheinander mit den Spitzen von Mittel- und Zeigefinger der linken Hand geströmt. Die Tore des Mittelstromes werden niemals mit einem Taekhan geströmt! Auf den Toren M5 bis M9 kann aber bei sehr schweren Blockaden ein Meltan aufgelegt werden. Stellen wir uns den Mittelstrom als Fluss vor und die Verbindung von den Energiepunkten zum Mittelstrom als zufließende Bäche. Dann wird klar, warum Strömen an den Energiepunkten nicht wirklich Sinn macht, wenn der Mittelstrom nicht vorher gereinigt wurde.

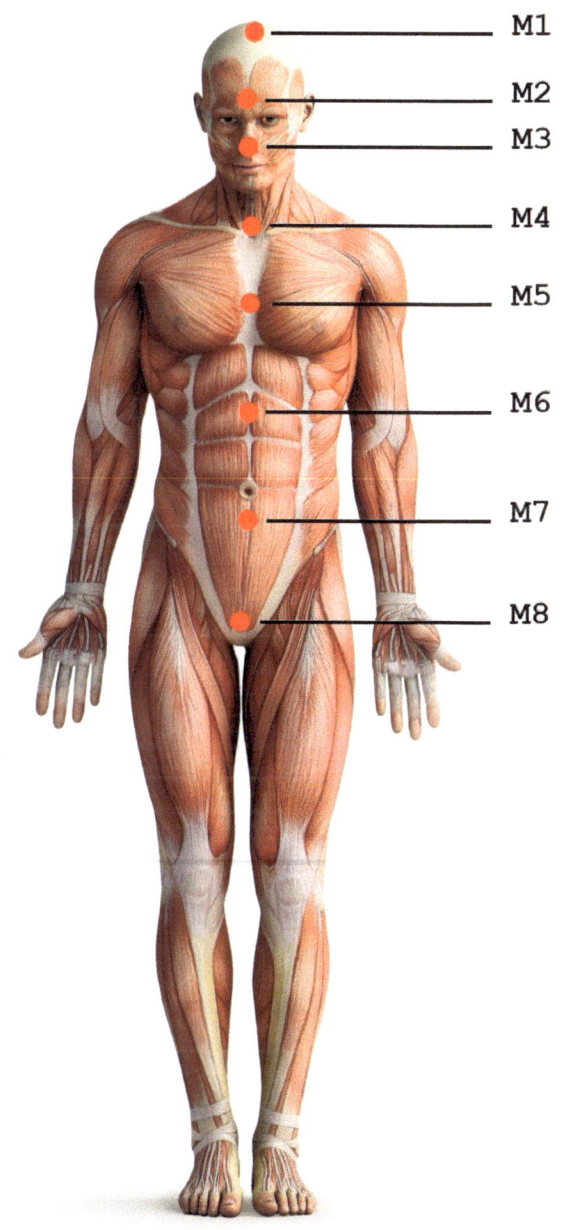

M1

M2

M3

M4

M5

M6

M7

M8

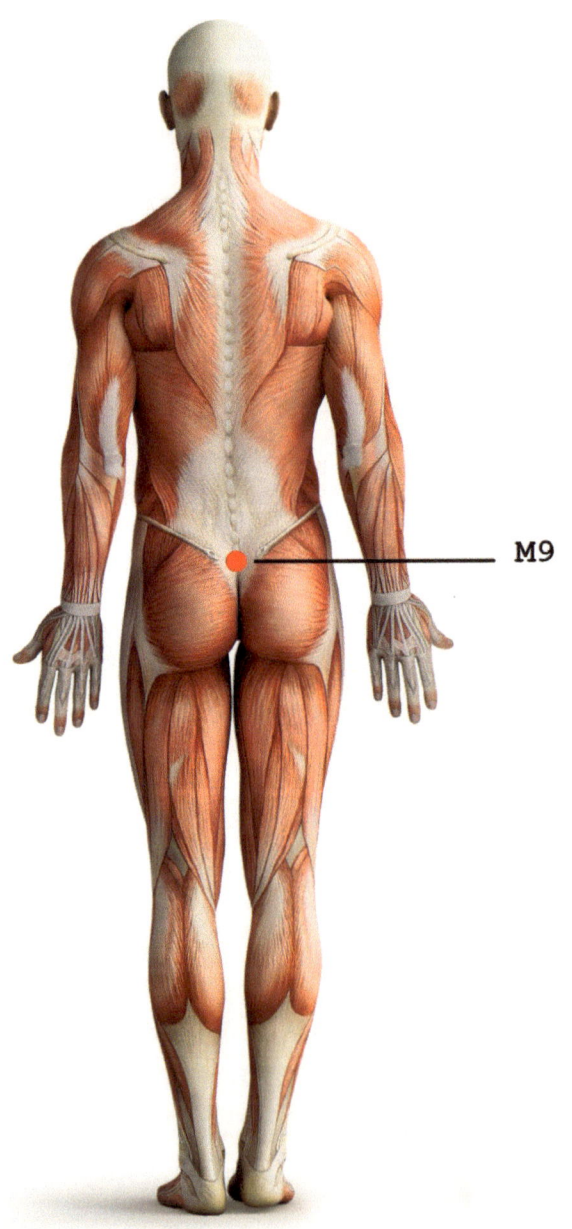

M9

Bild: Auf der Rückseite des Körpers befindet sich nur eines der neun großen Energietore des Mittelstroms.

Es ist auch gar nicht so selten, dass vor einer geplanten Behandlung der Mittelstrom mehrfach gereinigt werden muss. Doch macht es auch wenig Sinn, die anderen Energietore zu strömen, wenn dies nicht zuvor erledigt wurde. Schon ab Beginn der Pubertät kann der Mittelstrom derartig blockiert sein, dass eine mehrfache Reinigung Voraussetzung für weitergehende Behandlungen ist. Sind alle Energietore frei und funktionieren so, wie sie sollen, funktioniert auch der Energieausgleich in unserem Körper. Ist der Mittelstrom an einem oder mehreren Punkten ganz oder teilweise blockiert, gibt es eine Art „Rückstau" zu den anderen Energiepunkten.

Um solch eine Blockade aufzulösen, nutzen wir zusätzlich zu den Runen Wasser. Fließendes Wasser transportiert Energien ganz hervorragend, stehendes Wasser gibt Energien sehr schnell ab. Diese Eigenschaft des Wassers können wir zur Unterstützung des Mittelstroms nutzen, denn unsere Körper bestehen bekanntlich zu einem nicht unbeträchtlichen Anteil aus Wasser. Das Öffnen bzw. Reinigen des Mittelstroms kann dadurch unterstützt werden, dass der Patient in den Stunden vor der Behandlung viel Flüssigkeit zu sich nimmt. Dabei sollte man nicht zu viel wollen und auf Kräutertees, Vitamin-Smoothies und Ähnliches verzichten und nur stilles Wasser trinken. Bis spätestens eine Stunde nach der Behandlung des Mittelstroms sollte der Patient dann urinieren. Bereitet den Patienten darauf vor, dass es dabei zu leichten bis heftigen Schwindelgefühlen kommen kann. Es wird sehr schnell mehr Energie abgegeben, als es normalerweise der Fall ist. Diese Energieabgabe ist es jedoch, die den Mittelstrom dann so richtig „in Schwung" bringt. Ein Glas heiße Zitrone mit Honig oder auch Zucker und ein paar Stückchen Obst geben dem Körper danach schnell genug neue Energie. Auf alles, was lange im Magen liegt, bis es verdaut ist (sogenannte „schwere Kost"), auf Vitaminkonzentrate und Alkohol sollte am Tag der Behandlung aber besser verzichtet werden. Auch körperliche Anstrengungen sind zu meiden. Ein Spaziergang an der frischen Luft ist jedoch empfehlenswert.

Der letzte Strom geht von M9 nach M8. Dabei liegen die Fingerspitzen der rechten Hand auf dem Steißbein und die der linken Hand auf dem Schambein.

Die Energietore

Über die Energietore verschaffen wir uns Zugang zu dem großen Lebensstrom, der unseren Körper als Einheit durchströmt, und befreien diesen Fluss von seinen Blockaden. Jedes einzelne Körperteil ist seinerseits mit dem großen Ganzen verbunden. Ein erfahrener Akupunkteur kann vom Ohr aus auf sämtliche Organe zugreifen, ähnlich auch ein Therapeut, der die Fußreflexzonenmassage beherrscht. Auch wenn wir einen Finger mit der anderen Hand umschließen, steuern wir über diesen Kurzgriff verschiedene Organe und Emotionen an.

Auf den ersten Blick erscheint die Nummerierung der einzelnen Energiepunkte willkürlich und etwas chaotisch. Tatsächlich ist sie jedoch sehr gut durchdacht und sinnvoll. Fortlaufende Nummern ergeben Serien, die sich dazu eignen, in Reihenfolge geströmt zu werden.

Zum besseren Verständnis ist die Reihenfolge der Nummerierung der grün gekennzeichneten Energietore an die allgemein gebräuchliche Reihenfolge im Jin Shin Jyutsu angepasst.

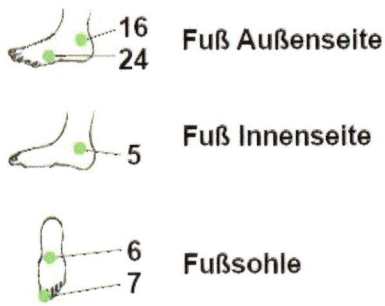

16 / 24   **Fuß Außenseite**

5   **Fuß Innenseite**

6 / 7   **Fußsohle**

Pulsiert ein Finger stärker als ein anderer? Oder gibt es andere Auffälligkeiten am Körper? Hat jemand starke Brustwirbelsäulenverspannungen, weil er sich „zu viel auf buckelt"? Hat jemand unerklärliche Schmerzen an den Knien, weil er „vor etwas davonläuft"? Bekommt ein ständiger Grübler Hautprobleme an der Stirn? Lernen wir den Körper lesen, erhalten wir meist auch einen umfangreichen Eindruck von seinem Seelenleben. Es lohnt sich also, genauer hinzublicken.

Neben dem Strömen einzelner Energiepunkte wenden wir auch das sogenannte „Organströmen" und das kombinierte Strömen von Energiepunkten an. Beim Organströmen ist die grundsätzliche Reihenfolge der Behandlungspunkte festgelegt. Sie werden nacheinander geströmt. Das kombinierte Strömen ist dagegen die „Freestyle"-Variante. Hier richtet sich die Reihenfolge nach den individuellen Gegebenheiten. Immer jedoch sind es die Energietore, durch die die Energie fließt.

Zu beachten ist, dass die Lage der einzelnen Energietore bei allen Menschen nur annähernd gleich ist. Dazu kommt, dass durch Muskel- und Fettgewebe der optimale Ein- und Austrittspunkt gegenüber dem tiefer liegenden Energiepunkt verschoben sein kann. Um die beste Position zum Strömen zu finden, sollte daher immer mit den Fingern ertastet werden, wo der optimale Punkt auf der Haut liegt, bevor ein Taekhan oder Meltan zum Strömen angesetzt wird. Die Nebenpunkte, wie sie im Jin Shin Jyutsu überliefert wurden, sind nicht Bestandteil der Überlieferung unserer Vorfahren zur Runenheilung und werden daher hier nicht mit angegeben. In der Praxis hat sich jedoch gezeigt, dass auch das Strömen über diese Nebenpunkte sehr wirksam ist.

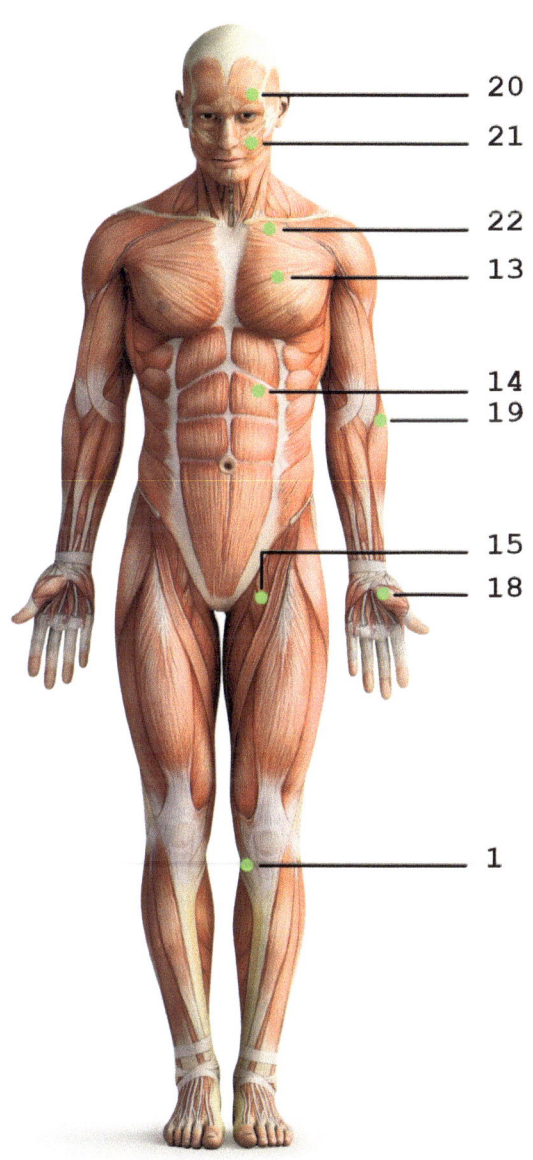

20

21

22

13

14

19

15

18

1

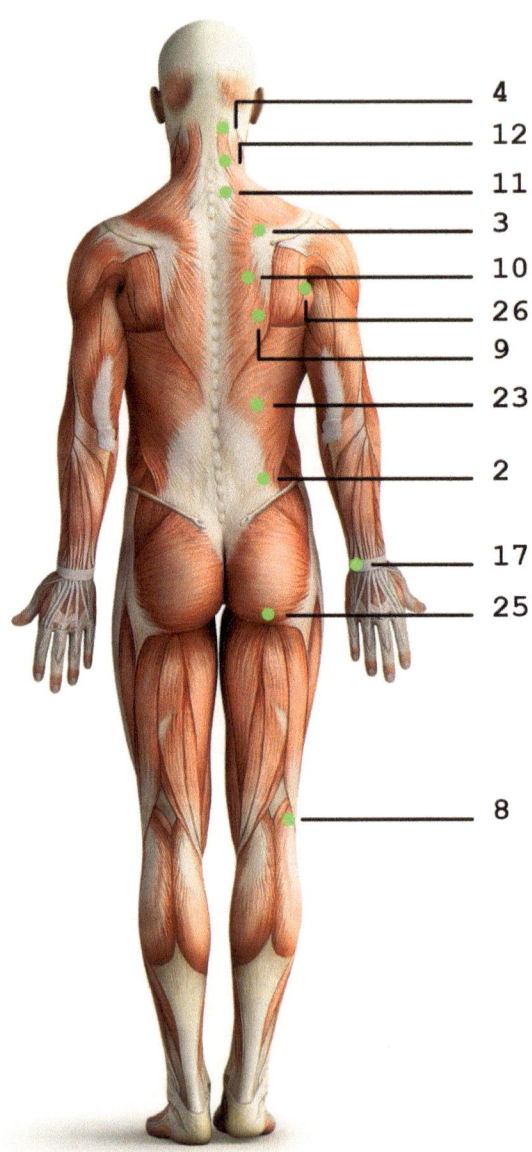

4

12

11

3

10

26

9

23

2

17

25

8

Anwendung der Energiepunkte

Die Punkte 1 bis 4 in Bauchlage sind eine Serie, die sich sehr wirkungsvoll strömen lässt. 5 bis 7 an den Füßen oder 18 bis 22 in Rückenlage sind ebenfalls eine Serie. Ob auf- oder absteigend, zusammenpassende Energiepunkte sind immer fortlaufend nummeriert. Die Punkte 20, 21, 22, 13, 14 und 15 als Serie zu strömen, sollte man daher vermeiden. Aber erst auf der linken und dann auf der rechten Körperseite 20 bis 22 und danach wieder mit links beginnend 13 bis 15 macht durchaus Sinn. Gerade für Anfänger ist diese Art der Nummerierung eine gute Richtlinie.

Energie-Punkt	Sitz / Anwendung
1	Inneres Kniegelenk Verspannungen lösen, Energiepunkt 1 ist hervorragend geeignet als Anfangs- und/oder Endpunkt für Serien auf der Vorderseite des Körpers.
2	Oberhalb des Beckenkamms Wie Energiepunkt 1 für die Vorderseite, so ist Energiepunkt 2 als Anfangs- und/oder Endpunkt für Serien auf der Rückseite des Körpers geeignet. Hier können sehr gut Schmerzen des Bewegungsapparates behandelt werden.
3	Das Schulterblatt ist ein annähernd dreieckiger Knochen, in dessen unmittelbarer Nähe sich gleich vier Energietore befinden: 3, 9, 10 und 26. Energiepunkt 3 befindet sich an der oberen, inneren Spitze des Knochens. Über ihn hat man Zugriff auf das Immunsystem.
4	Energiepunkt 4 ist der höchste Punkt an der Körperrückseite. Er befindet sich direkt an der Schädelbasis, neben der Wirbelsäule. Hier werden Sinnesorgane und Konzentrationsfähigkeit behandelt.
5	Innenseite des Fußes, direkt neben dem Knöchel Behandlung des Verdauungsapparates. Strömen mit der Hand hilft, Verletzungen schneller heilen zu lassen.
6	Fußsohle, knapp unterhalb des Fußballens am äußeren Rand Dieser Energiepunkt ist besonders wichtig für Verbindung und Balance von Körper, Geist und Seele.

7	Unter der vorderen Hälfte des großen Zehs, mittig. Energiepunkt zur Entgiftung und Reinigung. Zugriff auf Magen, Darm, Leber und Nieren.
8	Kniekehle, unmittelbar über der äußeren Sehne Behandlung von Muskeln und Geschlechtsorganen.
9	Am unteren Ende des Schulterblattes, leicht nach innen versetzt über dem Muskelstrang. Hauptsächlich zur Behandlung der Lunge eignet sich dieser Energiepunkt auch zum Strömen für Magen und Darm sowie zur Behandlung der Blutgefäße.
10	Innenseite des Schulterblattes ca. in der Mitte zwischen den Energiepunkten drei und neun. Behandlung der Lunge und des Herzens. Hilft bei Kreislaufbeschwerden und Arterienverkalkung.
11	Direkt neben der Wirbelsäule auf Schulterhöhe. Entspannungs- und Entgiftungspunkt. Hilft bei Nacken-, Schulter- und Rückenschmerzen.
12	Mitte des Halses zwischen den Energiepunkten vier und elf. Unmittelbar neben den Nackenwirbeln. Hilft gegen Verspannungen und Unruhe ohne erkennbare Ursache.
13	Oberkörper vorne, auf oder leicht unterhalb der dritten Rippe. Den Energiepunkt dreizehn bezeichnet man auch als „Herzpunkt". Strömen über dem Herzpunkt hilft nicht nur dem Organ „Herz", sondern auch der „Herzlichkeit". Es fördert die Ausgeglichenheit und bekämpft Aggressivität und Jähzorn. Ganz „nebenbei" hilft es auch noch bei Hautunreinheit.
14	Direkt auf dem unteren Rippenbogen, ungefähr in der Mitte. Von diesem Energiepunkt kann sowohl nach oben als auch nach unten geströmt werden. Strömt man nach oben, so wirkt es auf alle Organe des Brustkorbs. Wird nach unten geströmt, so hilft es dem gesamten Verdauungsapparat.
15	Ungefähr in der Mitte der Leistenbeuge. Energiepunkt 15 hilft bei Krampfadern, Venenproblemen, Thrombosen und Entzündungen. Unterstützt den Heilprozess bei Muskeln und Knochen.

16	Außenseite des Fußes in der Mulde unterhalb des Knöchels. Dieser Energiepunkt ist wichtig für die Verbindung von Bewegungszentrum, Muskeln und Nerven.
17	Handgelenk Außenseite Entspannungspunkt. Hilft, die Nerven zu beruhigen. Dieser Energiepunkt bietet sich an, wenn ein Patient aufgeregt oder nervös ist und Strömen wegen dieses Gemützustandes schwierig ist.
18	Innenhand, etwas unterhalb der Mitte des Daumenballens Auch Energiepunkt achtzehn ist ein Entspannungspunkt. Er kann problemlos gleichzeitig mit Energiepunkt siebzehn geströmt werden. Hilft auch bei Schlafstörungen. Hinweis: Dieser Energiepunkt wird auch bei Verdauungsstörungen und Blähungen geströmt. Im Zusammenhang mit einer tiefen Entspannung kommt es leicht vor, dass bei dem Patienten dann die Winde gehen.
19	Äußerer Ellenbogen direkt über dem Gelenkknochen Der sogenannte „Erste-Hilfe-Punkt" ist sehr wirksam gegen Stress, Unfallschock und Panik, weil er den Kreislauf unterstützt und stabilisiert.
20	Mittig unmittelbar über der Augenbraue Hilft bei Denkblockaden, geistigem Stillstand, Kopfschmerzen und Gleichgewichtsstörungen.
21	Neben den Nasenflügeln am unteren Rand des Jochbeins Hilft bei Schlafproblemen, Mut- und Antriebslosigkeit, Benommenheit und Schwindel.
22	Mulde zwischen Schlüsselbein und Brustbein Zentrumspunkt. Energiepunkt 22 wird von den weiter oben erwähnten runischen Berserkern genutzt. Löst seelische Probleme.
23	Dicht neben der Wirbelsäule, knapp oberhalb der Taille Energiepunkt dreiundzwanzig unterstützt alle Kreisläufe im Körper, reinigt das Blut und stärkt den Verdauungstrakt.
24	Fußaußenseite, knapp hinter dem Gelenk des kleinen Zehs Energiepunkt vierundzwanzig wird manchmal auch als Psychopunkt bezeichnet, weil er kaum auf den Körper, dafür umso mehr auf die Psyche wirkt. Hilfreich bei innerer Unruhe, Sorgen und Existenzangst.

25	Unterhalb des Sitzbeins. Setzt man sich auf die eigenen Hände, liegen die Fingerspitzen zumeist direkt unter dem Energiepunkt. Dieser Energiepunkt vitalisiert den ganzen Körper.
26	Äußerer Rand des Schulterblattes in Höhe der Achselhöhle. Harmonisiert alle Abläufe sowohl im Körper als auch in der Verbindung von Körper, Geist und Seele.

Organströmen

Durch die Kombination mehrerer Energiepunkte, die nacheinander geströmt werden, können einzelne Organe gezielt behandelt werden. Dabei wird die Energie direkt in das betreffende Organ geleitet. Beim Organströmen wird beidhändig geströmt und zumeist werden Taekhan und Meltan synchron eingesetzt. Dazu wechselt man mit dem Taekhan meist auch noch mehrfach die Körperseite des Patienten und muss die exakte Reihenfolge der Serie unbedingt einhalten.

Das hört sich erst einmal etwas einfacher an, als es in der Praxis abläuft. Ich möchte die Problematik am Beispiel des einfachen Herzstromes (es gibt auch noch den erweiterten Herzstrom, der erheblich komplizierter ist) verdeutlichen.

Linker Herzstrom: Auf EP 2 links wird ein Meltan aufgelegt. Die linke Hand strömt EP 11 links. Die rechte Hand strömt mit einem Taekhan einen EP links, dann drei EP rechts und dann drei EP links in der richtigen Reihenfolge. Dann wechselt der Meltan zu EP 11 links und die linke Hand strömt EP 2 links. Die rechte Hand strömt mit einem Taekhan drei EP rechts und drei EP links. Danach folgt der rechte Herzstrom, bei dem der Taekhan mit der linken Hand gehalten wird und die gleiche Abfolge, nur eben „seitenverkehrt" wiederholt wird.

Alles klar? Solch eine Abfolge muss man aus dem Effeff beherrschen, um nicht versehentlich Schaden anzurichten und dazu gehört langjährige Erfahrung in der praktischen Anwendung der Runenheilung.

Die Technik des Organströmens geht weit über die Grundlagen der Runenheilung hinaus und wird hier nicht behandelt. Es braucht einige Jahre praktischer Erfahrung und Anleitung durch einen erfahrenen Runenheiler, um derartige weiterführende Techniken zu erlernen.

Um die Grundlagen der Runenheilung praktisch zu erlernen, empfehle ich, sich zuerst auf die Behandlung des Mittelstroms zu konzentrieren. Sobald man dies beherrscht, kann man erste Serien, wie sie unter „Anwendung der Energiepunkte" beschrieben sind, in Angriff nehmen. Organströmen oder sogar die „Freestyle"-Variante haben Zeit, bis man genug praktische Erfahrung gesammelt hat.

Selbstheilung

„Heiler haben besondere Abwehrkräfte und können mit jeder Krankheit fertig werden. Wer selbst nicht gesund ist, ist auch kein richtiger Heiler.“ Solche und ähnliche Statements kann man in den sozialen Medien von selbsternannten Runenheilern immer wieder finden. Nicht selten sind sie auch noch verbunden mit einer „wahren Geschichte“ von einer geradezu wundersamen Selbstheilung. Dazu gibt es noch den Ratschlag, sich den Runen „völlig hinzugeben“ oder ähnlich schwülstige Formulierungen. Glaubwürdigkeit gleich null und zudem auch sachlich schlichtweg falsch.

Welche Runen und Heilmittel wir wählen, hängt ja letztendlich viel mit unserem Unterbewusstsein zusammen und unser Unterbewusstsein ist darauf bedacht, uns möglichst immer im Wohlfühlbereich zu halten, wo es sicher ist. Jetzt braucht es für die Heilung aber manchmal Runen und andere heilsame Schritte, die uns darüber hinaus führen. Da geht sofort der Alarm unseres Reptiliengehirns los, das schreit: „Achtung, Lebensgefahr! Du verlässt deine gewohnte Umgebung, deine gewohnte Strategie – geh schnell wieder dorthin zurück, wo du hergekommen bist!“ Und schon wählen wir etwas aus, was uns in unsere eigene Schlaufe zurückführt. Weil wir das aber nicht bewusst tun, fühlt es sich noch an wie „geführt“ und wir bilden uns ein, das wäre nicht aus dem Kopf gewählt und muss daher gut und richtig sein.

Einem Runenheiler hilft es auch nicht, sich nur auf die Runen einzulassen oder sich ihnen hinzugeben. Runen sind keine dienstbaren Geister, die nach Wunsch des Heilers aktiv werden und tun, was er verlangt. Von einem runischen Heiler wird erwartet, dass er mit seiner eigenen Energie die von den Runen bereitgestellte Energie modifiziert, sie der gewünschten Wirkung anpasst und sie auf den Patienten überträgt. Das Ziel dabei ist es, die eigene Energie des Patienten zu stärken, zu verändern und so seine Selbstheilungskräfte zu aktivieren. Natürlich ist das eine stark vereinfachte Beschreibung, aber sie verdeutlicht das Prinzip der Runenheilung.

Aber was passiert nun, wenn ich das an mir selbst praktiziere? Ich nehme meine Energie, modifiziere damit die Energie der Rune und übertrage diese auf mich, mit dem Ziel, meine Energie zu verändern. Und mit dieser veränderten Energie modifiziere ich die Energie der Rune … und so weiter. Das alles geschieht unglaublich schnell, in Sekundenbruchteilen und dem Heiler bleibt keine Zeit, sich auf die Veränderung seiner eigenen Energie einzustellen. Es ist ein Vabanquespiel, und von „spontaner Selbstheilung“ bis hin zu „sich selbst ausknocken“ ist einfach alles möglich. Vorhersehbar ist das Ergebnis auf gar keinen Fall, aber die Chance, dass es in einer Katastrophe endet, ist durchaus gegeben.

Mir kann auch niemand erzählen, dass er das im Griff hätte. In den dreiundfünfzig Jahren, in denen ich mich jetzt intensiv mit den Runen befasse, habe ich Menschen kennengelernt, die mit Runenmagie – oder wenn man so will, mit Runenenergie – Dinge vollbracht haben, die an Wunder grenzen. Doch keiner von ihnen wäre jemals so leichtsinnig, die Energie der Runen zur Selbstheilung einzusetzen. Letztendlich heilen nicht die Runen, sondern die runischen Heiler, die sich dabei unter anderem der durch die Runen bereitgestellten Energie und der erprobten Heilerwerkzeuge bedienen. Ihre Fähigkeiten sind das Ergebnis jahrelanger Ausbildung und harter Arbeit und nicht eines spontanen Entschlusses, mit dem Begriff „Runenheilung", ein wenig Fantasie und null Ahnung auf bequeme Weise viel Geld zu verdienen.

„Ich habe fertig!" würde Giovanni Trapattoni jetzt sagen.

Fernheilung

Fernheilung wird viel öfter angezweifelt als Selbstheilung. Das erstaunt mich etwas, denn es gibt durchaus brauchbare Anleitungen im Web, um sie zu erlernen. Vorausgesetzt natürlich, dass man Heilung auf die eine oder andere Art bereits beherrscht. Man könnte es also recht einfach selbst überprüfen. Vielleicht liegt es daran, dass man sich den Vorgang nicht so recht vorstellen kann. Doch geht es ja nur um die Übertragung von Energie. Ausgehend von der Runenheilung kann ich auch bestätigen, dass Entfernungen dabei grundsätzlich keine Rolle spielen. Unter den entsprechenden Voraussetzungen kann ein geübter Heiler Heilenergie bis zu jedem beliebigen Ort auf der Erde senden. Dennoch bin ich dagegen und rate auch dringend davon ab, solche Angebote anzunehmen!

Gerade in den sozialen Medien wird Fernheilung fast schon inflationär angeboten. Ich gehe davon aus, dass viele dieser Angebote nur Geldschneiderei sind. Überprüfen lässt sich das natürlich nicht, aber ein schlechter Ruf ist der Fernheilung praktisch bereits vorprogrammiert. Und das zu Recht. Ob es sich nun um Scharlatane oder echte Heiler handelt, bei der Fernheilung vernachlässigen sie alle einen Aspekt: Es wird Energie gesendet und ohne unmittelbaren Kontakt kommt nie das an, was gesendet wird!

Stelle dir das bitte mal bildlich vor: Du sendest Energie aus, die dann beim Empfänger ankommt. Aber was geschieht auf dem Weg dorthin? Die Energie passiert EM-Felder, wird von Funkwellen bombardiert, von Hochspannungsleitungen absorbiert und von Strahlung jedweder Art verändert. Kein Heiler hat die Kontrolle darüber, was wirklich beim Patienten ankommt und was es dort bewirkt. Korrigierend eingreifen kann man auch nicht, weil alles, was als Feedback zurückkommt, ebenfalls unterwegs verändert wird.

Fernheilung mag in manchen völlig abgelegenen Gebieten, wie zum Beispiel der Arktis, unter Vorbehalt auch heute noch Sinn machen. In Europa, mit den vielen Energieanlagen, Handynetzen, W-LAN und Co. ist sie nach meiner Ansicht nur noch als unverantwortlich zu bezeichnen.

Schmerzkontrolle durch Runen

Voraussetzungen

Die Basis für die Schmerzkontrolle durch Runen liefert der runische Heiler, jedoch gelingt sie nur, wenn der Patient mitarbeitet und gewisse Mindestvoraussetzungen erfüllt. Dazu gehört die Beherrschung der Grundstufe des autogenen Trainings, die aus sieben Übungen besteht.

- Erleben der Ruhe
- Erleben der Schwere
- Erleben der Wärme
- Atem
- Sonnengeflecht
- Herzübung
- Stirnkühle

Es gibt ausreichend Literatur zu den Übungen des autogenen Trainings, sodass hier nicht weiter darauf eingegangen werden muss. Diesen sieben Übungen folgt das „Beenden" oder „Zurücknehmen". Dabei werden die Fäuste geballt und man schlägt sich mit kräftiger Muskelanstrengung auf die Schultern und lässt die Arme dann locker in die Ausgangslage fallen. Dies geschieht drei- oder fünfmal.

Beim letzten Mal lässt man die geballten Fäuste oben, macht eine kurze Pause, atmet ruckartig tief ein, reißt dann gleichzeitig die Augen und die Fäuste auf und gibt einen kurzen, explosionsartigen Laut von sich. Fühlt sich der Trainierende daraufhin noch nicht frisch, wird der Vorgang wiederholt. Vor dem Schlafengehen, wo meist die dritte Übung stattfindet, wird nicht zurückgenommen. Stattdessen dreht sich die trainierende Person zur Seite und schläft ein.

Der letzte, kursiv geschriebene Teil wird bei der Schmerzkontrolle jedoch anders ausgeführt. Die Erklärung dazu erfolgt im Teil „Praktische Anwendung".

Die Binderune

Kernstück ist eine Binderune aus Ansuz und Raido (letztere gewendet) in einem „offenen Ring aus Eisen". Ich verwende hierzu gerne alte Hufeisen, ein u-förmig gebogenes Stück Draht tut es aber auch. Die Binderune sollte bevorzugt in Birke, Eibe oder Bernstein geritzt werden. Besonders schwarzer Bernstein (kein Gagat!) eignet sich hierfür sehr gut, da alleine schon durch das Material eine sehr starke Wirkung erzielt wird.

Raido steht hier für eine rückgerichtete Reise in das

eigene Ich. Der Patient sucht und findet den Schmerz in sich, die Ursache des Schmerzes und den Weg, auf dem der Schmerz abgeleitet werden kann. Ansuz macht diesen Weg frei und ermöglicht so das Ableiten des Schmerzes.

Die Weihe wird als rituelle Runenweihe durchgeführt. Die Besonderheit dabei ist jedoch, dass man sich nicht auf eine Aufgabe für die Binderune konzentriert, sondern auf eigenes Erleben in der Vergangenheit. Nur wer selbst einen sehr starken Schmerz in der Vergangenheit erlebt hat und einen Weg gefunden hat, ihn zu verarbeiten / damit zu leben / ihn zu bewältigen, kann eine solche Binderune weihen. Man sagt also Raido, wo der eigene Schmerz einmal saß und man sagt Ansuz, welchen Weg man zur Bewältigung gefunden hat.

Das ist natürlich hammerhart! Doch nur, wenn man das schafft, wird die Binderune auch dem Patienten helfen. Da kommt wieder das Thema „Runenarbeit ist immer auch Schattenarbeit" auf. Die Anfertigung solch einer Binderune sollte man nur dann in Angriff nehmen, wenn man fest an sich und den Erfolg glaubt. Macht es NUR, wenn ihr zu dem Patienten einen emotionalen Abstand halten könnt. Macht es NIEMALS für einen Patienten, den ihr liebt! Das ist sehr wichtig! Der Wunsch zu helfen in Verbindung mit starken Gefühlen für den Patienten verfälscht das Ergebnis und in dem Fall kann tatsächlich echter Schaden angerichtet werden. Hier ist Verantwortungsgefühl gefragt.

Im Anschluss muss die Binderune an den Patienten gebunden werden. Weiterreichen kann man sie nicht, sie ist immer nur für einen individuellen Gebrauch bestimmt.

Diese Binderune wird entweder für physische oder für seelische Schmerzen angefertigt. Beides zugleich ist nicht möglich!

Auch bei dieser Art der Behandlung kann es zu der bereits erwähnten Erstverschlechterung kommen. Es ist daher sehr wichtig, dem Patienten bei der praktischen Anwendung zumindest anfangs zur Seite zu stehen und ihn zu ermutigen.

Praktische Anwendung

Das Hufeisen wird mit der offenen Seite nach oben aufgehängt. Es bildet so eine Art Behälter, in den von oben etwas eingefüllt werden kann. Das Metall verhindert, dass dieses „Etwas" den Raum wieder verlässt. In das Hufeisen wird ein Netz geknüpft, ähnlich wie bei den beliebten Dreamcatchern. Das Netz hat in diesem Fall allerdings nur eine verbindende Funktion. Wenn der Patient sich jedoch vorstellt, dass es Schmerzen „einfängt", ist das hilfreich.

In der Mitte dieses Traumfängers wird ein Schneckenhaus befestigt. Das Schneckenhaus ist wichtig, weil es dem Patienten ein Ziel für den Schmerz bietet. Der Schmerz wird in die Öffnung des Schneckenhauses geleitet, verfängt sich in den Windungen und kann es nicht wieder verlassen. Die Binderune wird neben dem

Schneckenhaus platziert. Sie zieht den Schmerz an und verhindert ebenfalls, dass er den Weg zurück zum Patienten findet. Dadurch, dass die Rune weitestgehend von Metall umschlossen ist, wird ihre Wirkung fokussiert und verstärkt.

Das Hufeisen muss so aufgehängt werden können, dass es sich nicht dreht und damit dem Patienten die Rückseite des Schneckenhauses zuwendet. Es muss aber nicht zwingend frei hängen, kann also z. B. auch an einer Wand angehängt sein. Nur muss es der Patient bei den Übungen sehen und den Eingang des Schneckenhauses problemlos fixieren können. Gegen den üblichen Schmuck wie bei Traumfängern (Federn, Perlen und wasweißich) ist nichts einzuwenden.

Die bevorzugte Position bei der Übung ist halb sitzend, halb liegend auf dem Bett oder Sofa. Die Beine also ausgestreckt und der Oberkörper halb aufgerichtet.

Der Schmerz wird immer eine Handbreit oberhalb des Bauchnabels abgeleitet. Dazu legt der Patient die Fingerspitzen aneinander und spreizt die Daumen in einem Winkel zwischen 90° und 180° ab (Merkel-Raute). Der Blick ist auf den Eingang des Schneckenhauses gerichtet.

Die Arme werden in einer langsamen, fließenden Bewegung dem Traumfänger entgegengestreckt. Dabei werden die Hände so gedreht, dass sich die Fingerspitzen voneinander lösen und die Handflächen in Richtung des Traumfängers zeigen. Die Daumenspitzen bleiben am längsten aneinander, lösen sich im letzten Teil der Bewegung aber auch voneinander. Während der gesamten Bewegung wird langsam ausgeatmet. Wichtig ist, dass bei dieser Bewegung so wenig Krafteinsatz erfolgt, wie möglich. Der Schmerz wird also nicht weg gepresst, sondern es wird ihm ein Weg zum Verlassen des Körpers gezeigt. Den Rest erledigt die Binderune.

Ich kann aus eigener Erfahrung bestätigen, dass diese Art der Schmerzkontrolle durch Runen sehr wirkungsvoll ist. Nach einer Nervenverletzung und der Diagnose „neuropathisches Schmerzsyndrom" war ich mehrere Jahre auf die Einnahme von starken Schmerzmitteln angewiesen. Leider ist es ja nicht möglich, eine derartige Binderune für sich selbst anzufertigen und die wenigsten runischen Heiler sind dazu in der Lage. Die Anforderungen sind sehr hoch und ohne das eigene Erleben eines vergleichbaren Schmerzes praktisch nicht zu erfüllen. Eine runische Heilerin, die eigentlich nur Tiere behandelt, hat sich dann aber meiner erbarmt.

Der Nachteil dieser Behandlung ist, dass sich der Erfolg nur recht langsam einstellt und – zumindest zu Beginn – auch nicht allzu lange vorhält. Das ändert sich jedoch bei längerer Anwendung. Je nach Stärke der Schmerzen müssen die Übungen am Anfang zwei- bis dreimal am Tag durchgeführt werden, was jeweils gut eine Stunde Zeit in Anspruch nimmt. Auch wird die Ursache nicht beseitigt, sondern nur die Symptome gelindert. Ein Schmerzpatient weiß die Hilfe dennoch zu schätzen. Andererseits bietet die moderne Medizin meist auch nur Drogen wie Oxycodon oder Fentanyl mit den bekannten Nebenwirkungen an. Da ist die sanfte Hilfe der Runenheilung allemal vorzuziehen.

Energetisches Reinigen

Eine der stabilen Binderunen ist die Energierune, eine Binderune aus Algiz und Eihwaz. Algiz hilft bei der Erkenntnis natürlicher und spiritueller Zusammenhänge. Eihwaz leitet auf dem Weg zum Verständnis von Tod, Transformation und Neubeginn. Ursprünglich zur Unterstützung der Runenmeditation konzipiert, wird sie heute zum energetischen Reinigen eingesetzt. Da die Energieform von Eihwaz und Algiz ausgleichend ist, harmonieren sie perfekt miteinander. Diese Binderune kann auch von weniger erfahrenen Runern leicht angefertigt werden. Wird Bernstein als Basismaterial verwendet und ihre Wirkung bei der rituellen Weihe als Talisman gegen negative Einflüsse festgelegt, entfaltet sie unglaublich starke Kräfte. Sie ist in der Lage, die Energie von Runen mit negativen Energien (z. B. Elektrosmog) zu harmonisieren. Sie bekämpft nicht, sondern geht einen für Runen in diesem Bereich doch eher untypischen „sanften Weg".

Energierune anfertigen

Bild: Ein sehr schönes Stück sogenannter „Blauer Bernstein" aus Sumatra. Nach einer vom Importeur beauftragten Expertise ist dieser Stein ca. 23 Millionen Jahre alt. Schon bei dem Rohling ist die Power zu spüren. Sie ist sanft und fließend, aber zugleich sehr kraftvoll. Genau so wünsche ich mir einen Stein für die Energierune. Die meisten Flächen werde ich schleifen und die Kanten abrunden. Die sanfte Art der Wirkung soll erhalten bleiben und durch die Form noch unterstützt werden. Ziel ist es, alle auftretenden Energien miteinander zu harmonisieren.

Bei der Heilarbeit mit Taekhan und Meltan ist ein Umfeld von Vorteil, welches möglichst harmonische Energien aufweist. Elektrosmog beispielsweise kann die Arbeit extrem erschweren. Hier kommt die Energierune zum Einsatz. Sie kann, wie bei einem Amulett oder Talisman, in Holz geritzt und an einer Schnur aufgehängt werden. Am wirkungsvollsten ist sie jedoch auf einem nicht zu kleinen Stück Bernstein. Die Position der Rune lege ich jedoch erst nach dem Grobschliff fest. Dann sind die inneren Strukturen des Bernsteins noch besser zu erkennen. Die Energie tritt in den Bernstein über die glatten Flächen ein und über Ecken und Kanten (auch abgerundete) wieder aus. Der sanfte Fluss der Energie ist schon bei diesem Rohling gut zu spüren. Für das Ziel der Harmonisierung von positiven und negativen Energien suchen wir uns einen passenden Rohling von annähernder Faustgröße. Besonders gut geeignet ist Bernstein mit vielen Einschlüssen und Schichten unterschiedlich harter Bestandteile. Die Marmorierung des Bernsteins durch weiche und härtere Bestandteile macht ihn zu einem geradezu idealen Basismaterial für die Energierune. Alle Energien werden innerhalb des Steines miteinander verwirbelt. Dadurch wird die Wirkung der Rune unterstützt und verstärkt.

Schritt 1: Borke entfernen

Wird Bernstein Sonne und Witterung ausgesetzt, bildet sich an seiner Oberfläche die sogenannte Borke. Bei Strandfunden ist diese Borke meist nur den Bruchteil eines Millimeters dick, bei durch Bergbau gewonnenem Bernstein kann die Dicke bis zu einem Zentimeter und mehr betragen. Diese Borke verhindert sowohl die Aufnahme als auch die Abgabe von Energie. Dies kann erwünscht sein, da durch eine teilweise verbleibende Borke eine zusätzliche Verwirbelung des Energieflusses entstehen kann. Im Allgemeinen wird die Borke jedoch entfernt.

Zum Entfernen der Borke empfiehlt sich Nassschleifpapier in der Körnung 50 bis 100. Weiterhin braucht man eine Schüssel mit kaltem Wasser, eine feste Unterlage und ein paar alte Zeitungen. Das Nassschleifpapier wird gut eingeweicht, es sollte wenigstens 30 Minuten im Wasser liegen. Auf die Unterlage kommen ein paar alte Zeitungen und darauf wird das Schleifpapier gelegt. Der Rohbernstein wird in das Wasser getaucht und dann in kreisenden Bewegungen über das Schleifpapier geführt. Wichtig: Der Bernstein darf sich beim Schleifen nicht erwärmen, da seine Ober-fläche sonst klebrig wird. Er sollte also immer wieder in kaltem Wasser abgespült werden.

Auf dem Schleifpapier sammelt sich der Abschliff als Schlamm. Dieser muss ab und an entfernt werden, indem man das Schleifpapier im Wasser abspült. Für den Abschliff der Borke haben wir keine weitere Verwendung, er wird entsorgt. Bei so grobem Schleifpapier wird die Oberfläche des Bernsteins noch recht rau. Um den Fortgang der Arbeit zu überprüfen, hält man den Bernstein gegen das Licht. An den durchscheinenden Stellen ist die Borke entfernt.

Schritt 2: Form schleifen

Wir brauchen die Utensilien analog dem Vorgehen beim Entfernen der Borke, aber etwas feineres Schleifpapier in der Körnung 100 bis 250. Jedoch sollten Schleifpapier und Bernstein gründlich abgespült werden. Der Abschliff (Borkenschlamm) wird entsorgt und eine Schüssel mit frischem, kaltem Wasser bereitgestellt.

Wer es sich zutraut, kann die endgültige Form festlegen und alle Flächen schleifen. Ich empfehle jedoch, eine glatte Fläche zu schleifen und dann den Energiefluss zu prüfen. Je nach Ergebnis wird dann die nächste Fläche geschliffen, erneut geprüft usw. Um den Energiefluss zu prüfen, fasst man den Bernstein mit den Spitzen von Daumen und Zeigefinger beider Hände und hält ihn gegen das Licht. Die Aufnahme von Energie erfolgt über glatte Flächen, die Abgabe über Spitzen und Kanten. Den Energiefluss innerhalb des Steines kann man sehen und fühlen. Es braucht ein klein wenig Übung, ist aber nicht weiter schwierig und sollte schon beim ersten Versuch gelingen. Schaut nicht auf die Oberfläche, sondern in das Innere des Steines. Es hilft auch, den Stein eine Minute konzentriert anzusehen, dann die Augen zu schließen und seine innere Struktur zu visualisieren. Dann wieder Augen auf, eine Minute ansehen, Augen zu usw. Mit ein wenig Erfahrung braucht man bald nur noch ein paar Sekunden für die Prüfung.

Auf keinen Fall vergessen, den Stein immer wieder abzuspülen und abzukühlen, das ist sehr wichtig! Auch das Schleifpapier sollte immer mal wieder vom Abschliff gereinigt werden.

Wenn die Form fertig ist, wird das Wasser aus der Schüssel abgegossen und der Abschliff (Bernsteinschlamm) in einem Schraubglas o. ä. gesammelt. Wenn dieser Schlamm getrocknet ist, haben wir Bernsteinpulver um es unter Resin zu mischen. Ganz wichtig: Nur vollständig trockenes Bernsteinpulver, in Resin geben, es verträgt kein Wasser (schäumt auf).

Schritt 3: Glätten und Ausschleifen

Der handwerkliche Teil des Glättens entspricht dem des Schleifens der Form. Nur benutzen wir hierzu Nassschleifpapier mit einer Körnung von 400 bis 1200, je nachdem wie glatt die Oberfläche werden soll. Durch das Glätten werden Riefen und kleine Unebenheiten beseitigt. Der Stein wird durchscheinender und man kann den Energiefluss noch besser erkennen. Notfalls darf dabei die Form noch etwas korrigiert werden.

Das Ausschleifen kann man bei Bernstein anwenden, der aus Schichten unterschiedlicher Härte besteht. Dazu verwenden wir kein Schleifpapier, sondern Schleifpaste aus dem Baumarkt oder stellen uns aus Siliziumkarbid in der Körnung ab F220 oder Feiner und etwas Nähmaschinenöl selbst eine Schleifpaste her. Einen ordentlichen Klacks Schleifpaste auf den Stein und dann mit einer alten Zahnbürste parallel zu den Schichten bearbeiten. Dadurch werden die weicheren Schichten heraus geschliffen und es entsteht eine wellige Oberflächenstruktur. Die Oberfläche des harten Anteils wird so vergrößert, es ist mehr Fläche zur Aufnahme und Abgabe von Energie vorhanden und ganz nebenbei wird der Stein sehr schön glatt poliert. Ein Nacharbeiten der Form ist dabei kaum mal erforderlich, da die Energie ohnehin durch die härteren Schichten fließt. Die Wirkung kann so allerdings gesteigert werden. Auch hier ganz wichtig: Immer kaltes Wasser bereitstehen haben und den Stein lieber mehr als zu wenig kühlen!

Schritt 4: Binderune ritzen

Erst nach dem Glätten und/oder Ausschleifen wird die Position der Rune festgelegt. Dabei gibt es zwei allgemeingültige Regeln:

Eine glatte Fläche ist besser als eine gewölbte Fläche (egal, ob konkav oder konvex).

Je näher die Position der Rune zur Mitte des Steines ist, umso besser.

Praktisch gesehen sind die Gründe dafür recht offensichtlich. Auf einer glatten Fläche kann man besser arbeiten als auf einer gewölbten Fläche. Ritzt man die Rune am Rand des Steines ein, bricht leichter mal ein Stück heraus und die ganze bisherige Arbeit war für die Katz. Warum aber nun die Wirkung auch besser ist, vermag ich nicht zu sagen. Ich kann nur aus meiner Erfahrung feststellen, dass es so ist. Wo nun „oben" und „unten" ist, muss man nach dem Energiefluss des Steins ermitteln. Dabei ist dann wieder das Bauchgefühl der entscheidende Faktor.

Das Ritzen mit einer Klinge, egal ob Stein oder Stahl, ist eine echte Tortur! Um in Bernstein zu ritzen, benutzen wir daher mit Diamantsplittern besetzte Nadelfeilen. Wenn beim Ritzen versehentlich Schrammen entstehen, kann man problemlos noch mal nachglätten. Die grundlegende Form des Steines sollte jetzt jedoch nicht mehr verändert werden! Soll der Stein schön glänzen, wird er mit Fensterleder poliert. Relativ neu ist die Technik des Einschmelzens der Binderune. Dabei wird entweder die Kontur oder die gesamte Fläche der Binderune mittels eines Lasers auf dem Bernstein abgebildet. Dies geschieht durch sehr kurze, aber starke Energieimpulse, die das Material schmelzen, aber nicht verbrennen.

Die Binderune wird der rituellen Runenweihe unterzogen, wie sie bereits beschrieben wurde.

Ein Bernstein von ca. 200 g Gewicht (etwa faustgroß) mit einer Energierune reicht aus, um einen Raum von bis zu 100 m³ energetisch zu reinigen. Dabei werden störende Energien nicht beseitigt, sondern durch Harmonisierung für den menschlichen Organismus verträglicher gemacht. Beim energetischen Heilen mit Runen empfehle ich, mehrere solcher Steine aufzustellen. Drei bis vier Steine um den Behandlungsplatz herum verteilt sind optimal. Wenn es möglich ist, können diese Steine auch dauerhaft aufgestellt werden. Doch selbst dann, wenn sie in einer Schachtel oder gar im Schrank verstaut werden müssen, arbeiten sie weiter. Sie nutzen nicht ab, werden nicht schwächer und harmonisieren beständig die sie umgebenden Energien.

Kraftsteine (Heilsteine)

Edelsteine haben die Menschen schon immer fasziniert. Sie als Heilsteine zu verwenden, ist keineswegs neu. Die Veda (auch „die Veden") ist eine Sammlung religiöser Texte im Hinduismus und stammt bereits aus der Zeit des vierten Jahrtausends v. Chr. Darin wird das ganzheitliche System des Ayurveda[46] (Wissen des Lebens) überliefert, welches bereits mit Heilsteinen arbeitet.

Bemerkenswert ist, dass praktisch alle Überlieferungen die gleichen Steine für die Behandlung gleicher Leiden empfehlen. Sei es das erste Medizinbuch Chinas, niedergeschrieben vor 5000 Jahren vom „Vater der chinesischen Medizin" Shen Nung[47] oder die bereits erwähnten Überlieferungen der Ayurveda. Auch der griechische Philosoph Aristoteles[48] berichtete in gleicher Weise um 340 v. Chr. darüber. Dies gilt auch für die „Physika" der Hildegard von Bingen[49] aus dem 12. Jahrhundert. Theophrastus Bombast von Hohenheim, besser bekannt als Paracelsus[50], erforschte die Heilsteine im 16. Jahrhundert erneut und kam zu den gleichen Ergebnissen.

Heute darf man Heilsteine im Geschäftsverkehr jedoch nicht mehr als Heilsteine bezeichnen, ohne rechtliche Konsequenzen befürchten zu müssen. Das Landgericht Hamburg befand in einem Urteil vom 21. August 2008 (Az.: 327 O 204/08), dass das Bewerben von Heilwirkungen von Steinen und die Bezeichnung derselben als „Heilsteine" unlauterer Wettbewerb sei, selbst wenn auf den fehlenden wissenschaftlichen Nachweis der heilenden Wirkung hingewiesen wird. Begründet wurde das Urteil damit, dass es keine Hinweise auf eine krankheitsvorbeugende oder heilende Wirkung der Steine gebe und eine solche Bezeichnung den potenziellen Kunden irreführe. Ich bezeichne diese Steine als Kraftsteine, weil sie den Energiefluss von Runen und damit ihre Kraft beeinflussen. Vom Prinzip her ist es in etwa vergleichbar mit dem Brechungsindex (optische Dichte). An der Grenzfläche zweier Medien unterschiedlicher Brechungsindizes wird Licht gebrochen und reflektiert. Dabei nennt man das Medium mit dem höheren Brechungsindex das optisch dichtere. Ähnlich verändern Kraftsteine den Energiefluss von Runen. Dabei lassen sich in Bezug auf Form und Energie drei Arten von Kraftsteinen unterscheiden.

- **Schmucksteine**: Dabei handelt es sich um geschliffene, polierte und oft eingefasste Edelsteine. Derartig umfassend bearbeitete Steine sehen zwar sehr schön aus, haben jedoch die geringste Wirkung und werden bei der Runenarbeit weniger verwendet.
- **Trommelsteine**: Sie haben ihren Namen von der Bearbeitungsweise. Die Rohsteine kommen zusammen mit einem Schleifmittel (Sand, Walnus-

sschalen, Siliziumkarbid o. ä., oft mit Wasser oder Öl vermischt) in eine sogenannte Steintrommel. Durch Dreh- (Trommel) oder Rüttelbewegung (Spirator) werden Kanten und Spitzen abgeschliffen und man erhält gerundete Steine mit glatter Oberfläche.

- **Rohsteine**: Sie sind die ursprüngliche Form der Kraftsteine und besitzen auch die ursprüngliche und damit stärkste Kraft. In ihnen fließt ungebändigte Energie. Rohsteine sind für die Verbindung mit Runen die bevorzugte Kategorie!

Geschliffene und polierte Kraftsteine kommen bei „Kunden" definitiv besser an. Es kann sogar passieren, dass man wegen „schlechter Verarbeitung" kritisiert wird. Aber: Wer ein Schmuckstück haben möchte, soll bitte zu einem Juwelier gehen. Runer sind keine Schmuckdesigner! Zweckmäßigkeit und Wirksamkeit unserer „Produkte" (ich denke da speziell an Amulette und Talismane) stehen im Vordergrund. Wenn es dann noch schön aussieht, umso besser, aber Hauptanliegen bleibt die Wirkung.

Kraftsteine wirken durch elektromagnetische Energien und die Dichte des Materials. Runen vertragen sich mit elektromagnetischer Energie gar nicht gut. Nun sollte man eigentlich annehmen, dass man Kraftsteine und Runen nur schwer verbinden kann und grundsätzlich stimmt das auch. Glücklicherweise gibt es eine Lösung für dieses Problem: Bernstein (ja, schon wieder). Wird die Rune in Bernstein geritzt und dieser mit dem Kraftstein verbunden, verändert sich ihre Wirkung. Dabei empfehle ich als Faustregel, dass der Bernstein mindestens doppelt so groß sein soll wie der Kraftstein. Am besten lässt es sich wohl so beschreiben, dass Bernstein die ansonsten unverträglichen Energien harmonisiert.

Bis vor wenigen Jahren gab es nur die Möglichkeit, Kraftstein und Bernstein mit Birkenpech zu verbinden, um eine kombinierte Wirkung zu erreichen. Leider hinterlässt Birkenpech schnell unschöne Flecken auf Haut und Kleidung. Durch eine Zufallsentdeckung kann auch dieses Problem gelöst werden. Mit Bernsteinpulver (beim Schleifen des Bernsteins sammeln) vermischtes Resin (kein Acrylharz!) funktioniert ebenso gut, wenn nicht sogar besser als Birkenpech. Es ist absolut ausreichend, Bernsteinpulver und Resin im Verhältnis 1–5 zu 95–99 zu mischen. Mehr Bernsteinpulver bringt auch keine besseren Ergebnisse.

Am Beispiel eines Amulettes möchte ich erläutern, wie durch Kraftsteine eine „Feinabstimmung" der Runenenergie bewirkt werden kann. Basis dieses Amuletts ist Holz von Nussbaum und Pappel mit der Rune Nauthiz, die hier seitwärts auf einen Bernstein der Varietät „Wood Amber" geritzt ist. Nach der Überlieferung steht Nautiz für Einengung, Zwang und Notwendigkeit (des Widerstandes). Die gewünschte Wirkung ist die Überwindung einer fatalistischen Einstellung. Nautiz wird die Fähigkeit zugeschrieben, ihren Träger motivieren zu können.

Bernstein symbolisiert Erfolg. Angeblich fördert er Selbstheilungskräfte und stärkt die Entscheidungskraft. Durch die besondere Struktur des „Wood Amber" und seiner Mischung aus Bestandteilen unterschiedlicher Härte ist der Energiefluss der Rune nicht gleichmäßig wie bei klarem Bernstein oder Holz. Die Energie wird regelrecht verwirbelt. Sie tritt nicht in den Körper des Trägers ein und wirkt von innen heraus, sondern umgibt ihn wie ein Schutzschild und wirkt von außen nach innen. Durch die Verbindung des Bernsteins mit dem weichen Holz der Pappel und dem sehr harten Holz des Nussbaumes wird die Verbindung zwischen Rune und Träger vereinfacht. Kraft, die sanft wirkt und den Träger befähigt, neue Wege zu beschreiten und Altes hinter sich zu lassen. Das Amulett ist für Menschen gedacht, die von Trennung oder Verlust betroffen sind. Es gibt ihnen Kraft, wenn sie bereit sind, diese anzunehmen.

Einfluss des Kraftsteines: Auch dem Zoisit wird eine die Stärkung der Abwehrkräfte unterstützende Wirkung zugesprochen. Im magischen Bereich steht er für sexuelle Wünsche, Fruchtbarkeit und die Gesundheit der zu erwartenden Kinder. In der speziellen Kombination aus Hart- und Weichholz, Bernstein und Zoisit wirkt Nauthiz wie ein Liebeszauber. Die Rune beeinflusst jedoch nicht den gewünschten Partner, sondern hilft ihrem Träger, seine eigene Wirkung zu entfalten und sich dem gewünschten Partner gegenüber besser zu präsentieren. Die winzigen Einschlüsse von Rubin im Zoisit sind hier das „Tüpfelchen auf dem i". Dieser rote Stein symbolisiert die Liebe und Leidenschaft. Er steht für Lebenskraft und starke Gefühle. Ohne die Kraftsteine wäre die Wirkung dieses Amulettes eine ganz andere. Im Folgenden möchte ich einige Kraftsteine und ihre vermutete oder unterstellte Wirkung vorstellen. Alle diese Steine eignen sich für die Feinabstimmung von Runen, zum Beispiel auf einem Taekhan.

Stein	Vermutete Wirkung laut Überlieferung
Achat	Kopfschmerz, Schwindelgefühl, Beeinträchtigung des Gleichgewichtssinns
Alabaster	Beschwerden an Prostata, Gebärmutter und Eierstöcken, stärkt das Verdauungssystem und den Magen.
Amazonit	Stoffwechselstörungen, Stimmungsschwankungen, Herzbeschwerden

Amethyst	Konzentrationsschwäche, Kopfschmerzen
Apatit	Arthrose, Gelenkschmerzen
Aquamarin	Beschwerden an Lymphknoten und Schilddrüsen, Mandelentzündung, Hals- und Rachenbeschwerden.
Aragonit	Immunsystem, Knochen, Gelenke
Aventurin	Stress und Schlafstörungen, soll Entzündungen und Ausschläge hemmen. Wirkt angeblich vorbeugend gegen Arteriosklerose und Herzinfarkt.
Azurit	Entgiftung, Unterstützung der Wundheilung
Baryt	Akne und Pilzerkrankungen
Bergkristall	Fiebersenkend und schmerzlindernd, Herz-Kreislauf-Beschwerden, Verdauungsprobleme
Bernstein	Fördert die Selbstheilungskräfte, harmonisiert unterschiedliche, auch negative Arten von Energien, hilfreich bei Stoffwechselstörungen
Beryll	Entgiftung, Beschwerden der oberen Atemwege
Brasilianit	Gehirn, Rückenmark, Nervensystem
Bronzit	Hauterkrankungen, Traumata, Depressionen
Calcit	Knochenaufbau, Knochenerkrankungen
Chalzedon	Entzündungen und fiebrige Infekte
Chysokoll	Fiebersenkend, wirkt beruhigend und vorbeugend bei Stress
Chrysopras	Wirkt gegen Bluthochdruck und Arterienverkalkung
Citrin	Stärkt das Immunsystem, wirkt entgiftend und regt den Stoffwechsel an.
Diamant	Symbolisiert Reinheit und Klarheit, unterstützt den Energiefluss an allen Energiepunkten
Diopsid	Hilfreich bei Blasen- und Nierenleiden
Dioptas	Unterstützt die Funktionen von Leber und Galle, wirkt schmerzlindernd und krampflösend
Dolomit	Lindert Magen- und Darmbeschwerden und hilft, den Stoffwechsel ins Gleichgewicht zu bringen
Dumortierit	Wirksam gegen stressbedingte Leiden

Falkenauge	Augenleiden, Migräne, Konzentrationsschwäche
Feueropal	Steigert die Energie und regt die Sexualität an
Feuerstein (Flint)	Wirkt entgiftend und stärkt das Nervensystem. Ein Stück Flint auf M1 aufgelegt, unterstützt die Reinigung des Mittelstroms.
Fluorit	Energieblockaden, Wundheilung, Schmerzen und Gelenkbeschwerden
Gagat	Gagat wird oft auch schwarzer Bernstein genannt. Diese Bezeichnung sollte man jedoch vermeiden, da es so zu Verwechslungen mit dem echten schwarzen Bernstein kommen kann. Gagat hilft gegen Rheuma und Gelenkschmerzen.
Granat	Stärkt Herz und Kreislauf, beugt Demenz vor.
Hämatit	Stabilisiert den Kreislauf und fördert die Wundheilung. Als sogenannter „Blutstein" soll er Blutungen stillen helfen.
Heliodor	Stimuliert das vegetative Nervensystem
Heliotrop	Regt die Harnbildung an und hilft bei Blasenentzündung.
Jade	In der chinesischen Kultur steht Jade für die fünf Tugenden der Menschen: Weisheit, Gerechtigkeit, Bescheidenheit, Barmherzigkeit und Mut. Wirkt entgiftend und fiebersenkend.
Jaspis	Symbolisiert Willenskraft. Jaspis unterstützt die Sexualfunktionen.
Karneol	Fördert die Verdauung und hilft gegen Unterleibsbeschwerden.
Kyanit	Löst Energieblockaden und baut positive Energien (wieder) auf.
Labradorit	Hilft gegen Rheuma und Gicht, hat eine beruhigende und ausgleichende Wirkung.
Lapislazuli	Wirkt blutdrucksenkend, harmonisiert die Arbeit der Schilddrüse
Larimar	Stärkt die Knochen, hilft bei Gelenkschmerzen und Muskelverhärtungen.
Magnetit	Die Wirkung des Magnetit, auch Magneteisenstein, ist sehr vielfältig. Detaillierte Anwendungen sind der Beschreibung der Magnettherapie zu entnehmen.
Malachit	Mit seinen wachstumsfördernden und kräftigenden Eigenschaften ist der Malachit besonders gut für Schwangere geeignet.

Mondstein	Unterstützt die Hormonproduktion und sorgt für ein hormonelles Gleichgewicht.
Nephrit	Der Name kommt von dem griechischen Wort Nephron (Niere). Hilfreich bei Reizblase und Inkontinenz.
Obsidian	Hilft bei Traumata und Angstzuständen. Laut „Game of Thrones" kann man mit ihm weiße Wanderer besiegen.
Onyx	Wirksam gegen Hautunreinheiten, Akne, nässende Wunden, Pilzbefall.
Opal	Harmonisierend für Magen und Verdauung, stärkt das Herz.
Pyrit	Hilft bei Erkältungen und Beschwerden der Lunge.
Rauchquarz	Wirkt gegen Bindegewebeschwäche und Muskelschwund.
Rhodonit	Stärkt das Immunsystem und hilft bei Allergien.
Rosenquarz	Fördert Sexualität und Fruchtbarkeit, hilft gegen Augenermüdung und Kopfschmerz.
Rubin	Der Rubin steht für Lebenskraft, Liebe und Leidenschaft. Er unterstützt die körpereigenen Abwehrkräfte.
Saphir	Kann die Regeneration von Nervenbahnen unterstützen, wirkt jedoch sehr langsam.
Sarder	Unterstützt die Heilung bei Entzündungen, Geschwüren und sogar Tumoren.
Sardonyx	Stärkt das parasympathische Nervensystem, verbessert die Sinneswahrnehmung.
Serpentin	Zeigt heilende Wirkung bei Magen-Darm-Beschwerden, Nierenleiden und Menstruationsproblemen.
Smaragd	Fördert die Sehkraft, hilft bei allen Problemen mit den Augen.
Sodalith	Stabilisiert die Schilddrüse, unterstützt das vegetative Nervensystem.
Sonnenstein	Der Sonnenstein unterstützt die Selbstheilungskräfte und ist daher perfekt für das Strömen geeignet. Er kann sowohl zusätzlich zu anderen Kraftsteinen auf einem Taekhan angebracht, als auch direkt auf Energiepunkte aufgelegt werden.
Speckstein	Hilft bei allerlei Hautproblemen, Sonnenbrand und Allergien.
Spinell	Hilfreich bei Muskel-, Gelenk- und Knochenbeschwerden.

Staurolith	Unterstützt die Funktionen des zentralen Nervensystems.
Steinsalz	Stärkt Kreislauf und Stoffwechsel.
Sugilith	Kann unterstützend bei Bewegungsstörungen bis hin zur Epilepsie eingesetzt werden.
Tigerauge	Hilft gegen Asthma und Migräne, unterstützt die Arbeit der Bronchien.
Topas	Regt Stoffwechsel und Verdauung an, wirkt blutstillend.
Türkis	Hilfreich gegen Hals- und Lungenentzündungen, Gicht und Rheuma. Wirkt allgemein entzündungshemmend und damit auch gegen Rheuma und Gicht, kann Schmerzen lindern.
Turmalin	Unterstützt die Entwässerung und Entgiftung, hilft gegen Entzündungen und reguliert den Blutdruck.
Unakit	Wirkt verdauungsfördernd und regt den Stoffwechsel an. Regeneriert den Körper nach Krankheiten.
Vesuvian	Lindert die Symptome bei chronischen Erkrankungen, hat eine reinigende und entschlackende Wirkung.
Zinnober	Regt die Bildung von weißen Blutkörperchen an, stärkt den Kreislauf und das Immunsystem.
Zirkon	Wirkt positiv auf Leber und Galle, hilft bei Asthma und lindert Lungen- und Bronchienerkrankungen.
Zoisit	Steigert die Fruchtbarkeit und Zeugungsfähigkeit, regt die Zellteilung an und wirkt entgiftend.

Ein Wort zum Schluss

Vor einigen Jahren wurde ich von Freunden auf das Jin Shin Jyutsu, das japanische Heilströmen, aufmerksam gemacht. Zugegeben, meine erste Reaktion war einfach nur genervt. Ich habe das japanische Heilströmen als eine Light-Version der Runenheilung angesehen. Dazu kommt, dass in Deutschland alles, was aus Asien kommt, mehr oder weniger begeistert angenommen wird. Den Überlieferungen unserer eigenen Vorfahren wird dagegen mit Misstrauen und Ablehnung begegnet.

In den letzten Jahren habe ich mich etwas intensiver mit den Ähnlichkeiten von Runenheilung, Akupunktur, Jin Shin Jyutsu, Moxa-Therapie und weiteren befasst. Auch wenn manches an den fernöstlichen Heilmethoden verändert und an westliche Gewohnheiten angepasst wurde, gibt es doch so viele Parallelen, dass es unmöglich Zufall sein kann. Das zugrundeliegende Prinzip, durch Öffnen und Reinigen der Energietore die Energie im Körper wieder auf natürliche Weise fließen zu lassen, ist bei allen diesen Heilmethoden gleich. Ob man dabei Begriffe wie Energiebahnen, Meridiane, Qi oder wie auch immer verwendet, ist unerheblich. Die Energie-, Druck-, Wärme- und Akupunkturpunkte in den verschiedensten Heilmethoden werden nahezu identisch beschrieben, das Wirkprinzip ist nahezu identisch, die Vorgehensweise ist vergleichbar.

Heute betrachte ich fernöstliche Heilmethoden als einen weiteren Beweis dafür, dass gleiche Methoden und Techniken weltweit entdeckt und entwickelt wurden. Und das spricht in meinen Augen für ihre Zuverlässigkeit und Wirksamkeit. Ich kann nur jedem, der sich mit Runenheilung befassen will, empfehlen, sich ebenso mit den überlieferten Heilmethoden anderer Völker anzufreunden, und das Jin Shin Jyutsu steht dabei ganz oben auf meiner Liste.

Die von der traditionellen chinesischen Medizin angenommenen Wirkmechanismen konnten bislang wissenschaftlich nicht nachgewiesen werden. Dennoch wurde beispielsweise auf dem Deutschen Ärztetag 2003 die Zusatz-Weiterbildung Akupunktur neu in die (Muster-)Weiterbildungsordnung (MWBO) der Bundesärztekammer eingeführt. 2021 waren in Deutschland bereits 15.131 Ärzte mit der Zusatzbezeichnung „Akupunktur" bei den Ärztekammern registriert. Die Kosten für ausgewählte Akupunkturbehandlungen bei chronischen Schmerzen werden von allen deutschen Krankenkassen erstattet. In der Schweiz wird die Akupunktur über die Grundversicherung abgedeckt, wenn die Behandlung durch einen Arzt erfolgt.

Ob die Runenheilung jemals wieder einen annähernd anerkannten Stand erreichen kann, ist fraglich. Dennoch sollten wir alles dafür tun, sie nicht in Vergessenheit geraten zu lassen. Keine Heilmethode kann Wunder vollbringen, doch können die Runen manches bewirken, was in der modernen Medizin als unmöglich angesehen wird.

Ich weiß, daß ich hing am windigen Baum
Neun lange Nächte,
Vom Sper verwundet, dem Odhin geweiht,
Mir selber ich selbst,
Am Ast des Baums, dem man nicht ansehn kann
Aus welcher Wurzel er sproß.

Odins Runenlied, Hávamál, 139

Bild: Cover der ersten Ausgabe von „Die schamanische Reise".

Ein Wort vorweg

Schamanen, Völven, sogenannte „Geistheiler" und andere werden oft noch belächelt und als Spinner abgetan. Doch immer mehr Menschen beschäftigen sich mit Dingen, die allgemein als außer- oder übersinnlich bezeichnet werden, und erkennen, dass diese ebenso real sind, wie die uns umgebende Welt.

Wir besuchen die vier Reiche Midgards, andere Welten und vergangene Zeiten. Wir reisen mit den Feen und lernen von den uns begleitenden Fylgien. Wir sitzen auf dem Geländer einer Brücke, lassen die Beine baumeln und trinken mit Walküren Ingwerbier aus der Flasche.

Es gehört auch heute immer noch recht viel Selbstbewusstsein dazu, diese Dinge auszusprechen. Aber diese Dinge sind Realität und keineswegs nur bestimmten Menschen vorbehalten. Die Fähigkeit, sie zu erfahren, wird uns bereits in die Wiege gelegt; wir vergessen nur, wie wir sie nutzen können. Es ist an der Zeit, uns zu erinnern.

Danksagung

Meine ehemaligen Schülerinnen Ahira Gadar, Mariz Gawaldan und Linda Krader haben mich tatkräftig bei diesem Buch unterstützt. Die Sicht von Frauen und gerade von Völven und runischen Heilerinnen, die hier mit eingeflossen ist, hat meine eigene Sichtweise verändert und erweitert, und dafür bin ich „meinen Mädels" sehr dankbar.

Rewa Kasor
Hamburg, im Sommer 2024

Einleitung

Runen und Schamanen, passt das überhaupt zusammen? Wenn man der landläufigen Meinung folgt, nicht. Dort wird davon ausgegangen, dass es ja bei den germanischen Stämmen – zugrunde gelegt wird dabei im Allgemeinen die Wikingerzeit – keine Schamanen gab und somit jegliche Verbindung von Runen und Schamanismus abgelehnt. Dabei wird jedoch vernachlässigt, dass es sowohl während der Wikingerzeit – heute grob datiert auf 800 bis 1050 – als auch davor und danach grundlegende Entwicklungen gab. Die Wikinger waren ja nicht von einem Tag auf den anderen plötzlich da, verschwanden nicht ebenso überraschend nach zweihundertfünfzig Jahren an einem einzigen Tag und in der Zwischenzeit gab es keinerlei Veränderungen. Ein wichtiges Argument für die runischen Schamanen jedoch ist: Dieser Begriff wurde erst im 18. Jahrhundert geprägt!

Doch wo kommt das Wissen über Runen, runische Heiler und Schamanen, Völven, Aurinas, runische Krieger und Berserker eigentlich her?

Nach dem Ende des Dreißigjährigen Krieges setzte sich eine Frau hin und schrieb all die Dinge auf, die sie von ihren Eltern gelernt hatte. Dinge, von denen nur wenige Menschen Kenntnis hatten. Die Aufzeichnungen, die sie von ihren Eltern und Großeltern übernommen hatte, waren in den Wirren des Krieges zerstört worden oder verloren gegangen. Es waren Kenntnisse über Runen, über ihr Wirken und ihr Wesen. Die Frau selbst war eine Völva. Sie kannte die alten Zauber und Rituale und ihr Wunsch war es, das Wissen darüber für die Nachwelt zu bewahren.

Der Nachname dieser Frau war Brunnckow. Dieser Name hat seinen Ursprung in der Berufsbezeichnung Brunnenbauer. Ihre Vorfahren hatten bei ihrer Arbeit etwas in der Erde gefunden, was ganz offensichtlich die Familie über Generationen hinweg nachhaltig beeinflusst hat. Gut dreihundert Jahre später habe ich diese Aufzeichnungen entgegengenommen und sie dreißig Jahre lang verwahrt. Der größte Teil wurde in der Kurrentschrift[51] verfasst, einiges später in Sütterlin[52] ergänzt. Selbst heute, nachdem ich vor einigen Jahren diese Unterlagen an meine Nachfolgerin übergeben habe, ist noch nicht alles in eine lesbare Form übertragen. Vieles ist leider auch beschädigt und unvollständig.

Diese Aufzeichnungen sind die Grundlage meines Wissens über Runen, über Völven, Schamanen und Heiler. Lange wurde es als Geheimnis gehütet. Gerade in meiner Generation, in der Zeit nach dem 2. Weltkrieg, war es ja auch (wieder einmal) nicht ungefährlich, sich als Runer zu erkennen zu geben. Der Missbrauch dieser Symbole in der Nazizeit wirkt sogar noch bis heute nach. Erst in den letzten Jahren sind wir dazu übergegangen, immer mehr davon öffentlich zu machen. So entstand erst einmal „Deine RunenReise", ein Buch über Wesen und Wirken der Runen. Später folge ein Buch über die Grundlagen des energetischen Heilens mit Runen und jetzt also über die Reise der runischen Schamanen.

Was ist Schamanismus?

Über den Begriff Schamanismus und besonders darüber, wer sich nun Schamane nennen darf und wer nicht, wird eifrig gestritten. Warum meine Vorfahren den Begriff Schamanismus übernommen haben, ist nicht bis ins kleinste Detail überliefert. Kernpunkt war jedoch mit Sicherheit die schamanische Reise, die eine bedeutende Gemeinsamkeit mit dem Schamanismus der spirituellen Spezialisten der Ethnien des sibirischen Kulturareals und weiterer weltweit darstellt.

Im Zusammenhang mit den runischen Schamanen werde ich mich auch nicht an dieser Diskussion beteiligen. Was das betrifft, halte ich sie für ähnlich sinnvoll wie eine Petition der Waidmänner zur Abschaffung des Begriffes Jägerschnitzel. Ich halte es da mit den Ausführungen des schwedischen Religionswissenschaftlers Åke Hultkrantz (1920 – 2006), der die schamanischen Rituale und Praktiken verschiedener Völker erforschte: „Schamanismus ist der Komplex von Riten, Überzeugungen und Traditionen, der rund um den Schamanen und seine Aktivitäten gruppiert ist." Das bedeutet auch keineswegs, dass alle Überzeugungen, Riten und Traditionen identisch sein müssen! Für mich ist das zentrale Thema der spirituellen Reise zum Zweck des Erkenntnisgewinns entscheidend für die Definition des Schamanen.

Core-Schamanismus

Spricht man von Schamanismus, so kommt man heute an dem sogenannten Core-Schamanismus des Michael Harner[53] (1929 – 2018) kaum noch vorbei. Harner gründete 1979 die Foundation for Shamanic Studies (FSS), die sich vor allem der Bewahrung, der weiteren Erforschung und der Verbreitung seines Schamanismus-Konzeptes widmet. Dieses Konzept besagt im Wesentlichen, dass Core-Schamanismus die Schnittmenge aller schamanischen Praktiken weltweit sei. Er basiere auf nahezu universellen Prinzipien aller schamanischer Kulturen und sei daher grundsätzlich jedem Menschen zugänglich. Kritiker bezeichnen den Core-Schamanismus als Schamanismus-Light oder auch als Plastik-Schamanismus. Losgelöst vom indigenen Kontext, stelle er ein synthetisches Konstrukt dar, welches sich vor allem an den modernen Vorstellungen und Wünschen westlicher Menschen der heutigen Zeit orientiert. Ich gehe hier weitestgehend mit den Kritikern konform, möchte den Core-Schamanismus jedoch nicht absolut verteufelt wissen. Mit seinen Lehrgängen und Workshops sehe ich in ihm ein praktikables wirtschaftliches Konzept, welches jedoch die praktischen Grundlagen der schamanischen Arbeit recht gut vermittelt. Als Basis, speziell zum Erlernen der schamanischen Reise, aber auch für die Runenmeditation, halte ich den Core-Schamanismus für durchaus geeignet. Für echte schamanische Arbeit taugt diese Light Version allerdings wirklich nicht.

Schamanische Arbeit und besonders das schamanische Reisen birgt durchaus das Risiko körperlicher und psychisch – mentaler Schäden. Diese Risiken werden im Core-Schamanismus komplett ausgeblendet. Zugegebenermaßen werden diese Risiken aber auch weitestgehend umgangen, indem der Schamanismus-Light eben auch nur eine Light Version der schamanischen Reise vermittelt. Wer nur wenige Zentimeter unter der Wasseroberfläche schwimmt, der taucht und darf sich daher als Taucher bezeichnen. Er vermeidet die Risiken des Tiefenrausches, wird aber nie die wahre Schönheit der Unterwasserwelt erkennen. Ein Core-Schamane wird allein mit dem ihm vermittelten Basiswissen nie den ganzen Reichtum spiritueller Erfahrungen und Erkenntnisse genießen können. Dennoch rate ich Interessenten durchaus dazu, die eigenen Fähigkeiten und Talente mittels der Workshops und Kurse des Core-Schamanismus zu testen und sich ein gewisses Basiswissen anzueignen. Bevor man sich Hals über Kopf auf eine physisch und psychisch belastende, mehrjährige Ausbildung einlässt, macht das durchaus Sinn.

Die Runenmeditation unterscheidet sich nicht wesentlich von einer schamanischen Reise. Wenn hier schon von Light Versionen die Rede ist, dann kann man durchaus die Runenmeditation als eine Light Version der schamanischen Reise bezeichnen. Es gibt recht viele Gemeinsamkeiten, wie zum Beispiel die Krafttiersuche, Schattenarbeit, ähnliche Blockaden und Trigger usw. und aus einer Runenmeditation wird nicht selten unbeabsichtigt eine schamanische Reise. Auch die Schwierigkeiten, die einer gelungenen Runenmeditation im Wege stehen, sind ähnlich wie bei der schamanischen Reise.

Das Weltbild runischer Schamanen

Als Basis für das Weltbild runischer Schamanen gelten Yggdrasil[54], der Weltenbaum und die neun Welten aus der nordischen Mythologie. Die neun Welten sind:

- Asgard: Heimat der Asen
- Wanenheim: Heimat der Wanen
- Albenheim: Heimat der Lichtalben
- Midgard: Heimat der Menschen
- Jötunheim: Heimat der Riesen (Jötunen)
- Muspellsheim: Heimat der Feuerriesen
- Schwarzalbenheim: Heimat der Schwarzalben (Zwerge)
- Niflheim: Heimat der Eisriesen
- Helheim: Totenwelt

Dazu kommt noch Utgard als eine Art Außenwelt, die die anderen Welten miteinander verbindet.

Ein grundlegender Irrtum, der auch die schamanische Arbeit erschwert oder sogar unmöglich macht, ist hier „Welt" mit „Planet" gleichzusetzen. So wie Midgard mit dem Planeten Erde assoziiert wird, werden oft auch die anderen Welten als Planeten angesehen. Taucht man etwas tiefer in die Materie ein, stellt sich das jedoch ein wenig anders und wesentlich umfangreicher dar.

Wenn wir uns die physikalische Beschaffenheit unseres Universums ansehen, stellen wir fest, dass nur 4,6 % aus „normaler Materie" besteht. Dazu kommen noch 23 % dunkle Materie und 72 % dunkle Energie[55]. Dunkle Materie und Energie können wir nicht direkt erforschen; wir erkennen nur die Wechselwirkungen, die sie auf die normale Materie haben. Die normale Materie verhält sich so, wie wir es erwarten und kennen. Die grundlegenden physikalischen Gesetze sind uns bekannt; die Zeit verläuft in eine Richtung und wir fühlen uns in unserem dreidimensionalen Umfeld ganz gut. Diese 4,6 % sind als Midgard bekannt. Nicht nur die Erde oder das Sonnensystem, sondern die vielen Galaxien, die diese 4,6 % ausmachen, sind Midgard! Der „Rest" von 95,4 % sind die anderen bekannten Welten, in denen die Asen, Wanen, Alben, Riesen und Zwerge leben.

Schauen wir uns also unser Universum an, so erkennen wir Midgard. Die anderen Welten sind hinter Bezeichnungen wie dunkle Materie und dunkle Energie verborgen. In Midgard besuchen uns die Walküren sowohl als Geistwesen als auch in ihrer körperlichen Form (dann meist über die Regenbogenbrücke[56]). Ausgewählte Menschen (z. B. Alben) besuchen uns in körperlicher Form über die Portale von Utgard, von wo aus alle Welten zu erreichen sind und Geistwesen wie Fylgien und Hamingjas[57] passieren die Barriere ungehindert, sind jedoch im „Normalfall" optisch nur selten wahrnehmbar. Wir haben nicht die Möglichkeit, mit unserem physischen Körper die (von Odin errichtete?) Barriere zwischen den verschiedenen Welten zu überwinden. Unsere Körper können unter den physikalischen Bedingungen der anderen Welten nicht existieren. Ob das so bleibt, ob wir eine bestimmte Entwicklung durchmachen müssen und uns irgendwann anpassen oder nicht oder was auch immer, vermag ich nicht zu sagen. Wir sind eben immer noch die Küken, also weniger protected man, sondern eher save the children. Nun kann man all das leicht als Spinnerei abtun, denn den Beweis für die Richtigkeit dieser Behauptungen anzutreten, ist bislang nicht gelungen. Es gibt aber auch noch einen anderen Weg: Man kann die schamanische Reise in der Art der runischen Schamanen erlernen und es auf diesem Weg einfach selbst überprüfen.

Die Aufgaben runischer Schamanen

In den Überlieferungen werden die runischen Schamanen als spirituelle, geistige und sogar weltliche Führer einer Gemeinschaft bezeichnet. Ich denke jedoch, dass diese

Definition heute überholt oder doch zumindest zu weit gefasst ist. Heidnische Gemeinschaften („heidnisch" im weitesten Sinne) sollten, sofern es überhaupt erforderlich ist, nach meiner Auffassung heute eher von einer gewählten Gruppe angeführt werden. Die runischen Schamanen als eine Art Elite anzusehen, ist meiner Meinung nach nicht mehr zeitgemäß.

Es gibt jedoch einige Aufgaben, die nur von ihnen wahrgenommen werden können. Von den Lítilvölven[58] wissen wir zum Beispiel, dass sie sich nach eigener Entscheidung der Weihe zur weißen Völva unterziehen können. Ein runischer Schamane hat dabei keinerlei Mitspracherecht. Dagegen ist die Weihe eines runischen Kriegers ohne das Zutun von Heilern und Schamanen nicht möglich. Auch sind bestimmte Rituale allein den runischen Schamanen vorbehalten bzw. können nur mit ihrer Unterstützung durchgeführt werden.

Das macht auch durchaus Sinn. Das Verständnis vieler Zusammenhänge erhält man ausschließlich durch eigenes Erleben und die Erfahrungen, die ein Schamane auf seinen Reisen sammelt. Jemandem auf Midgard zu erzählen, wie eine Hamingja auf Utgard eine Verbindung zwischen dem Bewusstsein eines Schamanen, dem kollektiven Bewusstsein der Winterwölfe von Muspellsheim und dem Geist der thoranischen Gemeinschaft herstellt, ist ganz einfach nicht möglich. Für das, was dort ein normaler (wenn auch nicht gerade alltäglicher) Vorgang ist, haben wir auf Midgard nicht einmal Worte. Dennoch ist das Verständnis dieses Vorganges und die Erkenntnisse, die daraus gewonnen werden, Voraussetzung für das erfolgreiche Wirken eines runischen Schamanen in unserer Realität. Dazu kommt, dass diese Erkenntnisse und Erfahrungen auch nicht vorgespielt werden können. Sicher gibt es recht deutliche individuelle Unterschiede, die grundlegenden Erkenntnisse lassen sich aber sehr gut überprüfen. Was ich hier beschreiben kann, ist also letztendlich nur der Weg, wie man zu diesen Erfahrungen und Erkenntnissen kommt. Sie durch ein Buch zu vermitteln zu wollen, ist einfach nicht möglich. Der Unterschied zwischen Erzählen und Erleben ist dazu viel zu groß. Das erklärt aber auch, warum die runischen Schamanen für eine Gemeinschaft so wichtig sind. Nicht wichtiger als Völven, Heiler oder Krieger, aber wie diese ebenso unverzichtbar.

Das Ritual runischer Schamanen

Runischer Schamane kann nur sein, wer auch mit Runen arbeitet, ihr Wesen ergründet und einen tiefen Einblick in ihre Natur erlangt hat. In der Überlieferung wird es als Pflichtritual bezeichnet. Auch wenn das Wort „Pflicht" manchmal auf Ablehnung stößt, halte ich daran fest. Es ist Voraussetzung für die Arbeit eines runischen Schamanen. Wer also als Schamane tätig sein will, muss es jährlich durchführen und damit ist es „Pflicht". Dieses Ritual wird auch als Odinsopfer –

Ritual bezeichnet und in mehreren Varianten beschrieben. Übereinstimmung gibt es in folgenden Punkten:

- 1. Jeder runische Schamane muss dieses Ritual einmal jährlich durchführen.
- 2. Das Ritual wird zwingend auf einem Baum abgehalten.
- 3. Zu Beginn des Rituals muss Odins Runenlied zitiert werden. Mit diesem Ritual wird Odins Selbstopfer geehrt. Er riskierte Gesundheit und Leben, um die Runen zu erkennen und ihre Geheimnisse zu erfahren. Dieses Wissen ließ er von den Walküren an die Menschen weitergeben (siehe Seite 64).
- 4. Das Ritual darf nicht unterbrochen werden und endet erst, nachdem der Schamane mit allen vierundzwanzig Runen Kontakt aufgenommen und jeder einzelnen für ihr Wirken gedankt hat.
- 5. Zum Ende des Rituals wird ein Dankgebet an Odin gesprochen.

Die praktische Durchführung wird ebenfalls sehr unterschiedlich beschrieben.

1. Auf einem Baum:
Teils wird verlangt, bis in „die höchsten Wipfel" zu klettern, teils wird bereits ein Baumstumpf oder ein umgestürzter bzw. gefällter Baum als ausreichend erachtet, wenn dabei „die Füße nicht den Boden berühren". Letzteres habe ich mal ausprobiert, als es mir gesundheitlich nicht so gut ging. Es funktioniert prima!

2. Dauer des Rituals:
Es gibt eine Hardcoreversion, in der gefordert wird, neun Tage und Nächte auf dem Baum zu bleiben und jeden Tag mindestens neun Stunden kopfüber zuhängen. Das ist lebensgefährlich und soll bitte durchgeknallten Fanatikern vorbehalten bleiben! Ich erwähne es hier nur der Vollständigkeit halber. Es geht bei diesem Ritual darum, symbolisch (!) Odins Selbstopfer nachzustellen. Ein breiter, waagerechter Ast, ein Seil um Stamm und Bauch und sogar ein Kissen unterm Po sind absolut okay!

Ein Meditationsmarathon, bei dem man 24 Runen nacheinander anspricht, ist sehr anstrengend. Ich kann aber nur sagen: Es lohnt sich! Nie sind die Runen bei der Weitergabe ihres Wissens großzügiger als bei diesem Ritual. Es gibt eine seit mehreren Generationen überlieferte Form des Dankgebetes an Odin, die sich mehrfach leicht gewandelt hat. Heute benutzen wir die folgenden Worte:

Odin, Wissenssucher und Wissensbringer
Ewiger Wanderer zwischen den Welten
Ergründer der Runen und Heilsbringer
Nimm meinen Dank

Eigene Worte sind dabei natürlich auch angebracht. Wichtig ist allerdings, dass nur ein Dank ausgesprochen und keine Bitte angefügt wird. Das Odinsopfer – Ritual mit einer Bitte zu verbinden, gilt als schlechtes Benehmen.

Es gibt keine Festlegung dazu, ob der Baum nun eine Esche, Birke oder Buche (oder auch ein ganz anderer Baum) sein muss und auch die Zeit ist nicht vorgeschrieben. Ich nutze dazu eine nette Buche, auf der es sich prima sitzen lässt. Das Ritual führe ich im Sommer an einem warmen, windstillen Tag oder auch in der Nacht durch und brauche so zwei bis drei Stunden dafür. Meine ganz private, subjektive Empfehlung ist, sich auf dieses Ritual ebenso gründlich vorzubereiten wie auf eine schamanische Reise. Ich beginne damit bereits mehrere Tage vor dem geplanten Ritual, indem ich meine Arbeit des letzten Jahres reflektiere und mich selbstkritisch bewerte. Dabei ist es wichtig, sich selbst gegenüber ehrlich zu sein und Fehler und Versäumnisse einzugestehen.

Ursprung dieses Rituals ist ein einfaches Dankgebet an Odin. Später wurde es um ein Opfer erweitert. Dabei handelte es sich zumeist um Bier oder Met, selten wurden auch Waffen geopfert. Nach Bekanntwerden der Edda wurde es in der heute gebräuchlichen Form gestaltet. Das Opfer bei diesem Ritual ist die Handlung an sich. Es spricht aber nichts dagegen – und ich empfehle es auch – vor und/oder nach dem Ritual ein Opfer darzubringen.

Um als runischer Schamane tätig zu sein, ist die Kenntnis der vierundzwanzig Runen des sogenannten älteren Futhark, ihre Bedeutung und praktische Anwendung zwingende Voraussetzung. Erfolgreiche Runenmeditationen sind auch eine sehr gute Vorbereitung auf die schamanische Reise. Dennoch ist der Schritt vom Runer zum runischen Schamanen nicht „mal eben so" zu vollziehen. Die schamanische Reise birgt einige Risiken und allein ihr Gelingen macht einen Runer noch nicht zum runischen Schamanen. Es gehört auch viel Erfahrung dazu, um sicher und beständig zu reisen und als Schamane zu gelten.

Allgemeines zur schamanischen Reise

Schamanen und besonders ihre Art zu reisen, um mit Geistwesen und anderen Welten Kontakt aufzunehmen, haben etwas Mystisches und Geheimnisvolles an sich. Nur wenigen Auserwählten ist es vergönnt, diesen Weg zu beschreiten. Es braucht viele Jahre der Ausbildung und ganz besondere Fähigkeiten, bevor ein Schamane seine erste Reise antreten kann. Und … was wollte ich noch sagen? Ach ja: Alles Quatsch! Schamanisch zu reisen ist nicht schwerer als Kitesurfen auf der Ostsee. Ich habe beides gemacht, daher kann ich mir ein Urteil darüber erlauben. Ehrlich gesagt habe ich das mit dem Kitesurfen sogar als deutlich komplizierter empfunden. Der wesentlichste Unterschied ist, dass es bei einer schamanischen Reise mehr AHA-

Effekte gibt und beim Kitesurfen mehr AUA-Situationen. Aber was macht man nicht alles, um die Mädels zu beeindrucken, oder?

Nach einigen Jahrzehnten schamanischer Reisen haben sie für mich viel von dem geheimnisvollen und mystischen Flair eingebüßt. Meine Faszination dafür ist jedoch ungebrochen und sie werden nie etwas Alltägliches werden. Letztendlich ist es aber wie bei so vielen anderen Dingen: Wenn man es kann, ist es ganz einfach, und um es zu können, muss man es lernen. Das ist der Grund, warum ich dieses Buch geschrieben habe.

Als Hobby ist die schamanische Reise jedoch nicht geeignet. Wer es „nur mal probieren" möchte, sollte besser gleich die Finger davon lassen! Man muss einiges an Zeit investieren, viel lernen und macht man grundlegende Fehler, kann das sehr unangenehme Folgen haben. Also bitte nur, wenn man es auch wirklich ernst damit meint und unbedingt erst lernen und dann reisen.

Nicht erst seit Marx und Engels streiten sich Materialisten und Idealisten darüber, ob nun das Sein das Bewusstsein bestimmt oder ob es nicht vielleicht doch genau umgekehrt ist. Runische Schamanen (ich glaube sogar, alle Schamanen) schmunzeln darüber. Sein und Bewusstsein beeinflussen und verändern sich gegenseitig. Zu dieser grundlegenden Erkenntnis gelangt man spätestens zu Beginn einer schamanischen Tätigkeit. Es war der große Physiker Albert Einstein, der sagte: „Alles ist Energie, gleiche dich der Frequenz der Realität an die du möchtest und du kreierst diese Realität. Das ist keine Philosophie. Das ist Physik!"

Damit sind wir aber auch schon bei dem ersten Problem, welches einer erfolgreichen schamanischen Reise im Weg steht. Sein Name lautet: „Ich kann das nicht". Mangelndes Selbstvertrauen macht es schwierig, im Extremfall sogar unmöglich, eine schamanische Reise erfolgreich durchzuführen. Andererseits stärkt die Reise das Selbstvertrauen. Findet man also erst einmal einen Anfang, verringern sich manche Probleme ganz von allein. Eine meiner Schülerinnen hatte genau damit zu kämpfen: mangelndes Selbstvertrauen und dazu noch Angst vor dem Unbekannten. Bei der ersten geführten Reise übernahm sie aber nach kurzer Zeit bereits die Führung. Hinterher hieß es dann nur noch „cool" und „easy" und von Bedenken war keine Rede mehr. Andere Schüler quälen sich noch nach Jahren damit herum. Ein klein wenig Talent scheint also auch ganz hilfreich zu sein. Doch noch nie habe ich es erlebt, dass jemand zum schamanischen Reisen unfähig gewesen wäre.

Vermeidbare Risiken

Manche Risiken kann man bereits im Vorfeld verringern. Auf jeder Reise hat man Begleiter. Fylgien (Krafttiere), Hamingjas oder Walküren. Man nimmt sie nicht immer sofort wahr, aber sie sind da. Es sind keine Schutzengel und sie führen uns auch nur dann, wenn wir es nicht selbst tun oder es nicht können. Allein sind wir jedoch nie. Ein paar Gefahren gibt es dennoch. Einige warten auf der anderen Seite auf uns, einige bringen wir selbst mit.

Beseelte Materie

Man nennt es Hylozoismus: die Vorstellung von der Allbeseeltheit der Materie. Das bedeutet, dass Materie generell die Fähigkeiten des Empfindens, Wahrnehmens und Denkens besitzt. Führt man diesen Gedanken weiter, so kommt man zu dem Ergebnis, dass zum Beispiel ein Stein sich seiner selbst bewusst sein muss. Mir geht das eindeutig zu weit. Ich denke eher, dass es eine Art alles überlagernder Energie gibt, in der unter anderem auch Abbilder vergangener Ereignisse gespeichert und abrufbar sind. Ob so oder so: Es birgt einige Risiken. Bei einer schamanischen Reise gelangt man nicht nur an Orte, die wir selbst mit modernster Technik nicht zu erreichen vermögen. Es kommt auch recht häufig zu Zeitverschiebungen. Eine mittelalterliche Schlacht aus „der Sicht eines Steines" anzusehen, kann schon verstörend sein, denn der Tod kommt nie so still und heroisch daher, wie wir es aus Hollywoodfilmen kennen. Er kommt mit Schreien, Kreischen und Betteln; mit Tränen, Blut und Schmerzen. Dummerweise kann man dann nicht die Augen schließen, denn ein Stein kann das nicht. Man kann sich nicht einmal die Ohren zuhalten und gerade Anfänger haben leider oft Probleme damit, eine Reise zu jedem gewünschten Zeitpunkt zu beenden.

An diesem Punkt komme ich noch einmal auf den Core-Schamanismus zurück. Dort lernt man, an der Oberfläche zu treiben, unbeteiligter Zuschauer zu sein und sich jederzeit zurückziehen zu können.

Runische Schamanen sind keine unbeteiligten Zuschauer. Tatsächlich können sie sogar in das Geschehen eingreifen und mit den sie umgebenden Wesen interagieren. Das ist jedoch auch Voraussetzung für das komplexe Verständnis der Ereignisse und mit wachsender Erfahrung lernt man dann auch, sich aus potenziell gefährlichen Situationen herauszunehmen. Auch nimmt man Verletzungen nicht mit nach Hause – die damit einhergehenden Schmerzen und Emotionen aber schon. Wer in einer Seeschlacht schon mal im Kettenhemd über Bord gegangen ist oder eine thoranische Hinrichtung aus der Sicht einer Ratte erlebt hat, weiß, was ich meine.

Nun muss man aber trotzdem nicht jede Reise mit Angst und Bedenken beginnen. Solche Extremsituationen sind und bleiben die Ausnahme. Ich bin jedoch der Überzeugung, dass man sich der Tatsache bewusst sein sollte, dass es passieren kann. Das vorsätzliche Herunterspielen solcher Gefahren, nur um Schüler zu gewinnen, die für eine Ausbildung zahlen sollen und dann mit emotionalen Traumata allein gelassen werden, sollte unter Strafe gestellt werden.

Vorbereitung

Hier beginnen wir gleich mit den Gefahren, die wir zu einer Reise mitnehmen – überwiegend unbewusst. Einige nennen wir **helle und dunkle Spiegel** und wenn wir richtig damit umgehen, machen sie uns keine Probleme.

Dunkle Spiegel werden auch als negative Übertragung bezeichnet. Eigenschaften und Verhaltensweisen, die man an sich selbst nicht mag und daher unterdrückt (oder auch ignoriert), werden, meist auch noch verstärkt, an anderen Personen wahrgenommen.

Als helle Spiegel oder positive Übertragung bezeichnen wir dagegen Eigenschaften, die wir uns selbst nicht auszuleben wagen. Wo auch immer die Ursachen dafür liegen mögen, warum sich jemand nicht schön findet, nicht klug, nicht kreativ oder interessant und begehrenswert – wir sehen diese Eigenschaften verstärkt an anderen Personen und manchmal neiden wir sie ihnen sogar. Das ist eine erfolgversprechende Art, sich das Leben selbst recht schwer zu machen, aber durchaus menschlich und sehr viel weiter verbreitet, als man glauben mag. Sich selbst anzunehmen, wie man wirklich ist, und auf gesunde Art mit hellen und dunklen Spiegeln umzugehen, ist ein langer Prozess, der nicht vor der ersten schamanischen Reise abgeschlossen sein muss. Man sollte sich aber darüber im Klaren sein, dass schamanische Arbeit ebenso wie Runenarbeit immer auch Schattenarbeit ist. Wenn man sich seiner eigenen Schatten, seiner hellen und dunklen Spiegel erst während einer Reise bewusst wird, kann das durchaus ein Schock sein, denn während einer Reise erlebt man alles sehr viel deutlicher und intensiver.

Es gibt aber einen recht einfachen Weg, solchen Problemen vorzubeugen. Man schreibt dazu alle Dinge auf, die man an sich selbst mag und ebenso alle Dinge, die man an sich selbst nicht mag. Mit diesen Dingen richtig umzugehen und durch Selbstakzeptanz zu einem starken Selbstbewusstsein zu gelangen, wird hier nicht weiter behandelt. Das ist ein eigenes Thema. Man sollte sich diese Dinge jedoch vor einer schamanischen Reise bewusst machen, um nicht böse überrascht zu werden.

Ein weiterer Punkt ist unser **Ego**. Ehrlich, ich schwöre jeden Eid (und meinetwegen auch jeden Meineid) darauf, dass während einer schamanischen Reise niemand auf euch wartet, nur um euch den Tag zu vermiesen! Will sagen: Nichts ist persönlich zu nehmen. Damit blockiert man sich nur selbst und erreicht weiter gar nichts.

Die sichtbare Realität auf einer Reise wird sich im Allgemeinen recht deutlich von der gewohnten Realität unserer Welt unterscheiden. Doch betrifft das nicht nur die auf den ersten Blick ersichtlichen Dinge. Traditionen, Verhaltensweisen, Moralvorstellungen und vieles mehr können von gewohnten Mustern weit abweichen und ihnen sogar konträr gegenüberstehen. Da hilft nur Gelassenheit und Toleranz. Macht man in einem fremden Land Urlaub, dann passt man sich ja auch an und versucht nicht, die eigene Lebensweise und die eigenen Verhaltensweisen den Gastgebern aufzudrängen. Schamanische Reisen führen in andere Welten und Zeiten; die Unterschiede können weit größer sein, als man erwartet. Ebenso zum Thema Ego gehört, dass auf einer Reise niemand auf euch wartet, um errettet zu werden. Kein Prinz, keine Prinzessin, kein Frosch mit oder ohne goldene Kugel wartet dort, keine holde Jungfrau muss vor einem Drachen gerettet werden! Wem so etwas passiert, der ist mit Sicherheit schlicht und einfach eingeschlafen, aber nicht schamanisch gereist.

Der letzte Risikopunkt auf unserer Liste sind sogenannte **Trigger**. Unter einem Trigger versteht man in Medizin und Psychologie vereinfacht den Auslöser für einen Vorgang, der eine Empfindung, einen Affekt, ein Symptom oder eine Erkrankung auslösen kann. Wir kennen positive und negative Trigger. Ein positiver Trigger, der bei nahezu allen Menschen wirkt, ist ein freundliches Lächeln. Dieser Trigger löst Glücksgefühle aus. Negative Trigger sind individuell sehr verschieden und nicht immer leicht zu erkennen. Es ist jedoch gut, sich ihrer bewusst zu sein, um nicht während einer Reise davon betroffen zu werden.

Die Punkte Spiegel, Ego und Trigger verdeutlichen auch, dass man bei der Reflexion einer schamanischen Reise nicht nur rekapitulieren sollte, welche neuen Erfahrungen und Erkenntnisse man gewonnen hat. Es bedeutet immer auch, sich bewusst zu machen, was man über sich selbst gelernt hat und wie sich die eigenen Fähigkeiten entwickeln. Die Erkenntnis, dass Runenarbeit immer auch Schattenarbeit ist, gilt für die schamanische Arbeit gleich doppelt und dreifach. (Siehe auch Seite 22.)

Atemübung

Bevor wir beginnen bzw. uns in eine neue Position drehen, führen wir eine einfache Atemübung durch. Dabei wird zuerst durch den Mund so weit ausgeatmet, dass die Lunge völlig entleert ist. Dann atmen wir mehrmals langsam und gleichmäßig etwa vier Sekunden durch die Nase ein und die doppelte Zeit durch den Mund wieder aus. Diese Übung kann beim Einatmen durch Heben und beim Ausatmen durch Senken der Arme unterstützt werden und zusätzlich können dabei die Handinnenseiten nach oben und unten gedreht werden. Das Ein- und Ausatmen erfolgt langsam und bewusst. Das ist sehr wichtig! Durch Pressatmung oder stoßweises Atmen wird nur unnötig Energie aufgebaut und wir wollen genau das Gegenteil erreichen: Ruhe, Gelassenheit und das Gefühl von Sicherheit.

Leichte Trance

Für die Bezeichnung „Trance" gibt es in unserer Sprache keine allgemeingültige Definition. Sie ist eher eine Sammelbezeichnung für veränderte Bewusstseinszustände, denen jedoch drei Dinge gemeinsam sind:

- Eine sehr tiefe Entspannung.
- Die intensive Konzentration auf einen bestimmten Vorgang.
- Die vorübergehende Einschränkung des logisch-reflektierenden Verstandes.

Diese drei Punkte bedingen sich gegenseitig. Umso mehr wir uns auf die bevorstehende Reise konzentrieren, umso leichter können wir uns entspannen und umgekehrt. Damit einher geht eine leichte Einschränkung des rationalen und logischen Denkvermögens. Das ist absolut nichts Besonderes und schon gar nicht schwierig. Wir kennen es aus unserer Kindheit. Wer hat als Kind nicht schon mal fasziniert vor einem Ameisenhaufen gehockt und dem quirligen Treiben dieser wundervollen Kreaturen zugeschaut? Dann hörten wir plötzlich die Mama rufen, schauen auf und werden ausgeschimpft, weil sie schon x-mal gerufen hat und wir „nicht hören wollten". Nun, wir haben nichts gehört; wir befanden uns nämlich in einer Trance. So einfach ist das!

Das werde ich jetzt auch nicht relativieren. Es ist tatsächlich so einfach. Ob es optische (Ameisen, Wolken, ein plätschernder Bach) oder akustische (Trommel, Rassel) Reize sind, ist nicht wichtig. Jeder Mensch ist von Natur aus in der Lage, eine leichte Trance herbeizuführen und mehr wollen wir vorerst auch gar nicht erreichen.

Anfängern wird oft empfohlen, eine Augenbinde zu tragen, um Ablenkungen zu vermeiden. Davon rate ich jedoch ab. Schon eine leichte, beginnende Trance schränkt die Wahrnehmung der Umgebung bereits auf natürliche Weise ausreichend ein. Eine erzwungene Abschottung durch eine Augenbinde führt dagegen eher zu einer Verunsicherung und bewirkt so das Gegenteil des erwünschten Effektes. Auch dunkle oder gar schalldichte Räume sind alles andere als hilfreich! Wir wollen unsere Sinne auf der Reise nutzen und sie nicht einschränken! Eine leichte Trance zu halten ist dann aber schon etwas schwieriger, als sie herbeizuführen. Da gibt es auch keine Tricks und kein Universalrezept, es hilft nur Übung.

Die besten Ergebnisse erzielen Anfänger nach meiner Erfahrung in der freien Natur und in einer Gruppe. Dabei sollte ein Mitglied als „Wächter" fungieren, um den reisenden Mitgliedern Sicherheit zu geben. Der Wächter kann auch Trommeln und/oder ein kleines Feuer unterhalten. Dazu bedarf es keiner besonderen Kenntnisse oder Erfahrungen. Wenn die Reisenden dem Wächter vertrauen, hat er seine Aufgabe schon erfüllt.

Erste Schritte – die Elemente

Hier kommen wir gleich zu einem weiteren Irrtum: Als runische Schamanen (und auch ganz allgemein als Runer) arbeiten wir nicht mit den vier Elementen Luft, Feuer, Wasser und Erde. Vielmehr betrachten wir Luft und Feuer als verschiedene

Zustände des gleichen Elementes. So geht es zum Beispiel bei der rituellen Runenweihe nicht darum, die Runen mit den Elementen Feuer, Erde und Wasser zu verbinden. Vielmehr stehen Feuer und Wasser für die Urgewalten in Ginnungagap (Kluft der Klüfte). Das aus Niflheim eindringende Eis (geschmolzenes Eis = Wasser) schmolz in der aus Muspellsheim vordringenden Glut (brennende Luft = Feuer). In diesem Schmelztiegel entstanden der Riese Ymir und die Urkuh Audhumbla. Die Brüder Odin, Vili und Ve töteten Ymir und formten aus seinen Bestandteilen die Welt (Erde). Die rituelle Runenweihe symbolisiert diesen Vorgang und verbindet die Runen mit den Kräften, die das Universum erschaffen haben und zusammenhalten. Der Einfachheit halber bleibe ich aber in den hier folgenden Beschreibungen bei den Bezeichnungen Luft und Feuer und teile sie – wie auch Wasser und Erde – in je zwei Stufen.

Entsprechende Erfahrung vorausgesetzt, kann man die folgenden acht Schritte auch spirituell, also im Geiste, vollziehen. Dazu visualisiert man die Handlung. Ich habe nie der einen oder anderen Vorgehensweise den Vorzug gegeben, sondern entscheide je nach Situation und Bauchgefühl. Gerade Anfängern rate ich jedoch, den physischen Ablauf der Handlung zu wählen, auch wenn dieser deutlich mehr Zeit in Anspruch nimmt. Diese acht Schritte sind nicht die Vorbereitung auf die schamanische Reise, sondern ihr Beginn. Wichtig dabei ist jedoch, die einzelnen Schritte gleichberechtigt durchzuführen. Geben wir dem Wasser zu viel Raum, so löscht es das Feuer. Bevorzugen wir die Erde, so wird sie die anderen Elemente ersticken. Ein Ungleichgewicht bringt uns also neue Probleme. Hier ist Augenmaß und Bauchgefühl gefragt. Aber keine Sorge, das kommt mit der Erfahrung recht schnell, wenn man nur darauf achtet.

Osten – Luft – Rationalität

Unter Rationalität verstehen wir das vernunftgeleitete Denken und Handeln. Sie kann, je nachdem, was man als vernünftig betrachtet, unterschiedliche Bedeutungen haben. Allein dadurch wird schon klar, dass schamanische Arbeit immer sehr individuell ist. Das vernunftgeleitete Denken ist jedoch für das Verständnis spiritueller Vorgänge ebenso unverzichtbar, wie zum Beispiel Kreativität und Emotionalität. Die oft gehörte Aufforderung: „Nicht denken, nur fühlen!" ist für die runische und schamanische Arbeit manchmal eben auch kontraproduktiv.

Das steht nun scheinbar im Widerspruch zu der Einschränkung des logisch-reflektierenden Verstandes. Dem ist jedoch nicht so. Die Reise beginnt mit dem „Ich" und aus ihm heraus. Der erste Schritt ist also, sich seiner selbst bewusst zu werden und da wir auf der Reise etwas lernen möchten, hinterfragen wir zum Beispiel auch unsere Kommunikationsfähigkeiten.

Wir stellen uns mit dem Gesicht in Richtung Osten, dorthin, wo der neue Tag geboren wird. Hier begegnen wir dem Element Luft, welches das rationale, logische

Denken ebenso repräsentiert, wie das daraus entstehende Ego. Genau darauf konzentrieren wir uns jetzt. Wer bin ich? Warum bin ich zu dieser Zeit an diesem Ort? Welche Aufgabe habe ich und wonach suche ich? Was sind meine intellektuellen Stärken und Schwächen? Welchen Stellenwert messe ich meinem Verstand und dem rationalen Denken bei? Wie und mit wem kommuniziere ich und wie sind meine Kommunikationsfähigkeiten einzuschätzen? Beschränken sie sich auf das gesprochene Wort oder kann ich mich auch zum Beispiel durch Bilder und Emotionen mitteilen? Wie gut oder schlecht verstehen meine Gesprächspartner mich und wie gut oder schlecht verstehe ich sie? Ist mein Ego mir bei der Kommunikation im Weg? Man muss sich nicht jede einzelne Frage stellen und beantworten und sich dabei vielleicht auf der Suche nach dem Sinn des Lebens vom eigentlichen Anliegen abbringen lassen. Hier kommt wieder das implizite Wissen ins Spiel. Ein angehender runischer Schamane sollte sich vor der ersten Reise bereits umfassend mit Schattenarbeit befasst haben, um nicht jetzt mühsam nach einzelnen Antworten suchen zu müssen. Vielmehr geht es darum, sich die bereits vorhandenen Antworten und Erkenntnisse bewusst zu machen, ohne sie formulieren zu müssen.

Süd-Ost – Sturm – Kreativität

Als Kreativität bezeichnen wir die Fähigkeit, schöpferisch oder gestalterisch tätig zu sein. Dabei geht es keineswegs nur um künstlerisches Schaffen, und Kreativität ist auch nicht nur wenigen Menschen vorbehalten. Schon bei ganz alltäglichen Tätigkeiten zeigt sich unsere kreative Seite. Wir gehen Probleme an, indem wir kreativ denken und nach Lösungen suchen. Oder wir sind schöpferisch kreativ und suchen bereits nach Lösungen für zukünftige Probleme.

Für den zweiten Schritt drehen wir uns um 45° nach rechts, der Himmelsrichtung Süd-Ost zu. Wir arbeiten weiter mit dem Element Luft, jetzt jedoch in seiner bewegten Form. Denn wie auch das Wasser verteilt die Luft Energie. Gerade zum Beginn einer schamanischen Tätigkeit ist es sehr schwer, das Ziel einer Reise im Voraus zu bestimmen. Es macht durchaus Sinn, sich erst einmal führen zu lassen und das Angebotene anzunehmen. Aber wir wollen ja irgendwann auch ganz gezielt reisen können und so suchen wir bereits jetzt nach Möglichkeiten, unser Wunschziel zu erreichen. Dabei müssen wir kreativ werden, denn eine allgemeingültige Anleitung gibt es dafür nicht. Damit sind wir bei dem Sturm, der unsere Gedanken und Empfindungen ebenso wie Erfahrungen und Erkenntnisse, aber auch Wünsche und Hoffnungen durcheinanderwirbelt und dabei neue Verknüpfungen herstellt. Jede Reise bringt neue Erfahrungen und Erkenntnisse mit sich und so wird uns der Sturm bei diesem Schritt immer wieder auch neue Verknüpfungen präsentieren. Es bleibt uns also gar nichts anderes übrig, als unsere Kreativität einzusetzen, um einen neuen Weg zu finden, um diese Verknüpfungen für neue Erkenntnisse nutzen zu können. Nicht nur, um das Ziel der bevorstehenden Reise bestimmen zu können, sondern auch, um das bisher Erlebte zu verarbeiten und harmonisch mit den gefestigten Erkenntnissen verschmelzen zu lassen. Visualisieren wir also einen tobenden Sturm und den Weg durch ihn hindurch. Noch ist es nicht die Antwort, die wir suchen, sondern allein der Weg zu ihr.

Süden – Feuer – Inspiration

Ich bezeichne die Inspiration gerne als die Zwillingsschwester der Intuition. Auch sie kann mit „Eingebung" übersetzt werden. Hier betrachten wir die Inspiration jedoch als einen Anstoß von außen. Also als „ich wurde inspiriert von …", aber auch als „ich lasse mich gerne von … inspirieren". Eine Inspiration kann also sowohl geplant werden als auch überraschend auftreten.

Eine weitere Drehung um 45° nach rechts bringt uns mit dem Feuer des Südens in Verbindung und schafft damit nach dem Sturm einen Raum der Ruhe und Besinnung. Indem wir die tanzenden Flammen eines Feuers visualisieren, lassen wir den tobenden Sturm zurück und kommen wieder zur Ruhe. Wir betrachten die Bilder, die oft in nur Bruchteilen von Sekunden entstehen und wieder vergehen. Wir tauchen ein in die Flammen, bewegen uns mit ihnen im Gleichklang und forschen nach unseren Sehnsüchten. Sind sie aus der Notwendigkeit geboren? Kommen sie aus uns selbst, oder folgen wir nur einem Trend? Wir denken nicht über die Antwort nach, sondern fühlen sie aus der eleganten Bewegung der Flammen heraus mit dem Herzen.

Süd-West – Feuersturm – Intuition

Intuitiv gewonnene Erkenntnisse kommen als Eingebung „aus dem Bauch heraus" und werden – wenn überhaupt – erst im Nachhinein vom Verstand geprüft. Intuition geht oft Hand in Hand mit implizitem Wissen, also „können, ohne sagen zu können, wie". Ein sehr schönes Beispiel dafür ist die Fähigkeit, auf einem Fahrrad das Gleichgewicht zu halten. Wollte man das rational erklären, müsste man komplexe physikalische Vorgänge beschreiben, permanent Geschwindigkeit und Neigungswinkel berechnen und die Kreiselgesetze berücksichtigen. Oder man macht es eben intuitiv, basierend auf implizitem Wissen. So gesehen hat eine schamanische Reise schon recht viel mit dem Radfahren gemeinsam.

Wieder drehen wir uns um 45° nach rechts in südwestliche Richtung und erleben, wie das Feuer von der bewegten Luft zu einem Feuersturm entfacht wird. Dies ist der Punkt, an dem wir Luft, Sturm und Feuer zu einer Einheit verbunden erleben. Das rationale, logische Denken, unsere Kreativität und die Inspiration durch das Feuer verbinden sich und wir fühlen nach dem Weg, der uns unseren Wünschen näher bringt. Wer an diesem Punkt das Gefühl hat, die Arbeit mit dem Element Luft/Feuer hätte gar nichts gebracht, sollte nicht enttäuscht sein oder sogar in die Stimmung des „Ich kann das nicht" zurückfallen! Indem wir diese Schritte vor jeder Reise immer wieder gehen, trainieren wir unser Gehirn. Nach und nach wird sich der „Aha-Effekt" ganz von alleine einstellen. Hier gilt: Beharrlichkeit zahlt sich aus!

Rationelles Denken und Intuition bilden bei einer schamanischen Reise ebenso eine Einheit wie Kreativität und Inspiration. Aber allein damit kommen wir noch nicht aus. Es sind acht Schritte, schauen wir also, was uns Wasser und Erde zu bieten haben. Die Hälfte der Kompassrose haben wir bereits bewältigt und damit den Weg und das Ziel unserer Reise bestimmt. Vorerst mag sich all das noch recht aufwändig und umständlich anhören und zu Beginn einer schamanischen Tätigkeit ist es das auch meist. Mit ein wenig Übung wird aus den einzelnen Schritten jedoch eine einzige, durchgängige Handlung und auch der Zeitaufwand dafür – ich erwähne das, obwohl Zeit hierbei keine Rolle spielen sollte – reduziert sich auf wenige Minuten. Die Handlung selbst wird dann zu einem Automatismus und wir denken weniger, sondern konzentrieren uns auf das Fühlen.

Westen – Wasser (abfließend) – Emotionen

Es ist nicht gerade hilfreich und unter Umständen sogar gefährlich, eine schamanische Reise unter dem Einfluss starker Emotionen zu machen. Wer vor Wut zitternd nach der nötigen Ruhe und Konzentration sucht, wird kaum fündig werden. Das abfließende, also von uns weg fließende, Wasser reinigt uns. Es nimmt mit, was uns schadet, hindert oder ablenkt. Geben wir dem Wasser also unsere Emotionen mit, so finden wir die Ruhe und Gelassenheit, die wir für unsere Reise brauchen. Gleichzeitig reinigt es uns auch im wörtlichen Sinn. Es gilt als unangemessen, eine Reise „abgerissen und verdreckt" zu beginnen. Wasser und Emotionen sind untrennbar miteinander verbunden. Nicht umsonst bezeichnen wir Tränen als materialisierte Emotionen. So nützlich diese aber bei einer Runenweihe sind, so hinderlich können sie sich bei der schamanischen Reise bemerkbar machen.

Eine weitere Drehung nach rechts bringt uns in die Position Westen. Bei der Arbeit mit dem Element Wasser können wir uns in diesem Fall nahezu passiv verhalten. Das Wasser „weiß", was zu tun ist, wir müssen es nur zulassen.

Die energetische Reinigung mit Wasser ist nicht nur den Schamanen vorbehalten; es gibt viele Übungen und Anleitungen dafür. Eine, die exakt den Kern dessen trifft, was wir an dieser Stelle brauchen, und die leicht bei der morgendlichen Dusche geübt werden kann, stammt von der Weißen Völva Mariz Gawaldan. Mit ihrer freundlichen Genehmigung darf ich sie hier abdrucken.

Energetische Reinigung unter der Dusche...

Ich stehe unter der Dusche, das warme Wasser läuft an meinem Körper entlang. Ich schließe die Augen und stelle mir einen Wasserfall vor. Ich tauche tief in diese Vorstellung hinein und höre das Rauschen der Wassermassen. Ich höre die Kraft, die es mit sich bringt. Um mich herum tobt diese Urgewalt. Ich stehe auf ein paar

Felsen, die zum Teil mit Algen bewachsen sind. Seepocken kleben daran und auch die ein oder andere Muschel. Der Felsen ist rau und so habe ich einen guten Halt, denn direkt unter den Felsen beginnt das Meer. Das Wasser strömt links und rechts von mir hinab, es schäumt und die Gischt spritzt nach oben.

Direkt über mir ist es ruhiger, es tröpfelt nicht, aber es rauscht auch nicht so extrem. Ich hebe die Arme und heiße es willkommen, während es auf meine Handflächen trifft. Seine Energie ist fast überwältigend. Ich spüre, wie diese Energie über meine Handflächen in meinen Körper tritt – ich lasse es zu. Es fließt meine Arme entlang und spürt winzig kleine Blockaden, dunkle Schatten auf. Diese werden von einem kleinen Strudel umschlossen und langsam aufgelöst. Das Wasser strömt langsam weiter, erreicht meine Schulter, meinen Hals und meinen Kopf. In meinem Kopf wird es meistens fündig und löscht negative Gedanken, Sorgen und Ängste aus. Die Gewitterwolken verziehen sich, werden von Strudeln umgeben und einfach aufgelöst. Das Wasser fließt meinen Körper entlang, mein Brustkorb, mein Herz wird ebenso gereinigt wie meine Lungen und meine anderen Organe. Auf der Haut spüre ich ein leichtes Kitzeln oder Kribbeln, wie kleine Stromschläge, die sich auf meinen gesamten Körper ausweiten. Meine Gebärmutter wird ebenso von Schatten befreit, wie auch meine Ober- und Unterschenkel. An den Füßen angekommen verstärkt sich die Energie erneut; mein gesamter Körper vibriert, strahlt, während von oben unaufhörlich frisches, glänzendes Wasser die Reise durch meinen Körper antritt. An den Fußsohlen angekommen breitet sich zu Beginn eine dunkelgraue Pfütze aus, fließt über den Felsen und wird vom Meer aufgenommen. Dort werden die Schatten transformiert, verändert in positive Energie. So schließt sich der Kreislauf und zurück bleibe ich, auf meinem Felsen unter dem Wasserfall, eingetaucht in fließendes Wasser.

Sobald ich das Gefühl habe, dass über den Felsen kein dunkelgraues Wasser mehr aus meinem Körper ins Meer fließt, sondern dieses türkis-blau-glänzend ist, senke ich meine Arme. Ich genieße die letzten warmen Berührungen, bedanke mich und springe von meinem Felsen aus ins Meer ... Am Strand angekommen spüre ich eine mächtige Energie, ich bin aufgeladen, gereinigt, frei! Langsam kehre ich in mein Badezimmer zurück, spüre den warmen Strahl der Dusche, genieße es noch einen Moment, spüre mein Leuchten und mache mich auf den Weg in einen neuen Tag.

Nord-West – Wasser (zufließend) – Energie

Wasser ist ein sehr vielfältiges Element und begegnet uns in den verschiedensten Erscheinungsformen. Von feinsten Nebeltröpfchen zum prasselnden Regenguss, vom winzigen Rinnsal zum reißenden Fluss, vom ruhigen See zur donnernden Brandung des Ozeans umgibt es uns zu jeder Zeit. Die Energie unserer Welt muss ausgeglichen werden, damit sie sich nicht an wenigen Punkten konzentriert und eventuell Schaden anrichtet. Ist der Wasserfluss auf uns gerichtet, so bringt er

Energie. Sie ist ein Geschenk, welches wir dankbar annehmen dürfen. Sicher können wir eine schamanische Reise aus eigener Kraft, mit eigener Energie beginnen. Doch warum sollten wir das tun, wenn Energie im Überfluss vorhanden ist und wir uns jederzeit daran bedienen können?

Auch diesen Ablauf kann man sehr schön unter der Dusche üben. Nur konzentrieren wir uns hierbei nicht auf das abfließende, sondern auf das zufließende Wasser, welches uns die neue Energie bringt.

Nord – Erde – Weltenbaum

Weltenbaum steht hier sowohl für unsere Heimat als auch für die Welten außerhalb von Midgard. Ob wir uns in der Zeit bewegen oder andere Welten besuchen; kehren wir nicht nach Midgard zurück, bedeutet dies unseren physischen Tod. Einen „Ankerpunkt" zu haben, zu dem wir jederzeit zurückkehren können, ist daher von großer Wichtigkeit.

Es gibt sehr viele Meinungen darüber, was es bedeutet, sich zu erden. Wir verwenden den Begriff hier nahezu wörtlich in der Bedeutung des Verbunden seins mit der Erde, mit Midgard. Hierzu möchte ich eine weitere kleine Übung empfehlen.

Wir stellen die Füße (bevorzugt ohne Schuhe und Strümpfe) auf den Boden. An der Fußsohle befinden sich Rezeptoren, die als Tastsinn funktionieren. Auf diese Rezeptoren richten wir nun unsere Aufmerksamkeit und fühlen nach den Signalen, die sie uns liefern. Wie fühlt sich der Boden an? Wo haben unsere Füße Kontakt mit dem Boden und wo nicht? Wie fühlt es sich an, wenn wir die Zehen leicht bewegen oder unser Gewicht verlagern? Wir spüren mit jedem Teil der Fußsohlen nach dem Boden unter unseren Füßen und stellen uns vor, wie die Wurzeln eines Baumes in den Boden wachsen. Dann visualisieren wir ein Bild davon, wie eben solche Wurzeln aus unseren Fußsohlen in den Boden hineinwachsen. Das können viele kleine Wurzeln sein, die sich weit verbreiten oder wenige starke Wurzeln, die tief in die Erde reichen. Sie können materiell sein oder auch aus Licht oder reiner Energie bestehen.

Dann lassen wir die Energie, die wir zuvor vom Wasser empfangen haben, ganz sanft durch diese Wurzeln in die Erde fließen. Dadurch kommt es zu einem ganz erstaunlichen Vorgang: Energie aus der Erde fließt zurück in unsere Körper. Dieser Austausch von Energie findet statt, solange wir uns darauf konzentrieren, denn die Energie folgt immer der Aufmerksamkeit. Sobald wir spüren, dass der Austausch an Intensität nachlässt, sind wir geerdet und wenden uns dem nächsten Schritt zu.

Nord-Ost – Erde – Ahnen

Das Reich der Ahnen ist für uns eine ständige Quelle an Wissen, Weisheit und Erfahrung, Liebe und Verbundenheit. Ohne an dieser Stelle im Detail auf diese Welt einzugehen, kann ich doch sagen, dass eine Reise ohne eine tiefe Verbundenheit zu den Ahnen nur schwer möglich ist. Nun kenne ich natürlich die Bedenken in der Art: „Mein Vater hat mir … angetan" oder „Meine Großmutter hat …". Aber solche Bedenken muss man nicht haben. In vielen Mythen und Sagen wird die Totenwelt als ein Ort beschrieben, den zu erreichen die Hugr (ein etwas umfassenderer Begriff als „Seele") einen Fluss überqueren müssen. In der Nordischen Mythologie werden drei Quellen beschrieben, die an Yggdrasils Wurzeln liegen: die Urquelle Hvergelmir, der Urdbrunnen und Mimirs Brunnen. Ob die Hugr Verstorbener jetzt nach Hel, Walhall oder Folkwang[59] kommen, in jedem Fall müssen sie einen der aus diesen Quellen entspringenden Flüsse durchqueren. Dabei werden die Erinnerungen, Wünsche und Hoffnungen der Hugr ebenso wie ihre Gefühle und Emotionen von den Flüssen mitgenommen und durch den ewigen Kreislauf des Wassers gelangen sie in die Quelle Hvergelmir.

In der Forschung wird überwiegend die Ansicht vertreten, dass Hvergelmir, Mimirs Brunnen und der Urdbrunnen verschiedene Beschreibungen einer Quelle sind. Die Bezeichnung für alle drei Brunnen ist „Schicksalsbrunnen" und auf ihm schwimmen zwei Schwäne, die Ahnen aller Schwäne. Mit ihrem Gesang reinigen sie das Wasser, halten damit den Weltenbaum Yggdrasil am Leben und Ragnarök[60] fern. Was wir empfangen können, ist also sozusagen eine „gereinigte" Form dieses Wissens, dieser Erinnerungen und Emotionen. So wie die Energie, die uns das Wasser zuführt, ein Geschenk ist, so ist auch das Wissen und die Verbundenheit, die wir von unseren Ahnen empfangen können, ein Geschenk. Die grundlegenden Probleme des Lebens wie Selbstfindung und Partnerschaft; Lebenskrisen, Glaube und Religion und was es da noch so alles gibt, erlebt jeder Mensch mehr oder weniger intensiv und ganz individuell. Verschont bleibt kaum jemand davon. Wollen wir solche Probleme lösen, müssen wir nicht das Rad neu erfinden. Generationen vor uns haben sich bereits mit ihnen herumgeplagt und sie bewältigt – oder auch nicht. Die Erfahrungen jedoch sind vorhanden und werden uns freigiebig dargeboten.

Drehen wir uns also weiter im Uhrzeigersinn nach Nord-Ost, dem Reich der Ahnen, zu. Zu Beginn einer Reise sollten wir nun keine konkreten Fragen stellen, sondern sie einladen, uns zu begleiten. Nicht körperlich, nicht im Sinne von „an die Hand nehmen", nicht als Wegführer oder Beschützer. Wir laden sie ein, sich mit uns gemeinsam auf ein Abenteuer einzulassen, dessen Ausgang noch offen ist. Gemeinsam etwas zu erleben, gemeinsam und gleichberechtigt Erfahrung und Wissen einzubringen, gemeinsam nach neuen Erkenntnissen zu streben, ist unser Wunsch.

An dieser Stelle möchte ich noch etwas zur Vorgehensweise bei der Kontaktaufnahme zu den Ahnen – bei einer schamanischen Reise ebenso, wie z. B. bei Ritualen – anmerken. Nach meiner Erfahrung ist ein pathetisches, übertrieben ehrfurchtsvolles Herangehen absolut unangebracht. Es sind unsere Vorfahren, mit denen wir sprechen, unsere Familie, und genau so – als Familie – sollten wir sie auch behandeln.

Das Ziel

Die Reiseposition

Ich habe mich nie mit einer vorgeschriebenen Position für die schamanische Reise anfreunden können und aus den Überlieferungen geht auch nichts Derartiges hervor. Bestenfalls wird von einer entspannten und sicheren Körperhaltung berichtet. Sicher ist der Lotossitz[61] eine ideale Sitzposition für die Meditation. Die Wirbelsäule bekommt eine gerade Haltung und der Körper wird in einen stabilen und entspannten Zustand versetzt. Doch auch Schneidersitz, Fersensitz und Rückenlage sind geeignet. Trete ich eine Reise in meiner Wohnung an, dann in halb liegender Position im Stressless-Sessel. In der freien Natur (neu-deutsch „Outdoor") sitze ich meist mit ausgestreckten Beinen an einen Baum gelehnt. Die einzig „richtige" Position ist nach meiner Erfahrung die, die dem Einzelnen zum Erfolg verhilft. Welche das ist, wird man mit der Zeit herausfinden und da sollte man sich auch keine Vorschriften machen lassen. Dabei aber auf die aus anderen Kulturen überlieferten und teils vorgeschriebenen Körperhaltungen zurückzugreifen, kann nicht schaden.

Eine schamanische Reise stehend zu beginnen, ist für die ersten acht Schritte durchaus sinnvoll. Danach sollten wir dann aber doch eine sitzende oder liegende Haltung einnehmen. Wir wissen nicht, welche Überraschungen uns erwarten, und manchmal werden wir von den Erlebnissen regelrecht „umgehauen". Das ist im Stehen absolut keine angenehme Erfahrung. Wir wenden uns also erst einmal im Stehen dem gewünschten Ziel zu. Dabei ist es sehr wichtig, dass wir uns nach dem Ziel unbedingt im Uhrzeigersinn drehen. Nach Osten zu den Pflanzengeistern, nach Süden dem Reich der Menschen zu, nach Westen den Tiergeistern entgegen, und nach Norden, um den Weg des Weltenbaumes zu beschreiten. Uns nach links, also entgegen dem Uhrzeigersinn zu drehen, würde ein Zurückgehen zu einem der Elemente bedeuten. Dann führen wir die Atemübung durch und nehmen unsere bevorzugte Reiseposition ein. In welche Richtung die Handflächen dabei zeigen, entspricht der individuell bevorzugten Position. Mit „Geben und Nehmen" hat das an dieser Stelle rein gar nichts zu tun. Wir sind Reisende, keine Bittsteller.

Ekstatische Trance

Wikipedia sagt unter anderem zur ekstatischen Trance: „Fast überall werden bestimmte rituelle Körperhaltungen in Verbindung mit rhythmischen Trommel- oder Rasselklängen zur Einleitung spiritueller Trancen verwendet. Die rhythmische Anregung ist dabei eine zwingende Voraussetzung."

Es wäre besser, solche Artikel von jemandem verfassen zu lassen, der sich damit auskennt. Zur Körperhaltung habe ich gerade etwas gesagt. Die rhythmische Anregung ist nicht nur für Anfänger durchaus hilfreich, von einer zwingenden Voraussetzung kann jedoch keine Rede sein. Die ekstatische Trance, oder auch rituelle

Ekstase, wird oft als ein vorrangig körperlicher Zustand betrachtet. Dabei haben wir das Bild eines trommelnden und tanzenden Schamanen vor Augen. Doch sind Rhythmus und Tanz nur ein Weg zur Ekstase, die selbst ein intensiver psychischer Zustand ist. Körperliche Begleiterscheinungen wie zum Beispiel Gliederzucken, extremes Verdrehen der Augen, unartikulierte Laute ausstoßen und Ähnliches sind zwar möglich, jedoch eher die Ausnahme und manchmal auch einfach nur Show für eventuelle Zuschauer.

Wer den Zustand der ekstatischen Trance in der Reiseposition (noch) nicht erreichen kann, geht an dieser Stelle bitte einen Schritt zurück. In diesem Fall muss der erforderliche Zustand bereits vor Einnahme der Reiseposition erreicht werden.

Die leichte Trance, welche für die ersten acht Schritte notwendig ist, bis zu diesem Moment zu halten, bedarf schon einiger Übung. Es kann also durchaus sinnvoll sein, hier die Reise zu beenden und den nächsten Schritt erst dann zu gehen, wenn wir mit den ersten acht Schritten mehr Erfahrung gesammelt haben. Eine gewisse Routine kann hier nicht schaden! Ich empfehle dieses Vorgehen, weil es absolut keinen Sinn macht, sich zu übernehmen oder gar etwas erzwingen zu wollen. Damit errichten wir nur erneut Barrikaden, die wir dann mühsam wieder beseitigen müssen. Also bitte auch nicht danach schauen, ob andere Mitglieder einer Gruppe „schon viel weiter" sind. Das erzeugt nur Leistungsdruck und den können wir absolut nicht gebrauchen.

Mit dem Begriff Vigilanz bezeichnet man einen Zustand andauernder Aufmerksamkeit bei eintöniger Reizfrequenz. Autofahrer kennen das sehr gut. Man rauscht mit 120 Sachen über die Autobahn und nimmt alles wahr, reagiert jedoch nicht und vergisst sofort wieder, was man gerade gesehen hat. Erst in einer Gefahrensituation ist der Fuß plötzlich auf der Bremse und das schon bevor man bewusst daran denkt. Der Übergang von einer leichten Trance zur rituellen Ekstase ähnelt solch einer Autofahrt – nur ohne die Notwendigkeit zu bremsen.

Gehen wir noch einmal zurück zu dem Kind, welches vor einem Ameisenhaufen hockt, und tun es ihm gleich. Wir betrachten das Gewimmel der Ameisen, ohne uns auf einzelne Tiere zu konzentrieren und versinken immer mehr in diesem Bild und nehmen unsere Umgebung immer weniger wahr. Die Kiefernadeln, Pflanzenfasern und Zweige werden langsam zu einem verschwommenen Farbklecks und wir schauen in den Ameisenhaufen hinein. Wir sehen die vielen Gänge und Kammern, die Ameisen, die ihre Brut pflegen und die Königin füttern. Doch wie bei der Autofahrt vergessen wir alles wieder, sobald wir etwas Neues sehen. Und dann, meist übergangslos und auch überraschend, sind wir selbst in dem Ameisenhaufen. Es ist tatsächlich ein wenig wie bei Alice im Wunderland und ob es sich nun um einen Kaninchenbau oder einen Ameisenhaufen handelt, ist nicht wirklich wichtig. Entscheidend ist allein, dass uns dieser Übergang gelingt.

Ich muss natürlich einräumen, dass es leichter zu beschreiben ist, als in der Praxis umzusetzen. Tanzen, Trommeln, in die Wolken – oder eben auf einen Ameisenhaufen – zu schauen, und Ähnliches ist hilfreich, aber nicht zwingende Voraussetzung. Was man zur Unterstützung nutzt, kann jeder nur für sich selbst herausfinden.

Brunnenkult – Die Magie des Wassers

Brunnen gelten als Sinnbild weiblicher Fruchtbarkeit. Zu heidnischer Zeit gab es vielerorts Brunnenkulte und Brunnenverehrung. Ursprünglich wurde dabei zwischen einer Quelle und einem Brunnen kein Unterschied gemacht. Erst später wurden in natürliche und eingefasste Quellen unterschieden und nur letztere als Brunnen bezeichnet. In England war der Brunnenkult unter dem Namen Wilweorthunga bekannt. Dieser Glaube wurde im 16. kanonischen Gesetz verboten, das im zehnten Jahrhundert unter König Edgar von England (939–946) erlassen wurde.

Völven und Schamanen nutzen frisches Quellwasser, welches sie mit einem Birkenzweig verspritzen, um Ritual- und Opferplätze zu reinigen. Es gibt eine ganze Reihe von Ritualen, die ihren Ursprung vermutlich im Brunnenkult haben. Begeben wir uns zu einer Quelle, um sie als Kraft-, Ritual- oder Opferplatz zu nutzen, so wird als Erstes der Platz mit frischem Quellwasser gereinigt. Dazu schöpfen wir mit einem Krug Wasser aus der Quelle. Dieses verteilen wir daraufhin mit Birkenreisern an dem gewählten Platz. Um uns voll auf die Handlung zu konzentrieren und die Nymphen[62] nicht zu erschrecken, besteht von der Ankunft an der Quelle bis zum vollständigen Reinigen des Platzes absolutes Sprechverbot.

Es gibt einfach keinen einleuchtenden Grund, warum wir uns die Magie des Wassers nicht auch für das Gelingen einer schamanischen Reise bzw. zum Erlangen einer leichten oder ekstatischen Trance zunutze machen sollten. Schon die Nähe eines fließenden Gewässers, welches seinen Ursprung ja in einem Brunnen hat, ist sehr hilfreich. Zu vielen Ritualen gehört – teils sogar zwingend – eine Reinigung. Sei es die Reinigung des Ritualplatzes, der Werkzeuge und/oder auch der teilnehmenden Personen. Machen wir uns doch bitte bewusst, dass auch die schamanische Reise ein Ritual ist. Wir sollten ihr den nötigen Respekt entgegenbringen und zumindest eine rituelle Reinigung des Ritualplatzes vornehmen. Ganz nebenbei stimmen wir uns damit auf das eigentliche Ritual – die Reise – ein.

Zwingende Vorschriften gibt es dabei nicht; der Ablauf eines solchen Reinigungsrituals kann frei gestaltet werden. Ein paar wenige Regeln sollten jedoch beachtet werden.

- Wasser für magische Zwecke – also auch für eine rituelle Reinigung – sollte in Behältern aus Holz, Keramik oder Buntmetall (bevorzugt Kupfer oder Bronze) transportiert werden. Möglichst kein Kunststoff und auf keinen Fall Eisen.
- Zum Verteilen des Wassers werden immer frische Birkenzweige geschnitten.
- Während eines Reinigungsrituals sollte nicht gesprochen werden.

Die vier Reiche auf Midgard

Otto von Bismarck sagte einmal: „Es wird niemals so viel gelogen wie vor der Wahl, während des Krieges und nach der Jagd." Ich möchte ergänzend noch hinzufügen, dass die haarsträubendsten Lügen wohl nach einer schamanischen Reise erzählt werden. Da wird von wichtigen Gipfeltreffen mit Odin und Thor berichtet, von heißen Nächten mit Freyja oder von geheimen Zaubern, die die Nornen den Reisenden gelehrt haben.

Bei solchen Berichten rollen sich mir die Fußnägel hoch! Ich habe mir angewohnt, darauf nicht mehr zu reagieren; es lohnt die Mühe nicht.

Von einer geführten Reise einmal abgesehen, bedarf es einiger Erfahrung und besonderer Fähigkeiten, um in die Welten außerhalb von Midgard zu reisen. So etwas kann man auch nicht aus einem Buch oder durch Erzählungen lernen. Nur in der Praxis kann man diese Erfahrungen machen und die erforderlichen Fähigkeiten entwickeln. Wenn man sich wirklich ernsthaft damit befasst, dauert das mehrere Jahre und selbst dann bleibt die Begegnung mit Asen und Wanen die absolute Ausnahme. Mal ehrlich: Die lungern da ja auch nicht herum und warten auf Mister Oberwichtig von Midgard, nur um ihm dann endlich die Geheimnisse des Universums mitteilen zu dürfen. Oder glaubt das etwa wirklich jemand?

Wenn wir also schamanisch reisen, dann tun wir dies vorerst auf Midgard, denn auch unsere Heimatwelt bietet uns verschiedene Reiche als Reiseziel an. Das Reich der Pflanzen- und das der Tiergeister, das Reich der Menschen und das Reich des Weltenbaumes. Und wem das zu wenig erscheint, dem möchte ich sagen, dass ein Leben nicht ausreicht, sie alle zu erforschen. Bleiben wir also beim Normalfall und schauen uns diese Reiche etwas genauer an. Das christlich-dogmatische Denken vom Menschen als „Krone der Schöpfung" und „Ebenbild Gottes", der sich die Erde „untertan" machen soll, hat jahrhundertelang das Denken und Verhalten der Menschen in Mittel- und Westeuropa geprägt. Pflanzen und Tiere, die uns nicht als Nahrung, Kleidung, Schmuck oder zur Unterhaltung dienten, hatten in unseren Augen schlichtweg keine Daseinsberechtigung. Heute beginnen wir langsam wieder, von unserem Thron herabzusteigen und uns als Teil des Ganzen zu sehen.

Das Reich der Pflanzengeister

Ich höre schon das Stöhnen und kann sehen, wie mancher die Augen verdreht. Kommt der uns jetzt etwa mit dieser „Mein Freund, der Baum" – Kacke? Ja, kommt er. Weil es nämlich für einen runischen Schamanen absolut keinen Weg daran vorbei gibt. Punkt!

Away with the fairies nennt man das in Irland. Unterwegs mit den Feen. Wir bezeichnen es als naturspirituelles Arbeiten und Leben. Aber was ist das eigentlich? Auf keinen Fall ist es eine Religion und schon gar nicht eine in Stein gemeißelte

Lehre, die es zu befolgen gilt. Naturspiritualität ist sowohl der achtsame Umgang mit der Natur, als auch die Fähigkeit, sich mit ihr auf spirituelle Weise zu verbinden. Dabei passen wir uns den Gegebenheiten an. Natürlich ist es optimal, sich fernab von Ansiedlungen, Hochspannungsleitungen oder Autobahnen mit der Natur zu verbinden. Jedoch bietet schon ein Kieselstein, ein Blatt oder eine Libelle die Basis für solch eine Verbindung. Es ist einfach eine Frage der Übung und Erfahrung. Je mehr wir uns auf das Flüstern der Natur konzentrieren, dem Plätschern eines Baches und dem Raunen des Waldes lauschen, umso mehr erkennen wir die Zusammenhänge des Lebens und umso mehr erfahren wir nicht zuletzt auch über uns selbst. Das ist nur natürlich, denn wir sind ja ein Teil der Natur.

Wir wenden uns (rechts herum!) nach Osten, dem Reich der Pflanzengeister, oder wie es neuerdings genannt wird, den Pflanzen Spirits, zu. Die wahre Kunst eines runischen Schamanen liegt darin, sich jetzt trotz des Rausches der rituellen Ekstase mit diesem Reich bewusst zu verbinden. Analog dem Erden lassen wir nun Wurzeln aus unserem Körper sprießen und verbinden uns durch sie mit den Pflanzen in unserer unmittelbaren Umgebung. Wir treiben Äste und Zweige aus, Blätter und Blüten, lassen Blumen, Moose und Gräser auf unserem Körper wachsen.

Und wir schweigen! Hierher kommen wir nicht, um von uns zu berichten oder Fragen zu stellen. Wir kommen, um zu lauschen. In diesem Reich ist es zwar sehr still, doch keineswegs geräuschlos. Es ist ein ständiges Raunen und Wispern, ein Summen, Rascheln und Flüstern. Es braucht einige Zeit, um die Pflanzengeister zu verstehen und vielleicht müssen wir sie noch oft besuchen, um einen echten Kontakt herzustellen. Doch dann erleben wir eine Überraschung. Sie berichten uns nicht von sich oder ihrem Reich, sondern sie lassen uns in die bereits erwähnten hellen und dunklen Spiegel schauen.

Darauf müssen wir unbedingt vorbereitet sein! Auch sollte sich jeder angehende runische Schamane bereits intensiv mit dem Thema Schattenarbeit befasst haben. Wir werden mit Teilen unserer Persönlichkeit konfrontiert, die wir aus den verschiedensten Gründen in uns selbst nicht annehmen wollen. Es ist eine Hürde, die wir meistern müssen, um in diesem Reich Fortschritte erzielen zu können und Voraussetzung für Reisen in andere Reiche.

Ich möchte das einmal an einem Beispiel verdeutlichen. In unserer Gesellschaft ist es für den Einzelnen üblich, sich eher bedeckt zu halten und nicht aufzufallen. Mein alter Lehrer, Higuran Warja, hat das einmal so formuliert: „Es ist wie bei der Champignonzucht: Alles geschieht im Dunklen, jeder hält sich bedeckt und wenn mal irgendwo ein heller Kopf herausragt, wird sofort das Messer gezückt." Etwas überspitzt vielleicht, aber durchaus zutreffend. Begegnet uns also jemand, der stolz und selbstbewusst auftritt, so verbinden wir seine Haltung schnell mit Attributen wie arrogant, eingebildet und überheblich. Fällt uns diese Haltung besonders auf, so ist es vermutlich ein Spiegel. Wir hätten gerne etwas mehr Selbstbewusstsein, sind zwar stolz auf uns selbst, wagen aber nicht, es zu zeigen. Die berühmt-berüchtigte Frage „Was sollen denn die Leute denken?" hindert uns daran. Oder wir wurden dazu erzogen, Stolz als etwas Negatives anzusehen und mögen diese Eigenschaft an uns nicht. Es kann also ein heller oder auch ein dunkler Spiegel sein.

Nun müssen wir als Schamanen nicht sofort unser Auftreten in der Öffentlichkeit ändern. Es geht nur darum, uns diese Dinge bewusst zu machen und für uns selbst einen Weg zu finden, damit umzugehen. Selbstakzeptanz ist ein guter Anfang! Ein runischer Schamane, der sein Wirken öffentlich macht, sieht sich häufig mit zwei gegensätzlichen, extremen Reaktionen konfrontiert: Er wird entweder bewundert oder angefeindet. Während einer schamanischen Reise passiert uns das nicht.

Doch zurück zu den Pflanzengeistern. Sie halten uns diese Spiegel vor, stellen jedoch keine Fragen, Forderungen oder Bedingungen. Reagieren wir nicht darauf, so ist an dieser Stelle aber Schluss mit der schamanischen Arbeit. Wir stecken in einer Sackgasse und können nur noch zurück. Lassen wir uns allerdings darauf ein, dann geht es langsam, aber stetig voran und irgendwann erreichen wir einen Punkt, an dem wir die persönliche Bekanntschaft einer Pflanze machen. Ja, das ist kein Schreibfehler! Pflanzen haben unterschiedlich stark ausgeprägte individuelle Persönlichkeiten. Sie kennenzulernen, ist zum Beispiel für die Heilarbeit extrem wichtig. Nur die Wirkstoffe einer Pflanze zu kennen bedeutet, sie auch nur mit dem rationalen Denken zu erfassen. Aber haben wir nicht gerade gelernt, dass Rationalität nur einer von acht Schritten zu Beginn jeder Reise ist?

Es wäre nun aber auch übertrieben, jeder Pflanze gleich logisches Denkvermögen zuzugestehen. Zu intellektuellen Spitzenleistungen sind sie nicht fähig. Was das betrifft, sind sie dumm wie Bohnenstroh. Doch intellektuelle Leistungsfähigkeit ist ja auch nicht zwingende Voraussetzung für eine Persönlichkeit. Was sie uns auf emotional-spiritueller Ebene lehren können, ist jedoch ein unfassbar großer Schatz an Wissen, den wir dankbar annehmen sollten. Dafür haben sie unseren Respekt und unsere Freundschaft verdient. „Mein Freund, der Grashalm." Muss ja nicht immer gleich ein Baum sein.

Der Angriff der Nessel-Seide

Das Reich der Pflanzengeister wird oft unterschätzt, als uninteressant und langweilig abgetan. Doch ist das wirklich so? Als Jugendlicher hat mir dieses Reich sogar ein traumatisches Erlebnis beschert. Wenn ich mich als Mensch dort aufhalte, wie ein Mensch fühle und denke, dann ist es, als läge ich auf einer Wiese und würde versuchen, das Gras wachsen zu hören. Lasse ich mich jedoch auf eine direkte Verbindung ein, dann ändert sich der Zeitablauf. Die Pflanzen agieren in einer Geschwindigkeit, die dem menschlichen Handeln entspricht, und plötzlich wird klar, dass sie keineswegs nur in der Sonne herumstehen und nichts tun. Sie interagieren mit ihrer Umwelt, senden Botenstoffe aus und kommunizieren mit anderen Pflanzen.

Die Große Brennnessel wurde Jahrhunderte lang als Heilpflanze und Nahrungsmittel genutzt. Heute wird sie leider oft nur noch als „Unkraut" angesehen. Ich mag diese Pflanze, nicht zuletzt auch im wörtlichen Sinne, als leckeren Salat. Auf einer meiner ersten schamanischen Reisen habe ich mich mit einer Brennnessel verbunden. Nicht so vollständig, wie ich es hätte tun sollen, aber ich glaubte, dass ich zumindest einen Teil meiner menschlichen Natur behalten sollte, um die Vorgänge zu verstehen. Zuerst war es auch sehr angenehm, sich als Pflanze zu fühlen und trotzdem wie ein Mensch zu denken.

Dann erfolgte der Angriff. Ohne Vorwarnung, blitzschnell und scheinbar aus dem Nichts schoss ein tentakelähnliches Etwas vom Boden hoch und wand sich um den Stiel „meiner" Brennnessel. Es war eine Nessel-Seide, eine Pflanze ohne Wurzeln und Laubblätter, die als sogenannter Vollschmarotzer ihre Nahrung aus der Wirtspflanze bezieht. Unzählige Saugfortsätze drangen in die Brennnessel – in mich – ein, lösten Zellwände auf und suchten nach Wasser und Nährstoffen. Es war eine brutale Unterwerfung, eine Vergewaltigung mit dem Potenzial der vollständigen Vernichtung. Die Schmerzen waren unbeschreiblich und in Panik habe ich mich zurückgezogen und die Reise abrupt beendet.

Seither habe ich diesen Vorgang immer wieder erlebt. Nur empfinde ich ihn jetzt ganz anders, habe keine Schmerzen dabei und von Panik keine Spur. Was ist anders? Nun, es war eine meiner ersten Reisen und ich habe gleich zwei grundlegende Fehler gemacht. Zunächst einmal war ich nicht ausreichend vorbereitet und habe mit solch einer Situation nicht gerechnet. Noch fataler aber war es, dass ich zögerlich war und mich nicht auf eine vollständige Verbindung mit dem Pflanzengeist eingelassen habe. Ich habe sowohl rational als auch emotional gedacht, wie es ein Mensch eben macht. Daher habe ich das Vorgehen der Nessel-Seide mit einer Wertung versehen, es als brutalen Angriff wahrgenommen und alles Weitere folgte nur aus meiner menschlichen Bewertung heraus.

Wenn es damals auch recht peinlich war, meinem Lehrer von meinem Versagen zu berichten, bin ich im Nachhinein doch sehr froh darüber. Zum Einen schmunzelte er nur auf eine besondere Art, von der ich heute weiß, dass sie „Ist mir auch schon passiert" bedeutet. Zum Anderen bin ich nie wieder so unvorbereitet und unsicher auf eine Reise gegangen. Kein Bericht, kein Buch und nicht einmal der beste Lehrer kann eigene Erfahrungen ersetzen.

Das Reich der Menschen

Die Idee, dass es Menschenrassen gibt, war und ist auf Midgard, der Erde, mit einer Bewertung dieser Rassen verbunden. Jedoch sind die biologischen Unterschiede zwischen allen heute lebenden Menschen winzig, das haben weltweit angelegte genetische Studien gezeigt. So sind zum Beispiel die Unterschiede zwischen einzelnen Europäern größer als die Unterschiede zwischen Europäern und

Afrikanern. So wie wir immer besser verstehen, dass wir nicht die Herrscher Midgards, sondern ein integraler Bestandteil dieser Welt sind, so müssen wir langsam lernen, dass es auf der Erde keine Menschenrassen gibt. Die sogenannte „Jenaer Erklärung"[63] bringt es hervorragend auf den Punkt: „Das Konzept der Rasse ist das Ergebnis von Rassismus und nicht dessen Voraussetzung." Dabei geht es auch nicht einfach um sprachpolitische Korrektheit. Die biologischen Unterschiede sind so minimal, dass sie eine Unterteilung in Rassen einfach nicht rechtfertigen. Viele Wissenschaftler sprechen daher inzwischen auch von Gruppen oder Populationen. Fakt ist, dass alle Menschen auf Midgard zu einer Familie gehören. Okay, ich mag nicht alle meine Familienmitglieder und wem geht das nicht so? Darum geht es hier aber nicht. Wenn wir das Reich der Menschen, genauer gesagt, das spirituelle Reich der Menschen, bereisen wollen, müssen wir diese Verbundenheit aller Menschen einfach als Tatsache akzeptieren. Sonst bauen wir wieder Barrikaden auf, die wir alleine nicht überwinden können. Das Folgende ist eine recht grobe Verallgemeinerung und soll nur die Problematik verdeutlichen.

Bei uns Europäern steht das logische Denken im Vordergrund, einhergehend mit Kreativität und Intuition. Die besondere Begabung der asiatischen Gruppen liegt in der Meditation und die der nordamerikanischen Ureinwohner in der Erdmagie. In Afrika hat man die Kunst des spirituellen Tanzes perfektioniert und die australischen Ureinwohner besitzen die Gabe, ihre Realität zu erträumen. Jede Gruppe auf Midgard hat also besondere Fähigkeiten, die sie seit Jahrhunderten entwickelt und perfektioniert haben. Auf einer schamanischen Reise in das spirituelle Reich der Menschen haben wir Zugriff auf alle diese Fähigkeiten, auf die gesammelten Erkenntnisse und Erfahrungen aller Gruppen. Vorausgesetzt, dass wir uns auch mit allen Gruppen verbinden können. Vorbehalte wegen „Rasse" oder Herkunft würden uns dabei jedoch im Weg sein. Soweit zur Problematik. Wie man damit umgeht, kann jeder Einzelne nur selbst entscheiden.

Kommen wir nun aber zum angenehmen Teil und damit auch zu der Besonderheit, die dieses Reich für uns bereithält: Flugerfahrungen und Gestaltwandlung. Meine Vermutung ist, dass es etwas mit Atavismus[64] zu tun hat und mit der Fähigkeit, auf spiritueller Ebene auch auf unser Erbgedächtnis zuzugreifen und dadurch unsere äußere Form zu beeinflussen. Beweise kann ich dafür nicht vorlegen, doch der Zusammenhang scheint mir recht offensichtlich zu sein. Nicht zuletzt gibt es dann auch noch die Begegnungen und Interaktionen mit Menschen aus der Vergangenheit und Gegenwart. Aber Achtung! Wir haben es hier nicht mit den Persönlichkeiten von Menschen zu tun, sondern mit ihrer spirituellen Energie. Es ist also nicht möglich, mit Pemulwuy (Nationalheld der Aborigines) über seinen Kampf zu sprechen oder mit Mohandas Karamchand Gandhi über Pazifismus. Man kann nicht bei dem Kaiowá-Schamanen Paulito Aquino in die Lehre gehen oder von Mapuche Machis Heilungszeremonien erlernen. Im spirituellen Reich der Menschen nach bestimmten Personen zu suchen, ist vergebliche Mühe. Was wir hier tun können, ist die spirituelle Energie aller Menschen aus allen vergangenen Zeiten aufzunehmen. Sie hilft uns, uns selbst zu erkennen, unseren Weg zu finden und die Zusammenhänge im magischen Geflecht unserer Welt zu erkennen.

Mein ganz persönlicher Tipp sind Höhlen mit uralten Malereien. Die Menschen, die in diesen Höhlen lebten und uns ihre Sicht der Welt in Bildern hinterlassen haben, waren die Ersten, die sich auch Gedanken über die bewusste Nutzung der natürlichen Magie ihrer Umwelt gemacht und ihre spirituellen Fähigkeiten entwickelt haben. Es ist, als würde man an einem heißen Sommertag aus einem klimatisierten Gebäude heraustreten. Die Luft ist dann wie eine Wand, die man durchdringen muss. So deutlich spürbar ist die Energie unserer Vorfahren in den Höhlen. Zugleich ist es auch die ursprünglichste spirituelle Energie der Menschen, auf die wir Zugriff haben.

Das spirituelle Reich der Menschen liegt im Süden. Und bitte nicht vergessen: Um es zu erreichen, drehen wir uns wieder rechts herum!

Das Reich der Tiergeister

Im Westen finden wir das Reich der Tiergeister und es ist nicht im Geringsten mit dem Reich der Pflanzengeister zu vergleichen. Besonders die Kommunikation ist sehr viel intensiver und auch klarer.

Wichtig in diesem Reich ist unser Auftreten. Wer sich als „Krone der Schöpfung" auf den Weg macht, um herablassend oder gönnerhaft die „niederen Kreaturen" zu besuchen, wird sich sehr schnell einsam und allein auf weiter Flur wiederfinden. Das hat keineswegs etwas mit einer Bewertung durch die Tiergeister zu tun, sondern mit dem Fehlen einer gemeinsamen Basis für die wechselseitige Kommunikation. Dann steht man eben dumm da und erreicht rein gar nichts.

Wir sind Reisende, die eine fremde Welt betreten, die jedoch in gewisser Weise auch unsere Welt ist, und dort auf potenzielle Partner und Freunde treffen. Dementsprechend sollten wir uns auch in jedem der vier Reiche verhalten. Vorerst sind wir Fremde, Unwissende und Lernende.

Diejenigen unter uns, welche sich als Kinder der Götter betrachten, bezeichnen Tiere oft als „die nächstgeborenen Kinder" und biologisch gesehen ist der Mensch den Tieren zuzuordnen. Pflanzen, Tiere, die Kraft der Gezeiten, die Kontinentaldrift, das Magnetfeld der Erde und noch viel mehr sind eine Einheit, die sich gegenseitig bedingt. Fällt ein Teil davon aus, gehen auch die anderen Teile verloren. Der Mensch wird dabei nicht gebraucht. Bestenfalls verhält er sich neutral, im schlimmsten Fall richtet er Schaden an. Dessen sollten wir uns bewusst sein.

Tiere leben im Hier und Jetzt und das ist auch die große Stärke der Tiergeister. Sie folgen ihren Instinkten, richten sich nach Wetter und Jahreszeiten, leben in Harmonie mit der Natur und deren Regeln. Dabei verhalten sie sich jedoch keineswegs stereotyp! Sie passen ihren eigenen, individuellen Rhythmus den Zyklen der Natur an. Genau darum geht es im Reich der Tiergeister. Um Regeln, die zu ignorieren uns nur schadet.

Der sogenannte Winterblues ist bei Weitem keine Fiktion. Mediziner bezeichnen ihn als „saisonal abhängige Depression" und verordnen sogar Medikamente dagegen. Aus naturspiritueller Sicht handelt es sich aber einfach um das Brechen von Regeln und dessen Folgen. In der dunklen Jahreszeit ziehen wir uns oftmals zurück, haben weniger persönlichen Kontakt zu anderen Menschen, gehen weniger an die frische Luft, treiben weniger Sport und so weiter. Dieses Verhalten, dieses Ignorieren der Regeln, dieses Nichtanpassen an den Rhythmus der Natur ist es, was uns letztendlich krank macht. Besuchen wir das Reich der Tiergeister, so merken wir recht schnell, welche Regeln wir nicht einhalten, welchen Rhythmen und Zyklen wir uns nicht anpassen. Nehmen wir die Lehren unserer Freunde an, und das sollte unser Ziel sein, so nähern wir uns wieder dem natürlichen, dem naturspirituellen Leben.

Ich möchte dieses Thema mit einem Zitat aus der Bibel beschließen. Matthaeus 16/26: „Was hülfe es dem Menschen, so er die ganze Welt gewönne und nähme Schaden an seiner Seele?" Nicht „die Welt gewinnen", sondern als Teil von ihr und im Einklang mit ihr leben, macht unsere Seele gesund.

Das Reich des Weltenbaumes

Dies ist das Reich, welches uns auch Zugang zu den anderen Welten ermöglicht und ich rate dazu, es erst dann zu betreten, wenn man bereits gefestigte Erfahrungen im Bereisen der anderen Reiche gesammelt hat!

Nun ist es nicht so, dass hier besondere Gefahren lauern, aber einige Besonderheiten gibt es doch. So ist es zum Beispiel möglich, von hier in die mythologische Welt unserer Vorfahren zu gelangen. Diese Welt kennt jedoch nicht den gradlinigen Zeitablauf, wie wir ihn gewohnt sind. Um ein extremes Beispiel zu nennen: Ragnarök hat in dieser Welt bereits stattgefunden, findet gerade statt und wird in Zukunft stattfinden. Und das alles aus unserer Sicht zeitgleich! Da möchte man wirklich nicht unvorbereitet hineingeraten. Andererseits ist es das Reich des Weltenbaumes und nicht, wie oft erwartet, das Reich der Tiergeister, in welchem man in erster Linie auf Fylgien trifft und sehr gut Kontakt mit ihnen aufnehmen kann. Krafttiere und Fylgien wurden bereits in „Deine RunenReise" behandelt.

Das Reich des Weltenbaumes finden wir im Norden. Auf die Gefahr hin, mich zu wiederholen, möchte ich noch einmal betonen, dass wir uns aus der achten Position (Nord-Ost – Erde – Ahnen) rechts herum, also mit der Sonne, drehen! Um aus der Nord-Ost-Position in die Nord-Position zu wechseln, vollziehen wir also eine Drehung um 315° rechtsherum statt um 45° nach links. Das mag etwas umständlich erscheinen, ist jedoch notwendig. Drehen wir uns nach Schritt acht nach links, so bedeutet dies eine Abwendung vom Reich der Ahnen und eine Hinwendung zu

Schritt sieben, der Erdung, und nicht – wie eigentlich gewünscht – zu Schritt neun, der uns in das Reich des Weltenbaumes hineinbringt.

Im Laufe der Zeit hat es viele Spekulationen gegeben, Theorien wurden aufgestellt und wieder verworfen und abenteuerliche Experimente durchgeführt. Eine stichhaltige Erklärung, warum eine Drehung nach links die weitere Reise behindert und manchmal sogar unmöglich macht, wurde jedoch nicht gefunden. Manches sollte man einfach als gegeben hinnehmen, irgendwann wird jemand die Antwort finden.

Rückkehr und Rückfindung

Grundsätzlich muss eine schamanische Reise immer damit beendet werden, dass man den bis dahin zurückgelegten Weg in entgegengesetzter Richtung beschreitet. Das bedeutet keinesfalls, dass man Schritt für Schritt zurückgeht! Man „springt" sozusagen von Wegpunkt zu Wegpunkt und das wird in den meisten Fällen auch sehr schnell geschehen. Diese einzelnen Wegpunkte muss man auch nicht bewusst auswählen oder gar anlegen. Es sind Punkte, an denen es auf der Reise besondere Ereignisse, Beobachtungen oder Erkenntnisse gegeben hat. Wir registrieren sie in unserem Unterbewusstsein und werden so sicher an unseren Ankerpunkt oder einfach in den Kreis zurückgeleitet. Die ersten acht Schritte jeder Reise, die den Kreis markieren, müssen nicht in umgekehrter Reihenfolge wiederholt werden! Je länger eine Reise dauert, umso markanter sind diese Punkte. Das führt dazu, dass es auch bei längeren Reisen kaum einmal mehr als fünf oder sechs Punkte sind und daher eine Rückkehr von dem Augenblick des Wunsches nach Beendigung der Reise bis zur Ankunft im Kreis in Sekundenbruchteilen erfolgt.

Es gibt Berichte darüber, dass man riskiert, einen Teil seiner Seele in der Anderswelt zu verlieren, wenn man nicht auf exakt dem selben Weg wieder hinausgeht, wie man hineingekommen ist. Ob das so zutrifft, kann ich nicht bestätigen. Dass dadurch ein schweres Trauma ausgelöst werden kann, jedoch schon. Vielleicht sollte man das nicht absolut wörtlich nehmen und eher allgemein von einem Verlust oder von Verwirrung sprechen. Doch passiert dies nur, wenn man „einfach los reist" (was durchaus möglich ist) und die ersten acht Schritte überspringt. Es fehlt dann der Ankerpunkt und damit die Beziehung zum ersten Wegpunkt, der auf dem Rückweg vermutlich den Zeitpunkt der Rückfindung bestimmt.

Als Rückfindung bezeichnen wir den Augenblick, indem sich Geist und Körper des Reisenden in der physischen Realität des Körpers wieder vereinen. Wird dieser Zeitpunkt nicht exakt getroffen, gibt es die beschriebenen Probleme. Hält man sich jedoch an die vorliegende Anleitung, so tritt der Normalfall ein und man kehrt an Geist und Körper gesund zurück.

Psychoaktive Pflanzen

Der Vollständigkeit halber folgt nun noch ein kurzer Exkurs über psychoaktive Pflanzen, wie sie nach der Überlieferung von runischen Schamanen verwendet wurden und teils noch werden. Die Verwendung dieser Pflanzen mag in manchen Fällen hilfreich sein, zwingend notwendig ist sie jedoch in keinem Fall! Ich rate auch davon ab, denn der mögliche Schaden überwiegt den Nutzen bei Weitem.

Viele der hier vorgestellten Pflanzen und Pilze enthalten Wirkstoffe, die dem Arzneimittelgesetz (AMG) und/oder dem Betäubungsmittelgesetz (BtMG) unterliegen. Die Informationen sollen nur einen Einblick in die Verwendung psychoaktiver Pflanzen in früherer Zeit geben und sind keinesfalls als Anleitung oder gar Aufforderung zum Experimentieren gedacht!

Für die Angaben zur Dosierung und Verwendung übernehme ich keine Haftung. In der ursprünglichen Überlieferung sind diese Angaben oft sehr ungenau und nicht selten auch gar nicht vorhanden. Zudem schwankt der Wirkstoffgehalt in Pflanzen je nach Standort, Jahreszeit, Wetterverhältnissen und weiteren, oftmals unbekannten Kriterien, mitunter extrem. Dosierungsangaben nach Gewicht oder Volumen sind daher ohnehin sinnlos.

Zum rechtlichen Status der Pflanzen und Wirkstoffe gebe ich keine weiteren Informationen. Es werden ständig neue Anlagen zum Betäubungsmittelgesetz (BtMG) veröffentlicht, sodass hier ohnehin keine Aktualität gewährleistet werden kann.

Die hier vorgestellten Pflanzen und Pilze wurden früher zur Unterstützung schamanischer Arbeit genutzt. Ihre Verwendung macht jedoch niemanden zum Schamanen und ist auch absolut keine Garantie für besseres schamanisches Arbeiten. Ich rate daher dringend von Experimenten damit ab! So können halluzinogene Substanzen Psychosen auslösen, Wechselwirkungen mit Medikamenten sind praktisch nicht vorhersehbar und besonders die richtige Dosierung der Alkaloide von Nachtschattengewächsen ist – zumindest mit allgemein zugänglichen Mitteln – praktisch nicht möglich. Ihre Wirkung auf den Organismus ist so individuell, dass Dosierungen, die für die eine Person als unbedenklich erscheinen, bei anderen Personen zu schweren Nebenwirkungen führen können.

Die Wirkstoffe dieser Pflanzen sind für die schamanische Arbeit nicht wirklich notwendig. Alles, was man mit ihrer Hilfe erreichen kann, schafft man auch ohne sie.

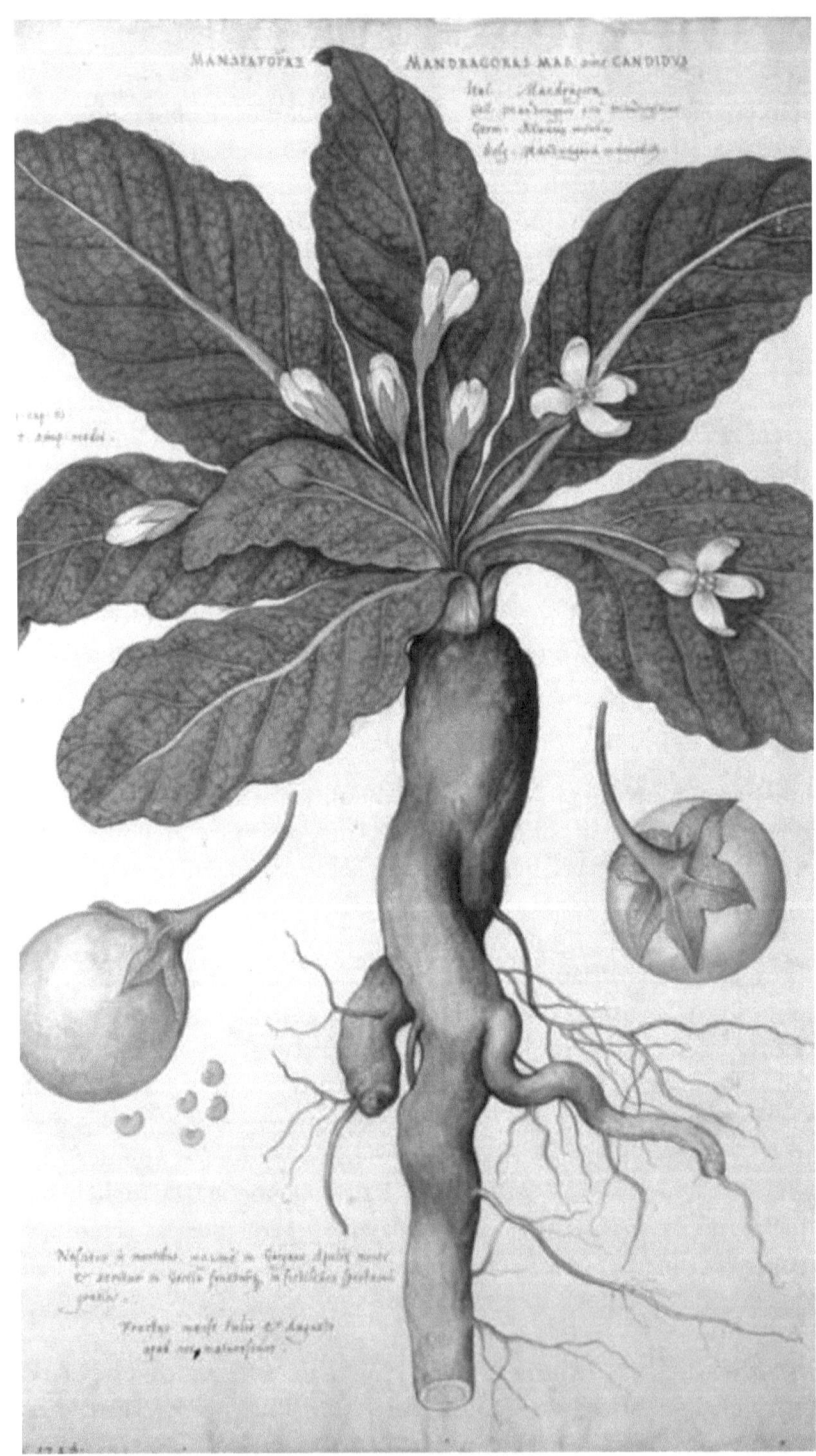

Alraune

Die Gemeine Alraune (Mandragora officinarum) ist eine Pflanzenart aus der Familie der Nachtschattengewächse (Solanaceae). Sie ist die „Hexenpflanze" schlechthin und wurde schon in der Antike als Zauberpflanze geschätzt. Spätestens seit den Harry Potter – Filmen wissen wir, dass sie ganz furchtbar schreit, wenn man sie an den Haaren … äh, Verzeihung, an den Blättern aus dem Boden zerrt. Und wenn man sie ärgert, beißt sie auch. Jawoll!

Inhaltsstoffe: Hyoscyamin, Mandragorin, Scopolamin und weitere.

Wirkung: Aphrodisiakum, Narkotikum und schmerzstillendes Mittel. In geringer Dosierung führt die Alraune zu einem Schlaf ähnlichen Trancezustand, bei dem auch luzide Träume auftreten können.

Überlieferung: Bei Neumond werden 10 bis 50 Gramm kleingeschnittener Alaunenwurzel mit einem Stück schwarzem Feuerstein in Leinen eingewickelt und in eine Flasche getan. Dann gießt man einen Liter Honigmet darauf. In der Flasche sollte möglichst wenig Luft verbleiben, um Schimmelbildung zu vermeiden. Der Met wird bei Zimmertemperatur an einem dunklen Platz aufbewahrt und darf nicht bewegt werden. Am nächsten Neumond wird er dann durch ein engmaschiges Sieb (Kaffeefilter eignen sich sehr gut) gegossen und kühl aufbewahrt.

Verwendung: Vor einer schamanischen Reise werden nicht mehr als 1–3 Schnapsgläser (je 20 ml) im Abstand von ca. 20 Minuten getrunken. Dadurch soll der Einstieg in eine schamanische Reise erleichtert werden.

HYOSCYAMUS NIGER, *Linn.*

Bilsenkraut

Auch das Schwarze Bilsenkraut (Hyoscyamus niger) gehört zur Familie der Nachtschattengewächse (Solanaceae). Aufgrund der extremen Neurotoxizität der Inhaltsstoffe wurde bereits in der Antike und im Mittelalter von der Verwendung abgeraten. Die Rauschwirkung kann mehrere Tage bis zu einer Woche anhalten und irreversible Schäden verursachen.

Inhaltsstoffe: Scopolamin, Hyoscyamin, Atropin, Cuskhygrin und andere.

Wirkung: Narkotisch und halluzinogen.

Überlieferung: Obwohl (oder auch weil?) die Wirkstoffkonzentration in der Wurzel am höchsten ist, werden nur die Samen und die getrockneten Blätter der Pflanze verwendet. Sie werden mit Tabak vermischt, geraucht oder verräuchert, wobei die Anwendung nur einmal zwischen zwei Vollmonden erlaubt ist.

Verwendung: Bilsenkraut wurde vorrangig für die Krafttierarbeit verwendet, da Tierverwandlungen während des Rausches sehr häufig zu erleben sind. So wurde versucht, tiefer in das Wesen der verschiedenen Fylgien einzutauchen, um sie besser verstehen zu können. Diese Vorgehensweise ist jedoch schon lange nicht mehr üblich. Krafttierarbeit ist auch ohne unterstützende Mittel nicht besonders schwierig. Dazu kommt, dass die Grenzwerte von berauschender und toxischer Dosis des Bilsenkrautes sehr nahe beieinander liegen. Schwere Vergiftungserscheinungen, Aggressivität, andauernde Verhaltensstörungen, komatöse Zustände und Tod durch Atemlähmung sind nicht selten.

AGARICUS (AMANITA) MUSCARIUS

Fliegenpilz

Der Fliegenpilz (Amanita muscaria) wurde von der Deutschen Gesellschaft für Mykologie zum Pilz des Jahres 2022 ernannt. Er wächst unterirdisch in einer Art Symbiose mit Bäumen, bevorzugt Fichten und Birken. Die Fruchtkörper sind von Juli bis Oktober zu finden. Besonders nach Regen, auf den Sonnenschein folgt, wachsen sie sehr schnell innerhalb von wenigen Tagen heran.

Inhaltsstoffe: Ibotensäure, welche durch Trocknung in Muscimol umgewandelt wird.

Wirkung: Halluzinogen.

Überlieferung: Nach dem Glauben der Germanen wächst Fliegenpilz überall dort, wo Schaum aus dem Maul von Odins achtbeinigem Pferd Sleipnir auf den Boden getropft ist. Die Fruchtkörper werden in 1–3 mm dünne Scheiben geschnitten und getrocknet. In der roten Haut der Hüte steckt der größte Teil des Giftes. Diese Haut kann abgezogen und separat getrocknet, aber auch am Fruchtfleisch belassen werden. Die Lamellen werden entfernt. Es werden nur gründlich getrocknete Fliegenpilze verwendet! Sie werden mit Tabak vermischt, geraucht oder in einem Zelt verräuchert.

Verwendung: Bei gemeinsamer Anwendung mehrerer Personen können identische Halluzinationen erfahren werden. Das prädestiniert den Fliegenpilz geradezu für geführte Runenmeditationen und geführte schamanische Reisen. Früher wurden potenzielle Anwärter in einem Ritual unter Einfluss von Muscimol auf ihre Eignung als runische Schamanen getestet.

Fliegenpilz und Schlehenfeuer

Auch Völven nutzen die Wirkung des Fliegenpilzes für ihre Arbeit. Runische Schamanen bevorzugen Fliegenpilze, die in der Nähe von Fichten wachsen, Völven solche, aus dem Umfeld von Birken. Ob es sich dabei um reine Tradition handelt oder ein praktischer Grund vorliegt, vermag ich jedoch nicht zu sagen.

In jedem Fall wird jedoch Fliegenpilz nie ohne Schlehen angewendet! Diese Erkenntnis ist offenbar auf Midgard fast völlig verloren gegangen. Selbst, wenn er verräuchert wird, trinkt man dazu immer ein Glas Schlehenfeuer.

Über Schlehen und Fliegenpilze gibt es einige Berichte im Zusammenhang mit der nordischen und kontinental-germanischen Mythologie. So wird vermutet, dass die Berserker sich durch das Gift der Fliegenpilze in einen Rauschzustand versetzten, Schwarzdorn soll bösen Zauber abwehren bzw. für schwarze Magie verwendet werden usw. Alle diese Berichte möchte ich mal als Rudimente tatsächlicher Lehren bezeichnen. Es steckt ein Körnchen Wahrheit darin, welches aber im Laufe der Zeit immer kleiner geworden ist. Schwarzdorn ist nach dem Glauben der Germanen durch böse Hexen verzauberter Weißdorn, dessen schwarze Magie von Freyja mittels Seiðr aufgehoben wurde. Durch dieses Ver- und Entzaubern haben die Früchte besondere Eigenschaften erhalten. Sie werden bei der Runenheilung zur Stärkung des Immunsystems eingesetzt. Weiterhin wirken sie harntreibend, entzündungshemmend und appetitanregend. Die Kerne enthalten einen relativ hohen Anteil an Blausäure und dürfen daher nicht verzehrt werden!

Für das sogenannte Schlehenfeuer (Schlehenlikör) gibt es eine ganze Reihe Rezepte. Wir verwenden 200 - 500 g Schlehen (die Menge muss man nach Geschmack herausfinden, falsch machen kann man da nix), 200 g Kandiszucker, eine Vanilleschote und Korn oder Obstbrand (Apfel, Birne). Die Schlehen werden von Stielresten befreit, gewaschen und mit einem Tuch oder Papier trocken getupft. Die Vanilleschote wird 2x längs aufgeschlitzt. Wer sich die Arbeit machen will, kann das auch mit den Schlehen machen. Dann kommen Schlehen, Zucker und Vanilleschote in ein Schraubglas oder Ähnliches und werden mit dem Korn übergossen. Das Glas sollte möglichst voll sein. Das Ganze lässt man acht Wochen lang bei Zimmertemperatur ziehen, schüttelt es aber jeden Tag durch. Dann wird es durch ein engmaschiges Sieb, besser noch durch Kaffeefilter gegossen und in kleine Flaschen abgefüllt. Kühl und dunkel aufbewahrt hält es sich, bis neue Schlehen geerntet werden können. Na ja, zumindest in der Theorie, Schlehenfeuer ist nämlich wirklich sehr, sehr lecker.

Geerntet werden Schlehen erst nach dem ersten Frost. Die Schlehe zieht im Herbst die Gerbstoffe der Früchte in den Baum zurück. Alles ist auf Rückzug und dann ist es die Schlehe auch. Mit dem Frost werden die letzten Gerbstoffe zerstört bzw. umgewandelt. Schlehe = adstringierend = zusammenziehend, das Gefühl geht, wenn die Gerbstoffe weg sind. In der Tiefkühltruhe hat es einen ähnlichen Effekt, allerdings können die Gerbstoffe nirgends hin und werden zerstört. Für die schamanische Arbeit und auch die Runenarbeit ist dieses Vorgehen nicht geeignet.

In ein Glas Schlehenfeuer kann man getrockneten Fliegenpilz geben, eine Nacht oder auch 24 Stunden ziehen lassen, durch ein Sieb geben und trinken. Die Dosierung ist dabei jedoch sehr schwer abzuschätzen, ich rate davon ab. Allerdings wird diese Mischung auch für Talismane und Amulette aus Holz verwendet. Sie werden am Tag vor der rituellen Weihe eine Nacht lang in die Flüssigkeit getaucht, wodurch ihre Schutzwirkung gesteigert werden soll. Dabei ist es wichtig auf die richtigen gebenden und nehmenden Mondphasen zu achten.

Nach der Überlieferung soll die Wirkung des Schlehenfeuers bei der Anwendung von Fliegenpilzen die potenziell gesundheitsgefährdenden Bestandteile der Pilze neutralisieren. Sicher ist das jedoch nicht.

Schlehdorn – Fakten und Legenden

Durch Abdrücke von Kernen an neolithischen Tongefäßen und Pflanzenresten in Kugelamphoren-Keramik konnte nachgewiesen werden, dass Schlehenfrüchte in Mitteleuropa bereits in der Steinzeit gesammelt wurden.

Im Mittelalter wurde aus Schlehenrinde Tinte hergestellt. Dazu wurde die Rinde in Wasser gelegt. Nach drei Tagen wurde das Wasser abgegossen, aufgekocht und erneut über die Rinde gegossen. Dieser Vorgang wurde so lange wiederholt, bis die Rinde vollkommen ausgelaugt war. Danach wurde die Flüssigkeit mit Wein versetzt und eingekocht. Schlehenblätter dienten in Notzeiten als Tabakersatz.

Nach einer christlichen Legende unterstellte der Kreuzdorn dem Schlehdorn, ihre Zweige für die Dornenkrone Jesu hergegeben zu haben. Um die Unschuld der Schlehe zu beweisen, schüttete Gott des Nachts unzählige weiße Blüten über den Strauch aus.

In früheren Zeiten wurde der Schlehdorn genutzt, um damit das Wetter für die Erntezeit vorauszusagen. Man zählte die Tage zwischen dem Erblühen der Schlehe und dem 23. April und berechnete so den genauen Tag der Ernte um den 25. Juli.

Da der Schlehe eine besonders starke Schutzwirkung gegen Hexen nachgesagt wurde, pflanzte man sie um Gehöfte und Weiden herum. Trugen diese Sträucher in einem Jahr mehr Früchte als gewöhnlich, so stand nach dem Volksglauben ein besonders strenger Winter bevor.

CALIFORNIAN POPPY

(ESCHSCHOLTZIA CALIFORNICA)

Favorite Flowers of Garden and Greenhouse Nat. size
Edward Step and William Watson 1896   PL. 19

Goldmohn

Die in Deutschland als Goldmohn oder auch Schlafmützchen bekannte Pflanze, hat ihren Ursprung in den südwestamerikanischen Bundesstaaten. Dort wird sie als Kalifornischer Mohn (Eschscholzia californica) bezeichnet. Trotz der nahen Verwandtschaft zum Schlafmohn (Papaver somniferum) hat sie eine deutlich andere Wirkung auf das zentrale Nervensystem. Ihre Blätter wurden von den amerikanischen Ureinwohnern für medizinische und spirituelle Zwecke genutzt. Der Goldmohn war die Giftpflanze des Jahres 2016.

Inhaltsstoffe: Diverse Alkaloide, Protopine und Chelerythrine.

Wirkung: Leicht euphorisierend, narkotisierend und schmerzlindernd.

Überlieferung: Der Goldmohn wird erst seit Anfang des 20. Jahrhunderts genutzt.

Verwendung: Die getrockneten Blätter werden geraucht bzw. verräuchert. Aus den frischen Blütenblättern wird ein Alkoholauszug gewonnen, mit dem ein konzentrierter Tee zubereitet wird. Der Goldmohn wurde in erster Linie als Alternative zum Hopfen verwendet, da er als Tee genossen bei weitem nicht so bitter schmeckt.

Nach meiner Meinung sind die Experimente mit Goldmohn zur Unterstützung der schamanischen Reise gescheitert. Die beruhigende Wirkung ist sehr gering, er wirkt eher narkotisierend, was nicht erwünscht ist. Eine Verwendung in den letzten dreißig Jahren ist mir auch nicht bekannt. Als mildes Schmerzmittel scheint er jedoch durchaus seine Berechtigung zu haben.

43. Cannabinaceae

183. Humulus Lupulus L.   Hopfen.

WM.

Hopfen

Der Echte Hopfen (Humulus lupulus) ist eine Pflanzenart in der Gattung Hopfen und durch seine Verwendung beim Bierbrauen bekannt. Er gehört zur Familie der Hanfgewächse (Cannabaceae) und wurde zur Arzneipflanze des Jahres 2007 gekürt.

Inhaltsstoffe: Harze, ätherisches Öl, Beta-Sitosterol, Campesterol, Eugenol, Farnesol, Gerbsäure, Lupulin, Lupulon, Stigmasterol, Hopfenbitter, Humulon, Humulen, Isovalerinsaure

Wirkung: Beruhigend und leicht euphorisierend.

Überlieferung: Wilder Hopfen wird schon in den ältesten Aufzeichnungen erwähnt. Vor der ersten gemeinsamen schamanischen Reise tranken die Schüler mit ihrem Lehrer gemeinsam einen Hopfentee und/oder rauchten die getrockneten Dolden der weiblichen Hopfenpflanze. Diese wurden manchmal auch mit getrocknetem Fliegenpilz versetzt.

Verwendung: Hopfentee mutet fast schon wie ein Allheilmittel an und wird seit Jahrhunderten verwendet. Er wirkt entzündungshemmend, antibakteriell, beruhigend, blutreinigend, schmerzstillend und tonisierend. Eingesetzt wird er unter anderem gegen Angstzustände, Blasenentzündung, Blasensteine, Darmkrämpfe, Fieber, Furunkel, Haarausfall, Herzklopfen, Magenkrämpfe, Menstruationsstörungen, Migräne, Herz- und Magenbeschwerden, Schlafstörungen, Verstopfung und Wechseljahrsbeschwerden. Ich habe Hopfentee als Vorbereitung auf eine Reise früher gerne genutzt, da er beruhigend wirkt und die Konzentrationsfähigkeit fördert.

Kalmus

Der Kalmus (Acorus calamus) ist eine Pflanzenart aus der Familie der Kalmus-gewächse (Acoraceae). Bereits seit dem 12. Jahrhundert in Europa bekannt, wurde die Heilpflanze der traditionellen chinesischen Medizin im 16. Jahrhundert in Mittel-europa eingebürgert.

Inhaltsstoffe: Asaron, Cholin, verschiedene Fettsäuren. Achtung, Asarone sollen reproduktionstoxisch, mutagen sowie karzinogen wirken! MAO-Hemmer können unerwünschte Nebenwirkungen verstärken.

Wirkung: Empathogen und aphrodisierend.

Überlieferung: Gerade die empathogene Wirkung war es, die an den Wurzeln des Kalmus geschätzt wurde. Nicht nur Schamanen, sondern auch Völven und Heiler setzten sie ein. Die Wurzeln wurden im Frühjahr und Herbst geerntet, von den feinen Wurzelhaaren befreit und bei niedriger Temperatur getrocknet oder frisch verwendet.

Bei allen Aufgaben, die unmittelbar für andere Menschen zu erledigen waren (Krafttiersuche, Anamnese, Traumdeutung usw.), konnte Kalmus eingesetzt werden, um die Verbindung zu diesen Menschen zu verstärken.

Verwendung: Frische Wurzelstücke von sieben bis zehn Millimetern Durchmesser und einer Länge zwischen „Fingerlang und Handspanne" wurden gekaut. Getrocknete Wurzeln werden zerrieben oder gemahlen. So konnte aus ihnen leicht ein Kaltauszug hergestellt werden, da Erhitzen die Wirksamkeit verringert. Getrocknete Kalmuswurzeln müssen kühl, trocken und dunkel aufbewahrt werden. Nach circa einem Jahr zersetzen sich die Wirkstoffe.

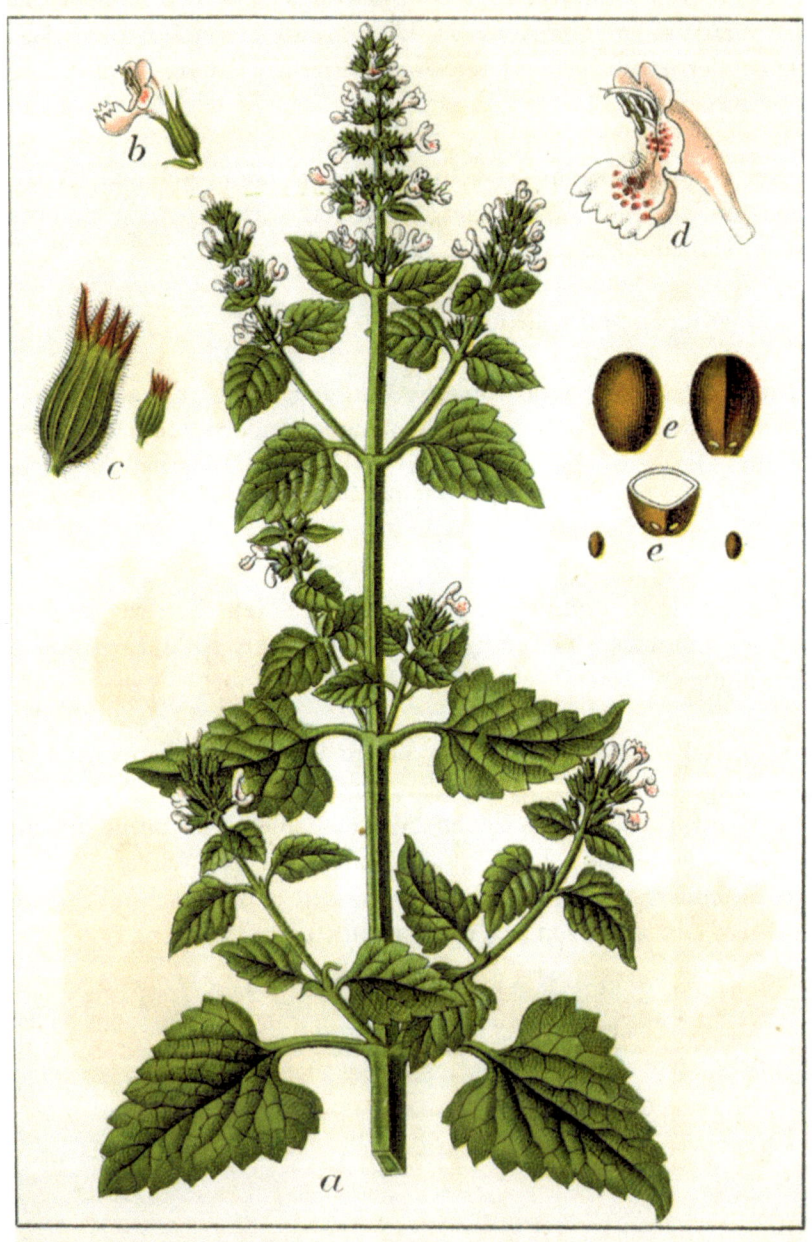

Katzenminze, Nepeta cataria.

Katzenminze

Die frischen Blätter von Nepeta cataria, der Echten Katzenminze, wurden bereits im 15. Jahrhundert zum Würzen von Speisen verwendet. In der Volksheilkunde gelten sie als fiebersenkend, krampflösend, entgiftend, harntreibend, beruhigend und leicht euphorisierend.

Inhaltsstoffe: Nepetalacton, Actinidin und verschiedene ätherische Öle.

Wirkung: Das in der Katzenminze enthaltene Nepetalacton wirkt antiviral und antimikrobiell. Das und die beruhigende und – bei etwas höherer Dosis – leicht euphorisierende Wirkung machen einen Tee aus den Blättern der Katzenminze zu einem idealen Helfer beim Einstieg in die schamanische Reise.

Überlieferung: Katzenminze wird in den ältesten Überlieferungen als Mittel für Kinder abgetan. Ich denke jedoch, hier tut man dieser wundervollen Pflanze unrecht. Es muss nicht immer eine Wirkung wie mit der Brechstange sein. Über die heute übliche Verwendung der Blüten wird in den Überlieferungen nichts berichtet.

Verwendung: Die getrockneten Blätter können, mit Tabak oder auch Hopfen vermischt, geraucht werden. Ich bevorzuge einen Tee aus frischen, notfalls auch getrockneten Blättern. Dabei ist zu beachten, dass das Wasser nicht kochen darf, da sonst ätherische Öle mit dem Wasserdampf entweichen. Am besten übergießt man die Blätter mit abgekochtem, jedoch nicht mehr kochendem Wasser. Der abgekühlte Tee mit Eiswürfeln ist im Hochsommer ein ganz hervorragender Durstlöscher. Nebenwirkungen sind mir nicht bekannt.

244

Prunkwinde

Mit etwa 650 Arten sind die Prunkwinden (Ipomoea) die artenreichste Gattung der Familie der Windengewächse (Convolvulaceae). Die wirtschaftlich bedeutendste Art ist die Süßkartoffel (Ipomoea batatas), auch als Batate bekannt.

Inhaltsstoffe: Einige Arten enthalten den Wirkstoff LSA (D-Lysergsäureamid) aus der Gruppe der Mutterkornalkaloide, der als Grundstoff für die Synthese von LSD dienen kann.

Wirkung: Halluzinationen von teils mehrstündiger Dauer.

Überlieferung: „Einige" Samen (vermutlich ab zehn bis eventuell sogar einhundert) wurden zerkaut und mit Tee oder Schlehenfeuer geschluckt. Sie durften nur zu den Äquinoktien (Tagundnachtgleichen) eingenommen werden. Dem ging ein Reinigungsritual voraus und auch die Einnahme erfolgte nach einem vorgeschriebenen Ritual.

Verwendung: Die Samen der Prunkwinde werden schon lange nicht mehr zur Unterstützung schamanischer Reisen genutzt und ich rate auch dringend von einer Verwendung ab. Die Konzentration der Wirkstoffe ist sehr stark von Bodenbeschaffenheit, Wetter und Klima abhängig und die möglichen Nebenwirkungen überwiegen ganz klar den Nutzen. Schamanische Reisen sind auch ohne die Einnahme solcher Drogen erkenntnisreich und mitunter sogar abenteuerlich.

Die Samen der Prunkwinde wurden einige Zeit lang auch zur Abtreibung genutzt. Das allein zeigt schon, wie bedenklich die Einnahme der darin enthaltenen Wirkstoffe ist. Zudem sollen sie auch Leberschäden verursachen.

122. Solanaceae.

Atropa Belladonna L.

Gemeine Tollkirsche.

491.

Tollkirsche

Auch die Schwarze Tollkirsche (Atropa belladonna) gehört zur Familie der Nachtschattengewächse (Solanaceae), ist jedoch noch giftiger als zum Beispiel Stechapfel, Alraune oder Bilsenkraut.

Inhaltsstoffe: Hauptsächlich Hyoscyamin, Atropin und Scopolamin.

Wirkung: In erster Linie Halluzinogen.

Überlieferung: Es gibt nur wenige Berichte über die Verwendung der Tollkirsche bei schamanischen Reisen. Bemerkenswert ist dabei der Hinweis auf eine „vollständige Verschmelzung der Welten (Realitäten)". Dieser Effekt hat jedoch nichts mit der schamanischen Reise zu tun, sondern wird einzig durch die Wirkstoffe der Tollkirsche ausgelöst. Ähnliche Erfahrungen sind nämlich auch von Menschen gemacht worden, die nicht spirituell arbeiten.

Mehr noch als bei den Schamanen wurde die Tollkirsche von Heilern und Völven genutzt. Von ihnen wurde sie für Liebeszauber verwendet und als Abortivum genutzt, was schon einen etwas seltsamen Beigeschmack verursacht. Mischungen von Auszügen aus verschiedenen Teilen der Pflanze fanden Verwendung in Tinkturen und Salben. Sie alle haben jedoch eines gemeinsam: Es wird immer wieder auf die Unzuverlässigkeit der Wirkung und auch auf extreme Nebenwirkungen hingewiesen.

Verwendung: Die Anwendungsmöglichkeiten der Wirkstoffe sind vielfältig und werden in der modernen Medizin genutzt. Das Extrahieren, Reinigen und Dosieren ist jedoch mit Hausmitteln nicht möglich. Man sollte wirklich besser die Finger davon lassen!

V.1 122. Solanaceae.

492 Datura Stramonium L. Gemeiner Stechapfel.

Stechapfel

Auch der in Europa heimische Gemeine Stechapfel (Datura stramonium) gehört zur Familie der Nachtschattengewächse (Solanaceae). Nicht ganz so giftig wie die Tollkirsche ist seine Wirkung jedoch ebenfalls unberechenbar und gefährlich.

Inhaltsstoffe: Hyoscyamin, Atropin und Scopolamin.

Wirkung: Halluzinogen und hypnotisch.

Überlieferung: Die getrockneten Blätter des Stechapfels wurden rituell geraucht, um die Kontaktaufnahme zu den Ahnen zu erleichtern.

Verwendung: Von der Verwendung kann ich nur dringend abraten! Die Inhaltsstoffe des Stechapfels verursachen sehr intensive Halluzinationen. Es kann zu Tierverwandlungen, Flugerfahrungen und intensiven sexuellen Visionen kommen. Wahrscheinlicher ist es jedoch, echte Horrortrips zu erleben, die mehrere Stunden und sogar Tage andauern können.

Ich muss zwar einräumen, Stechapfel (wie alle Nachtschattengewächse) nie selbst getestet zu haben. Die überlieferten Erfahrungsberichte sind nach meiner Ansicht jedoch über jeden Zweifel erhaben und werden von wissenschaftlichen Studien bestätigt. Gerade die Wirkstoffe der Nachtschattengewächse können leicht Psychosen auslösen und die hohe Giftigkeit macht Experimente mit diesen Pflanzen zu einem lebensgefährlichen und unnötig leichtsinnigen Hobby.

Nach mehr als einem halben Jahrhundert Erfahrung in der Runenarbeit und schamanischen Reisen weiß ich auch, dass diese letztendlich keiner Unterstützung bedürfen.

138. Rubiaceae.

553. Waldmeier.

Asperula odorata L.

Waldmeister

Schon die Germanen tranken mit Waldmeister (Galium odoratum) gewürztes Bier. Dieser Brauch findet sich vielerorts heute noch in der Maibowle.

Inhaltsstoffe: Cumarin

Wirkung: Euphorisierend und aphrodisierend. In höheren Dosen auch sinneserweiternd und halluzinogen.

Überlieferung: Waldmeister darf nur vor oder während der Blüte (Mai bis Juni) geerntet werden. Ein Grund dafür ist nicht überliefert. Möglich ist, dass die leberschädigende Wirkung bei dauerhaftem Genuss bereits erkannt wurde. Eine weitere Regel ist, dass kein mit Waldmeister gewürzter Krug Bier getrunken werden darf, ohne zuvor davon den Göttern zu opfern.

Verwendung: In frischen Pflanzen ist das Cumarin gebunden und wird erst durch Trocknung freigesetzt. Die grünen Pflanzenteile und Blüten müssen also zumindest anwelken oder trocknen, bevor sie verwendet werden können. Am wirkungsvollsten ist ein Kaltauszug durch Alkohol. Dazu wird eine Handvoll getrockneter Pflanzen über Nacht in mindestens 40-prozentigen Alkohol gelegt. Bier, Met oder Wein werden damit gewürzt. Auch ein Heißauszug als Tee ist möglich.

Waldmeister wird von Völven für sexualmagische Rituale verwendet. Schamanen verwenden eher höhere Dosen. Dabei ist aber zu beachten, dass die Wirkung mehrere Tage anhalten kann. Das getrocknete Kraut wird auch für verschiedene Schutzzauber eingesetzt.

Seit 1974 ist die Aromatisierung mit Waldmeister bei Produkten für Kinder in Deutschland verboten.

Wermut

Wermut, auch als Gemeiner Wermut oder Wermutkraut (Artemisia absinthium L.) bezeichnet, ist als Heil- und Zauberpflanze schon seit der Antike bekannt.

Inhaltsstoffe: Absinthin, Artabsin, Matricin, Anabsinthin, ätherische Öle (z. B. Thujon).

Wirkung: Beruhigend und einschläfernd, mit leichter psychedelischer Komponente.

Überlieferung: Dem Gemeinen Wermut wurden zahlreiche Wirkungen zugeschrieben, darunter die Förderung von Appetit, Verdauung und Menstruation sowie Hilfe bei Kopfschmerzen und Entzündungen und daneben wurde er auch als Abortivum eingesetzt. Seine Bedeutung als Heilpflanze ist mit den Jahren jedoch immer weiter zurückgegangen. Schon Hildegard von Bingen konzentrierte sich in ihren Ausführungen mehr auf die äußerliche Anwendung der Wirkstoffe durch Salben.

Unverändert wichtig ist dagegen seine Bedeutung als Zauberpflanze. Sowohl für Liebeszauber als auch zur Abwehr von Flüchen (Bannbrecher) werden Auszüge und getrocknete Kräuter verwendet.

Für die Unterstützung der schamanischen Reise hat Wermut heute praktisch keine Bedeutung mehr. Ich führe ihn hier nur noch der Vollständigkeit halber mit an.

Verwendung: Das getrocknete Wermutkraut kann geraucht werden. Daneben wurden wässrige oder alkoholische Auszüge als Tee zubereitet. Jedoch ist seine Wirkung recht gering und die Dosierung hat sich als sehr schwierig erwiesen. Wermut kann einen sehr üblen „Kater" mit heftigen Kopfschmerzen verursachen.

Salben, Auszüge und Tinkturen

Schon von alters her werden aus verschiedensten Kräutern Extrakte gewonnen, um auch bei Nichtverfügbarkeit der Pflanzen auf ihre Heilwirkung zurückgreifen zu können. Ein gutes Beispiel dafür ist der bereits erwähnte Hopfen. Der aus ihm gewonnene Alkoholauszug wird für einen beruhigenden Tee verwendet.

Die folgenden Anleitungen stammen von der weißen Völva Mariz Gawaldan.

Bei der Herstellung von Tinkturen, Salben und Co. ist einiges zu beachten. Wichtig zu erwähnen ist, dass Herstellungen, die am oder im Körper angewendet werden, speziellen Gesetzen, Verordnungen und Richtlinien unterliegen. Diese sind unter anderem die Kosmetikverordnung oder die deutsche Verordnung über kosmetische Mittel, ebenso wie das Arznei- und Lebensmittel-, sowie das Bedarfsgegenstände- und Futtermittelgesetz. Sie regeln die wichtigsten Anforderungen und Verpflichtungen bei kosmetischen und medizinischen Mitteln. Und das ist nicht wenig! Die Anleitungen, die ich hier vorstelle, sind in Eigenverantwortung anzuwenden. Sie sind nicht zum Verkaufen von Tinkturen, Cremes etc. gedacht. Das Inverkehrbringen von selbst hergestellten Cremes ist in Deutschland verboten. Wenn du diese Anleitungen für dich nutzen möchtest, darfst du das gerne machen, allerdings übernehme ich keinerlei Haftung für eventuelle gesundheitliche Folgen. Es handelt sich um Vorschläge, bzw. Überlieferungen darüber, wie vor vielen Jahrzehnten Salben hergestellt wurden. Sie ersetzen nicht die Behandlung beim Arzt und Tierarzt oder verordnete Medikamente!

Ich gehe daher nicht weiter auf Chargennummern, Kennzeichnung von Rohstoffen, Sicherheitsbestimmungen, Anzeigepflichten, Eichvorschriften, Richtlinien diverser Studien etc. ein. Informationen dafür gibt es beim BVL, dem Bundesamt für Verbraucherschutz und Lebensmittelsicherheit. Für deine eigene Anfertigung genügt es, wenn du das Herstellungsdatum und die Zutaten auf ein Etikett schreibst und die Gläser damit versiehst. So sind spätere Verwechselungen ausgeschlossen.

Nun aber zu dem eigentlichen Thema.

Mazerat, Kaltauszug

Mit einem Mazerat[65] oder einem Kaltauszug werden Inhaltsstoffe aus den jeweiligen Pflanzen- oder Tierteilen herausgelöst. Besonders wertvolle Inhaltsstoffe von Pflanzen, z. B. ätherische Öle, sind fettlöslich, daher verwende ich meistens ein qualitativ hochwertiges Öl. Das kann ein Kokosöl sein, aber auch ein Raps-, Distel- oder Leinöl. Je nachdem, wofür ich diesen Ölauszug anwenden möchte, kann ich die

Wirkung mit dem verwendeten Öl bereits unterstützen. Aber nicht nur mit Öl lassen sich Kaltauszüge herstellen, auch mit Wasser. Bei Wasser ist zu beachten, dass dieses schnell verkeimt, was wiederum z. B. den Gärtnern hilft. Diese legen Brennnessel in Kaltwasser ein und stellen so eine Jauche her. Stinkt bestialisch, hilft aber gegen so ziemlich alle Schädlinge, ohne der behandelten Pflanze zu schaden. Weiter kann man einen Kaltauszug mit Alkohol vornehmen. Für Tinkturen wird dieses Verfahren sehr gerne angewendet.

Kaltauszüge verwende ich, wenn ich bestimmte Inhaltsstoffe aus einer Pflanze lösen möchte. Diese sind unter anderem die ätherischen Öle, aber auch Schleimstoffe. Bei Pflanzen, welche z. B. für Reizhusten angewendet werden, würde ich die schleimbildenden Inhaltsstoffe bei einer Temperatur über 40 °C zerstören. Dazu gehören zum Beispiel die Malve, Salbei, aber auch Leinsamen und Moose. Auch ätherische Öle verflüchtigen sich. Durch Erwärmung geht dieser Prozess schneller, daher ist es auch hier ideal, einen Kaltauszug zu verwenden. Das einfachste Beispiel für einen Kaltauszug ist die Herstellung von Johanniskraut-Öl, auch Rotöl genannt. Dieses Öl verwende ich bei Sehnenscheidenentzündung, Verstauchungen, Prellungen, Verbrennungen, Muskel- und Nervenschmerzen, auch bei Hexenschuss. (Ja, ja, von wegen auf die eigenen Leute schießen die nicht … tun sie doch!)

Für das Rotöl verwende ich eine Handvoll Johanniskrautblüten (bitte achte auf die korrekte Bestimmung der Pflanze, du benötigst Hypericum perforatum), welche ich einige Stunden anwelken lasse. Das ist wichtig, damit bereits einiges an Feuchtigkeit auf und aus der Pflanze entweichen kann. Feuchtigkeit in Öl ergibt sehr schnell Schimmel. Die Blüten auf keinen Fall komplett trocknen lassen oder getrocknete Blüten verwenden. Ich nehme ein ausgekochtes, getrocknetes Glas (ca. 250ml), gebe die Blüten hinein und fülle es mit Rapsöl. Alle Blüten müssen zu 100 % mit Öl bedeckt sein. Sobald ein winziger Pflanzenteil aus dem Öl ragt, besteht Schimmelgefahr. Das Glas wird nicht verschlossen, sondern lediglich mit einem sauberen Baumwolltuch oder einer Serviette, unter Zuhilfenahme eines Gummibandes oder eines Bindfadens, abgedeckt. So kann die restliche Feuchtigkeit aus dem Öl entweichen. Jeden Tag öffne ich das Glas und rühre, mit einem sauberen und abgekochten Holzstab, das Öl um. Vor dem erneuten Abdecken bitte sehr gut auf die Pflanzenteile achten. Es muss alles mit Öl bedeckt sein. Nach 6–7 Tagen kann das Glas mit einem sauberen Deckel verschlossen werden. Regelmäßiges Schütteln verbessert die Verteilung der Inhaltsstoffe im Öl. Nach 4–6 Wochen ist der Auszug fertig und die Pflanzenteile können entfernt werden.

Johanniskraut ist eine Sonnenpflanze und daher stelle ich das Öl auch nicht in eine dunkle Kammer, wie bei einigen Ölen zu empfehlen, sondern auf das Fensterbrett. Dabei achte ich darauf, dass es nicht der direkten Sonnenstrahlung ausgesetzt ist. Das Mazerat ist ca. 6 Monate haltbar. Je nach Lagerung und Sorgfalt bei der Herstellung auch länger.

Tinkturen

Tinkturen werden grundsätzlich mit Alkohol hergestellt. Dabei sollte der Alkoholgehalt recht hoch sein, wenn man die Inhaltsstoffe in vollem Umfang nutzen möchte. Gerbstoffe benötigen 70 % Alkoholgehalt und sind in Eichenrinde, Blutwurz, sowie anderen Wurzeln und Rinden enthalten.

Für Tinkturen aus ätherischen Ölen sollte der Alkoholgehalt bei 50–60 % liegen. Ätherische Öle findest du z. B. in Lavendel, Pfefferminze, Thymian, Oregano.
Flavonoide lösen sich bereits in 35 % Alkohol. Bei Flavonoiden handelt es sich um sekundäre Pflanzenstoffe, welche Reaktionen von sogenannten freien Radikalen im Körper verhindern. Sie gelten somit als zellschützend. Du findest sie unter anderem in Ackerschachtelhalm.

Bitterstoffe lösen sich ebenfalls in 35 % Alkohol. Wir alle kennen sie aus dem berühmten Magenbitter, um die Produktion von Körpersäften (Galle, Magen z. B.) anzuregen. Sie wirken verdauungsfördernd und sind z. B. in Löwenzahnwurzel und Enzianwurzel zu finden.

Auch die Saponine werden in 35 % Alkohol gelöst. Saponine ergeben einen haltbaren Schaum, schützen die Pflanze vor Pilzbefall und wirken somit fungizid. Du findest sie z. B. in Goldrutenkraut.

Schleimstoffe sind, wie bei der Temperatur, auch beim Alkoholgehalt empfindlich. Sie lösen sich bereits bei 20–25 %. Zu finden sind sie beispielsweise in Eibisch und Malve.

So, jetzt weißt du zwar, wie hochprozentig dein Alkohol sein darf oder sollte, aber nicht wie es geht. Du nimmst eine Handvoll getrocknete oder zwei Handvoll frische Pflanzenteile, gibst sie in ein sauberes Glas (ca. 250ml) und übergießt sie mit Alkohol. Auch hier müssen alle Pflanzenteile mit der Flüssigkeit bedeckt sein. Das Glas wird fest verschlossen und regelmäßig geschüttelt. Nach ca. 2–4 Wochen ist die Tinktur fertig.

Salben

Eine Salbe ist eine Zubereitung auf Fettbasis. Es wird kein Wasser verwendet. Zubereitungen mit Wasser sind Cremes. Bei einer Salbe ist es wichtig, bereits im Vorwege auf den Hauttyp zu achten und eventuelle Allergien und Unverträglichkeiten zu bedenken. Ebenso wichtig ist es, hochwertige Öle/Fette zu verwenden. Bei Salben gibt es viel „kann", aber wenig „muss". Für die Streichfähigkeit kann Shea- oder Kakaobutter eingerührt werden. Für die Festigkeit kann Bienen- oder Carnaubawachs eingerührt werden. Auch Lanolin lässt sich verwenden.

Wenn ich eine Salbe herstelle, halte ich mich nicht an Mengenangaben. Das ist für viele Menschen schwer nachzuvollziehen, aber mir geht es darum, die Salbe intuitiv herzustellen, mit meiner ganz eigenen Magie. Ich stelle es dir hier einmal mit dem oben beschriebenen Rotöl vor. Ich nehme ein Glasschälchen und stelle es auf mein Stövchen. Dort gebe ich eine kleine Menge Öl hinein, vielleicht 50ml. Dann gebe ich einen Tropfen Bienenwachs, vom Imker meines Vertrauens, hinzu. Sobald die Schüssel heiß wird, nehme ich sie von der Flamme. Jetzt rühre ich so lange, bis der Tropfen geschmolzen ist. Dabei ist, wegen der Inhaltsstoffe, unbedingt drauf zu achten, das Öl nicht über 35 °C zu erhitzen. Ich verwende dafür kein Thermometer, sondern gehe nach Gefühl. In den ganzen Jahren, die ich bereits Salben rühre, spüre ich anhand der Temperatur der Glasschüssel, wann ich diese von der Kerzenflamme nehmen sollte. Zur Sicherheit kann natürlich ein Thermometer verwendet werden.

Nachdem der Tropfen nun geschmolzen ist und ich einige Zeit weiter gerührt habe, nehme ich ein kaltes Tellerchen und tropfe mit meinem Rührstab einen Tropfen darauf. Dieser Tropfen wird recht schnell kalt. Ist der Tropfen zu flüssig, gebe ich noch einen weiteren Tropfen Bienenwachs in das Öl. Ist der Tropfen zu fest, gebe ich eine kleine Menge Öl hinzu. So verfahre ich, bis mir die Konsistenz, im kalten Zustand, gefällt. Dabei immer die Temperatur im Auge behalten. Noch flüssig fülle ich die Salbe in ein passendes, sauberes, trockenes Gefäß. Je nach Lagerung und Sorgfalt bei der Herstellung ist diese einige Wochen bis Monate haltbar.

Creme

Wie oben erwähnt stelle ich, bis auf eine einzige Ausnahme, nur Salben her. Cremes bestehen immer aus einer Wasser- und einer Fettphase. Man benötigt für eine homogene (gleichmäßige) Creme einen Emulgator sowie, aufgrund des Wassers, Konservierungsstoffe. Ich bin kein Freund davon, irgendwelche Pulver in meinen Zubereitungen zu verwenden, daher verzichte ich auf die Herstellung von Cremes und halte mich an ganz einfache Salben. Die Inhaltsstoffe hat man schnell im Haus. Ein Besuch beim Imker des Vertrauens und schon ist man im Besitz von wundervollem Bienenwachs. Genau so wurden in meiner Familie Salben hergestellt und genau so ist es für kleinere Blessuren und Verletzungen oder die Hausapotheke ausreichend.

Ausnahme – Milch-Creme

Ich danke meiner Oma so sehr, dass sie dieses Rezept niedergeschrieben hat. Wertvolles Wissen wurde erhalten. Diese Creme ist absolut genial! Die einzig benötigten Zutaten sind Milch und ein wertvolles Pflanzenöl. Wichtig ist mir zu erwähnen, dass ich ausschließlich Milch vom Bauern zwei Dörfer weiter verwende. Ein Bauer, welcher seine Milch nicht an die gängigen Molkereien verkauft, sondern die eigene Milch selber zu Milchprodukten weiter verarbeitet und in einem kleinen Dorfladen verkauft. Ja, es ist ein wirklich schnuckeliger Laden, mit Fleisch von den eigenen Kühen, Eiern von den frei laufenden Hühnern und vielen anderen tollen

Produkten. Und ja, es gibt dort niemanden, der kassiert. Hier auf dem Land gibt es noch eine Selbstkasse. Mit Kameras geschützt, aber dennoch so vertrauensvoll – hier kaufe ich meine Milch. Von Kälbchen, die noch bei ihrer Mama bleiben dürfen – und es bleibt trotzdem Milch für den Verkauf. Weniger als bei Kälbchen-ungebundener Aufzucht, aber immer noch genug um diesen Dorfladen am Leben zu erhalten. Achtet bei den Rohstoffen für eure Salben, Cremes, Tinkturen, Ölen etc. bitte immer auf die Natur und ihre Lebewesen. Genug gesabbelt …

Für Milch-Creme benötigt man wirklich nur Pflanzenöl und Milch. Diese Creme muss nicht einmal erhitzt werden, was aber dann der Haltbarkeit ein wenig Zeit nimmt. Bewahre die Creme also im Kühlschrank auf und rühre sie immer frisch an. Mit einem bisschen Honig kann man die Haltbarkeit etwas verlängern. Die Creme wird nach einigen Tagen immer fester, was ein ganz natürlicher Prozess ist. Wenn du diese Konsistenz nicht magst, dann rühre sie ruhig noch einmal gründlich durch. Sie wird dann wieder etwas geschmeidiger.

Als Pflanzenöl eignen sich Mazerate, also Kalt-Öl-Auszüge. Das ist bei einigen Inhaltsstoffen wichtig, wie ich bereits schrieb. Neben Öl und Milch benötigst du noch einen Zauberstab. Ja, okay, ein Pürierstab geht auch. ;)

Ich stelle lieber kleinere Mengen von dieser Creme her. Wenn mein Mann wieder einmal mit seinem Handgelenk, Sehnenscheidenentzündung, zu tun hat, rühre ich innerhalb kürzester Zeit etwas Creme an. Du benötigst dafür 50 ml Johanniskraut-Mohnblüten-Mazerat und 25 ml Vollmilch, auf Zimmertemperatur. Wer mag, fügt 10 Tropfen ätherisches Öl hinzu. Ich benötige keine Duftstoffe und lasse es daher weg. Einige ätherische Öle sind in bestimmten Cremes allerdings wertvoll. In eine Erkältungscreme gebe ich gerne zusätzlich etwas Pfefferminz- oder Eukalyptusöl. Für die Creme füllst du die Milch in ein Gefäß und deckst es etwas ab, da es gerne spritzt. Nun nimmst du deinen Zauberstab und rührst die Milch einige Minuten. Tröpfchenweise gießt du dann dein Mazerat oder Pflanzenöl in die Milch. Sobald Öl und Milch vollständig miteinander vermischt sind, fügst du erneut eine kleine Menge Öl hinzu. Je langsamer das Öl in die Milch eingerührt wird, umso besser. Dies ist das Geheimnis an der Milch-Creme. Langsam, geduldig arbeiten. Dabei kann man ganz wunderbar gute Gedanken und Wünsche hineinsprechen oder -singen.

Eine Creme entsteht bei mir immer mit dem Gedanken daran, für welche Aufgabe ich sie herstelle. Wenn ich also diese Johanniskraut-Creme für meinen Mann mache, stelle ich mir vor, wie sich die Entzündung langsam auflöst und die Schmerzen, sowie Schwellungen weniger werden, wie sich die Hitze zurückzieht. Die Creme bleibt relativ lange sehr flüssig. Erst kurz vor den letzten Tropfen wird sie etwas fester. Sobald das gesamte Öl eingegossen wurde, rühre ich die Creme noch ein wenig weiter, damit sie sich noch etwas stabilisieren kann. So erhalte ich eine geschmeidig-weiche Milchcreme voll magischer Zutaten. Bei der vorgestellten Johanniskraut-Creme bekommt die fertige Mischung einen leichten Braun- oder Rotton aufgrund der verwendeten Pflanzen. Ganz zum Schluss können noch ein paar Tropfen von dem ausgewählten ätherischen Öl eingerührt werden. Nun abfüllen und mit Herstellungsdatum sowie den Inhaltsstoffen beschriften.

Neben den hier ausführlich vorgestellten Methoden zur Herstellung eigener Pflegemittel gibt es noch weitere Möglichkeiten, wertvolle Inhaltsstoffe zu lösen. Bei einem Aufguss werden Blätter und Blüten 5–10 Minuten mit Wasser aufgegossen; der berühmteste Aufguss ist hier zum Beispiel die Herstellung von Tee zum Gebäck. Bei einer Abkochung verwendet man Holz, Stängel, Fruchtschalen oder Rinden und kocht diese 10–30 Minuten lang. Ein Kaltwasserauszug wird hergestellt, indem man bestimmte Pflanzenteile wie z. B. Wurzeln 6–12 Stunden in kaltem Wasser liegen lässt. Anschließend wird dieser Wasserauszug eventuell noch erhitzt. Wertvolle Inhaltsstoffe aus Rinden und Holz können auch mittels Warmwasserauszug gewonnen werden. Dazu werden die Pflanzenteile mehrere Stunden in heißem Wasser (30–40 °C) „ausgezogen".

Begriffserklärungen

[1] Odins Runenlied: Odins Runenlied ist Teil der Hávamál, des Hohen Lied, und gehört zur Lieder-Edda.

[2] Taekhan: Ein spezielles Instrument der runischen Heiler. Es wird aus Holz hergestellt und dient zum Übertragen von Energie vom Heiler auf den Patienten. Auf der Oberseite ist eine Rune, Runenkombination oder Binderune geritzt. Ein Heiler hat mehrere davon, als Faustregel gilt: Man hat immer einen weniger, als gerade gebraucht wird.

[3] Runenset: Ein komplettes Set von Runen besteht aus vierundzwanzig Stäben, mit jeweils einer Rune des älteren Futhark.

[4] Ginnungagap: Die „Kluft der Klüfte", ist in der Edda der leere Raum am Anfang des Weltgeschehens. Durch das Aufeinandertreffen von Feuer und Eis entstand im Ginnungagap der Riese Ymir und die Urkuh Audhumbla.

[5] Niflheim: Niflheim ist in der nordischen Mythologie ein eisiges Gebiet im Norden. Von dort kam das Eis nach Ginnungagap.

[6] Muspellsheim: In der Schöpfungsgeschichte der nordischen Mythologie ist Muspellsheim der Ort, von dem die Feuer nach Ginnungagap vordrangen. Später wurde es zur Heimat der Feuerriesen.

[7] Ymir: In der nordischen Mythologie ist Ymir das erste Lebewesen, welches entstanden ist.

[8] Aettir: Die Runenreihe des älteren Futhark besteht aus drei Gruppen zu je acht Runen, die als Aettir (Einzahl Aett) bezeichnet werden. Der Begriff Aett stammt aus dem altnordischen und bedeutet Familie bzw. Sippe.

[9] Heilerstäbe: Die 24 Heilerstäbe müssen aus dem gleichen Holz, bevorzugt vom selben Baum, angefertigt werden. In jeden der Heilerstäbe wird zwei bis drei Zentimeter vom oberen Rand eine der Runen geritzt. Sie werden niemals aus der Hand gegeben, im Allgemeinen werden sie anderen Menschen nicht einmal gezeigt. Mit ihnen ermittelt der Heiler, aus welchen Runen er eine Skarja für seinen jeweiligen Patienten anfertigt.

[10] Laidon: Ein Stab vorrangig aus Hasel aber auch z.B. aus Eibe oder Erle. Er enthält alle 24 Runen plus die Laidon-Rune (Binderune) derartig angeordnet, dass man immer mindestens eine Rune und die Laidon-Rune gleichzeitig berühren kann. In der traditionellen Ausbildung gibt der Meister dem Schüler damit die Möglichkeit, auch bei seiner Abwesenheit auf sein Wissen zugreifen zu können.

[11] Skarja: Als Skarja wird die Rune, Runenkombination oder Binderune, die oben auf den Taekhan geritzt wird, bezeichnet. Skarja stammt vermutlich von skarjan, was verteilen bedeutet.

[12] Runenstäbe: Runenstäbe sind kurze Stäbe aus Holz oder anderen geeigneten Materialien, in die Runen geritzt sind. Sie unterliegen der rituellen Weihe oder der

Gebrauchsweihe und werden genutzt, um Wirkung und Wesen der einzelnen Runen zu erkennen.

[13] Archetypus: Als Archetypus werden die dem kollektiven Unbewussten zugehörigen Grundstrukturen menschlicher Vorstellungs- und Handlungsmuster, bezeichnet. Archetypus, oder auch Archetyp, steht somit für Ur- oder Grundprägung.

[14] Carl Gustav Jung: C. G. Jung (* 26. Juli 1875; † 6. Juni 1961) war ein Schweizer Psychiater und 1913 der Begründer der analytischen Psychologie.

[15] Arthur Koestler: Arthur Koestler (* 5. September 1905; † 1. März 1983) war ein ungarisch-britischer Schriftsteller.

[16] Paul D. McLean: Paul D. MacLean (* 1. Mai 1913; † 26. Dezember 2007) war ein US-amerikanischer Hirnforscher.

[17] Murphy und Zajonc: Sheila T. Murphy und Robert B. Zajonc führten 1993 mehrere Experimente zum Mere-Exposure-Effekt durch.

[18] Mere-Exposure-Effekt: Als Mere-Exposure-Effekt bezeichnet man in der Psychologie den Befund, dass allein die wiederholte Wahrnehmung einer anfangs neutral beurteilten Sache ihre positivere Bewertung zur Folge hat.

[19] Pareidolie: Pareidolie bezeichnet das Phänomen, in Dingen und Mustern vermeintliche Gesichter und vertraute Wesen oder Gegenstände zu erkennen bzw. ein in einem Bild erkanntes Muster auch auf andere Bilder so anwenden zu können, dass diese dem Muster nach ähnlich erscheinen.

[20] Walküren: Die Walküren stammen von Totendämonen ab. Odin, der höchste der Asen, schenkte ihnen Körper, adoptierte sie und machte sie damit zu Asen.

[21] Fylgja: Fylgien entsprechen für Tiere in gewisser Weise dem, was die Walküren für Menschen sind. Walküren geleiten die Hugr der Menschen nach ihrem Tod nach Walhall. Fylgien sammeln die Seelen der Tiere und bewahren sie auf.

[22] Schumann-Resonanz: Diese Resonanz wurde nach dem deutschen Physiker Winfried Otto Schumann benannt. Sie bezeichnet das Phänomen, dass elektromagnetische Wellen bestimmter Frequenzen entlang des Umfangs der Erde stehende Wellen bilden. Die Grundfrequenz der Schumann-Resonanz liegt bei 7,83 Hz.

[23] Binderunen: Unter Binderunen verstehen wir zwei oder mehrere Runen, die beim Ritzen deckungsgleiche Linien haben und/oder sich an einem oder mehreren Punkten berühren.

[24] Runenkombinationen: Auch eine Runenkombination besteht aus zwei oder mehr Runen. Diese sind zu einer Gruppe zusammengefasst, haben jedoch keine deckungsgleichen Linien und berühren sich gegenseitig nicht. Runenkombinationen werden oft von einem Kreis oder Oval umschlossen.

[25] Kampfmagie: Die Kampfmagie ist ein spezieller Bereich der Ritualmagie. Dabei geht es darum, magische Angriffe abzuwehren sowie Gegenangriffe zu starten. Dabei werden streng vorgeschriebene Praktiken und Materialien verwendet, um die runischen Krieger zu schützen.

[26] Kampfrunen: Als Kampfrunen werden die Runen bezeichnet, die auf den Kampfstab eines runischen Kriegers geritzt werden. Auswahl und Anordnung der Kampfrunen ist vorgeschrieben. Sie unterliegen zwingend der Blutweihe.

[27] Walhall: Walhall ist in der nordischen Mythologie eine Halle mit 540 Toren, durch die je 800 Einherjer, die ehrenvoll im Kampf gefallenen, nebeneinander einziehen können. Um der Vorhersage zu entgehen, bei der Ragnarök, dem Ende der Welt bzw. dem Schicksal der Götter, zu fallen, sammelt Odin in Walhall die Einherjer als Streitmacht.

[28] Ägir: In der nordischen Mythologie ist Ägir der Name des Riesen der See. Er gilt als Freund der Asen, die er häufig bewirtet. Mit seiner Frau Ran hat er neun Töchter, die nach den Erscheinungsformen der Wellen (Die Furchtbare, die Brausende, die Dunstige usw.) benannt sind.

[29] Heimdall: Heimdall ist in der nordischen Mythologie ein Gott aus dem Geschlecht der Asen. Seine Aufgabe ist es, die Asen allgemein und im Besonderen den Bifröst zu bewachen. Er ist der Sohn der neun Töchter von Ägir und Ran.

[30] Bifröst: Der Bifröst ist in der nordischen Mythologie eine Brücke zwischen der Erde und dem Wohnsitz der Asen, Asgard. Er wird von dem Asen Heimdall bewacht. Im Grímnismál (Strophe 44) wird sie als die erste aller Brücken bezeichnet.

[31] Else Mundal: Else Olaug Mundal (* 8. November 1944 in Norwegen) ist eine norwegische Philologin.

[32]Hugr: Der Begriff Hugr entspricht in etwa dem christlichen Begriff der Seele, ist jedoch wesentlich umfassender. Er beinhaltet alles, was nicht körperlich ist, also beispielsweise auch Gedanken, Wünsche und Hoffnungen. Die Seele ist somit ein Teil des Hugr.

[33] Codex Regius: Der Codex regius ist eine altnordische Pergament-Handschrift aus dem späten 13. Jahrhundert, die die zentrale Version der Lieder-Edda enthält. Dieses wertvolle Manuskript wurde 1971 von Dänemark an Island zurückgegeben. Heute wird es im Arnamagnäanischen Handschrifteninstitut Islands in Reykjavík aufbewahrt.

[34] Bergerune: Der Begriff leitet sich vom Althochdeutschen „bergan" ab und bezeichnet eine Binderune, deren Wirkung vorrangig auf den Schutz des ungeborenen Lebens ausgerichtet ist.

[35] Odin, Hönir und Lodur: In der nordischen Mythologie sind dies die drei Asen, die die ersten Menschen auf Midgard (der Erde) erschufen.

[36] Hans-Peter Hasenfratz: Schweizer evangelischer Theologe und Religions- phänomenologe (* 22. Februar 1938; † 15. Dezember 2016)

[37] Karl Spiesberger: Deutscher Schriftsteller, der sich mit Magie beschäftigte und als Magier betrachtete (* 29. Oktober 1904; † 24. Januar 1992).

[38] Stephen Flowers: Auch bekannt unter dem Pseudonym Edred Thorsson, ist ein US-amerikanischer Germanist, esoterischer Runologe und Okkultist (* 5. Mai 1953).

[39] Wanen: Die Wanen bilden neben den Asen eines der beiden Göttergeschlechter in der nordischen Mythologie.

[40] Freyja: Freyja ist der Name der nordischen Wanengöttin der Liebe und der Ehe. Sie ist auch die Anführerin der Walküren.

[41] Brigid: Name einer Göttin in der keltischen Mythologie Irlands.

[42] Brisingenschmuck: Das Brisingamen ist der Halsschmuck der nordischen Göttin Freya.

[43] Berserker: Als Berserker wird in mittelalterlichen skandinavischen Quellen ein im Rausch kämpfender Mensch bezeichnet, der keine Schmerzen oder Wunden wahrnimmt.

[44] Eir: Eir ist die Göttin der Heilkunde und der Heilung in der nordischen Mythologie. Sie gehört zu den Asen.

[45] EM-Felder: Elektromagnetische Felder entstehen aufgrund von beschleunigten Ladungen. Sie setzen sich zusammen aus dem elektrischen Feld und dem magnetischen Feld, wobei beide über die Maxwell-Gleichungen verknüpft sind.

[46] Ayurveda: Ayurveda oder Ayurweda ist eine traditionelle indische Heilkunst, die bis heute viele Anwender in Indien, Nepal und Sri Lanka hat.

[47] Shen Nung: Auch Shennong, wird als Vater der chinesischen Medizin verehrt. Es wird auch angenommen, dass er die Technik der Akupunktur eingeführt hat.

[48] Aristoteles: Griechischer Universalgelehrter. Er gehört zu den bekanntesten und einflussreichsten Philosophen und Naturforschern der Geschichte.

[49] Hildegard von Bingen: Deutsche Benediktinerin, Äbtissin, Dichterin, Komponistin und eine bedeutende natur- und heilkundige Universalgelehrte (* 1098; † 17. September 1179).

[50] Paracelsus: Theophrastus Bombast von Hohenheim, genannt Paracelsus (* 1493 oder 1494; † 24. September 1541), war ein Schweizer Arzt, Naturphilosoph, Naturmystiker, Alchemist, Laientheologe und Sozialethiker.

[51] Kurrentschrift: Etwa seit Beginn der Neuzeit bis in die Mitte des 20. Jahrhunderts die allgemeine Verkehrsschrift im gesamten deutschen Sprachraum.

[52] Sütterlin: Die deutsche Sütterlinschrift ist eine spezielle Form der deutschen Kurrentschrift für Schreibanfänger.

[53] Michael Harner: (* 27. April 1929; † 3. Februar 2018) war ein US-amerikanischer Anthropologe und Gründer der Foundation for Shamanic Studies.

[54] Yggdrasil: In der nordischen Mythologie der Name eines Baumes, der als Weltenbaum den gesamten Kosmos verkörpert.

[55] Dunkle Materie und dunkle Energie: Postulierte Form von Materie und Energie, die nicht direkt sichtbar ist, aber über die Gravitation wechselwirkt. Ihre Existenz wird im Standardmodell der Kosmologie, dem Lambda-CDM-Modell postuliert, weil innerhalb dieses Modells nur so die Bewegung der sichtbaren Materie erklärt werden kann.

[56] Regenbogenbrücke: Siehe Bifröst[30]

[57] Hamingja: Die Hamingja war in der nordischen Mythologie eine Art weiblicher Schutzgeist. Man glaubte, dass sie eine Person begleitete und über ihr Glück und ihre Zufriedenheit entschied.

[58] Lítilvölva: Namensgeberin für die heutigen Litilvölven ist Þórbjörg litilvölva (Thorbjörg die kleine Völva), eine literarische Figur aus der Eiríks saga rauða.

[59] Folkwang: In der nordischen Mythologie einer der Götterpaläste in Asgard und Wohnsitz der Göttin Freya. Hier befindet sich der Saal Sessrumnir, der neben Walhall einen der beiden großen Säle bildet, in welche die gefallenen Helden nach ihrem Tod Einzug halten.

[60] Ragnarök: Sage von Geschichte und Untergang der Götter in der Nordischen Mythologie, wie es die Völuspá prophezeit.

[61] Lotossitz: Sitzhaltung, in der in den fernöstlichen Religionen (Hinduismus und Buddhismus) seit alters her die Meditation ausgeübt wird

[62] Nymphen: Wohltätige Naturgeister, die als Personifikationen von Naturkräften auftreten.

[63] Jenaer Erklärung: Wissenschaftliche Stellungnahme, die das Konzept der „Rasse" in Bezug auf Menschen hinterfragt und widerlegt.

[64] Atavismus: Wiederauftreten von anatomischen Merkmalen bei einem Lebewesen, die bei entfernteren stammesgeschichtlichen Vorfahren ausgebildet waren, bei den unmittelbaren Vorfahren jedoch reduziert wurden, da sie für die gegenwärtige Entwicklungsstufe keinerlei Funktion mehr besitzen.

[65] Mazerat: Verfahren um leichtflüchtige oder thermisch instabile Inhaltsstoffe aus pflanzlichen (seltener aus tierischen oder mineralischen) Rohstoffen zu lösen.

Literaturverzeichnis

Åke Viktor Ström, Haralds Biezais: Germanische und Baltische Religion. Kohlhammer Verlag, Stuttgart 1975, ISBN 3-17-001157-X

Arthur Koestler: Der göttliche Funke. Der schöpferische Akt in Kunst und Wissenschaft. (Act of Creation 1964) Scherz, 1966

Arthur Koestler: Die Wurzeln des Zufalls. Über Theorien zur Parapsychologie. (The Roots of Coincidence, 1972) Scherz, 1972. Suhrkamp, 1974, ISBN 3-51806681-1

Arthur Koestler: Der Mensch: Irrläufer der Evolution. Die Kluft zwischen Denken und Handeln. (Janus 1978) Scherz 1978. Goldmann 1981. Fischer, 1989–1993

Bernhard Maier: Die Religion der Germanen. Götter – Mythen – Weltbild. Beck Verlag, München 2003, ISBN 3-406-50280-6

Carl Gustav Jung: Zwei Schriften über Analytische Psychologie. Gesammelte Werke. Walter-Verlag, Düsseldorf 1995, Paperback, Sonderausgabe, Band 7, ISBN 3-530-40082-3

Carl Gustav Jung: Zivilisation im Übergang. Gesammelte Werke. Walter-Verlag, Düsseldorf 1995, Paperback, Sonderausgabe, Band 10, ISBN 3-530-40086-6

Erika Timm: Frau Holle, Frau Percht und verwandte Gestalten. 160 Jahre nach Jacob Grimm aus germanistischer Sicht betrachtet. Hirzel, Stuttgart 2003, ISBN 3-7776-1230-8

François-Xavier Dillmann: Zauber. § 3: Etymologie, Wortgeschichte und Semantik von Seiðr. § 4: Quellen. § 5: Funktionen und Anwendungsgebiete des Seiðr. In: Heinrich Beck, Dieter Geuenich, Heiko Steuer (Hrsg.): Reallexikon der Germanischen Altertumskunde. Bd. 35, de Gruyter, Berlin/New York 2007, ISBN 978-3-11-018784-7, S. 858–866.

Friedrich Vogel: Allgemeine Humangenetik. Springer, Berlin 1961

Gerhard Perl: Tacitus – Germania. In: Joachim Herrmann (Hrsg.): Griechische und lateinische Quellen zur Frühgeschichte Mitteleuropas. Zweiter Teil, Berlin 1990, ISBN 3-05-000571-8

Helmut Ferner: Entwicklungsgeschichte des Menschen. 7. Auflage. Reinhardt, München 1965

Jan de Vries: Altgermanische Religionsgeschichte. 2 Bände (1956–57). 2., überarbeitete Auflage. Verlag Walter de Gruyter, Berlin.

Jacob Grimm: Deutsche Mythologie. Marix Verlag, Wiesbaden 2007, ISBN 978-3-86539-143-8

Jónas Kristjánsson: Eddas und Sagas. Die mittelalterliche Literatur Islands, Buske, Hamburg 1994, ISBN 3-87548-012-0

Kris Kershaw: Der einäugige Gott. Odin und die indogermanischen Männerbünde. 2004, ISBN 3-935581-38-6

Mirachandra: „Treasure of Norse Mythology I" – Enzyklopädie der nordischen

Mythologie von A–E. Mirapuri-Verlag. ISBN 978-3-922800-99-6

Norbert Boss (Hrsg.): Roche Lexikon Medizin. 2. Auflage. Urban & Schwarzenberg, München 1987, ISBN 3-541-13191-8

Otto Höfler: Das Opfer im Semnonenhain und die Edda. In: Hermann Schneider (Hrsg.): Edda, Skalden, Saga. Festschrift zum 70. Geburtstag von Felix Genzmer. Carl Winter, Heidelberg 1952.

Paul D. McLean: The Triune Brain in Evolution: Role in Paleocerebral Functions, Springer Science & Business Media 1990, 672 S. ISBN 0306431688

Reinhard Junker: Rudimentäre Organe und Atavismen. Konstruktionsfehler des Lebens? Zeitjournal Verlag, Berlin 1989, ISBN 3-927390-03-8

Rudolf Simek: Religion und Mythologie der Germanen. WBG, Darmstadt 2003, ISBN 3-8062-1821-8

Rudolf Simek: Götter und Kulte der Germanen (= Beck'sche Reihe, C.-H.-Beck-Wissen. Nr. 2335). C. H. Beck, München 2004, ISBN 3-406-50835-9

Rudolf Simek: Mittelerde: Tolkien und die germanische Mythologie. Verlag C. H. Beck, München 2005, ISBN 3-406-52837-6

Rudolf Simek: Lexikon der germanischen Mythologie (= Kröners Taschenausgabe. Band 368). 3., völlig überarbeitete Auflage. Kröner, Stuttgart 2006, ISBN 3-520-36803-X

The Selected Works of R.B. Zajonc. Wiley 2003. ISBN 978-0-471-43306-4

Ulrich Kutschera: Evolutionsbiologie. 3. Auflage, Ulmer, Stuttgart 2008, ISBN 978-3-8252-8318-6

The Selected Works of R.B. Zajonc. Wiley 2003. ISBN 978-0-471-43306-4

Wolfdietrich Eichler: Über gewisse Wechselbeziehungen zwischen Ökologie und Evolution in der Sphäre des Parasitismus. In: Deutsche Entomologische Zeitschrift. Band 27, Nr. 4–5, 1980

Wolfgang Golther: Handbuch der Germanischen Mythologie. Hirzel, Leipzig 1895. Neuauflage: Marix, Wiesbaden 2004, ISBN 3-937715-38-X

Zetkin-Schaldach: Wörterbuch der Medizin. dtv, München 1980, ISBN 3-423-030291

Antike Autoren als Quellen:
Ammianus Marcellinus (Res Gestae)
Appian (Römische Geschichte)
Cäsar (Gallischer Krieg)
Orosius (Historiae adversum Paganos)
Prokopios (Gotenkrieg)
Sozomenos (Kirchengeschichte)
Tacitus (Germania, Annalen, Historien)

Weitere Quellen: Private Aufzeichnungen und Überlieferungen

Bildnachweis

Cover: Linda Krader

Seite 10: Cover der 2. Ausgabe von "Deine RunenReise", © Rewa Kasor

Seite 48: Kopie des angelsächsischen Runengedichts in George Hickes' „Linguarum veterum septentrionalium thesaurus grammatico-criticus et archæologicus" (Oxford, 1705), kopiert von Humfrey Wanley aus Cotton MS Otho Bx Folios 165a-165b, das beim Brand von 1731 zerstört wurde. Lizenz: Public Domain

Seite 139: Cover der 1. Ausgabe von "Runenheilung", © Rewa Kasor

Seiten 167, 168, 171 und 172: Lizenziert durch Shutterstock Ireland Limited, bearbeitet von Rewa Kasor.

Seite 195 Cover der 1. Ausgabe von "Die schamanische Reise", © Rewa Kasor

Seite 228: Mandragora officinarum von Carolus Clusius, ca. um 1600

Seite 230: Hyoscyamus niger aus „Köhler's Medizinal-Pflanzen" von 1887

Seite 232: Amanita muscaria aus „Dictionnaire de botanique" von Henri Ernest Baillon und anderen. 1891

Seite 236: Eschscholzia californica aus „Favorite Flowers of Garden and Greenhouse" von Edward Step & William Watson. 1896

Seite 238: Humulus Lupulus aus „Flora von Deutschland, Österreich und der Schweiz" von Prof. Dr. Otto Wilhelm Thomé. 1885

Seite 240: Acorus calamus aus „Köhler's Medizinal-Pflanzen" von Franz Eugen Köhler. 1897

Seite 242: Nepeta cataria aus „Deutschlands Flora in Abbildungen" von Johann Georg Sturm. 1796

Seite 244: Ipomoea purga aus „Köhler's Medizinal-Pflanzen" von Franz Eugen Köhler. 1897

Seite 246: Atropa bella-donna aus „Flora von Deutschland, Österreich und der Schweiz" von Prof. Dr. Otto Wilhelm Thomé. 1885

Seite 248: Datura stramonium aus „Flora von Deutschland, Österreich und der Schweiz" von Prof. Dr. Otto Wilhelm Thomé. 1885

Seite 250: Galium odorata aus „Flora von Deutschland, Österreich und der Schweiz" von Prof. Dr. Otto Wilhelm Thomé. 1885

Seite 252: Artemisia absinthium aus „Köhler's Medizinal-Pflanzen" von Franz Eugen Köhler. 1897

Alle anderen Bilder: Lizenz oder Copyright © Rewa Kasor